中华百年企业长寿基因

总结与启示

主编◎王关义

经济管理出版社
ECONOMY & MANAGEMENT PUBLISHING HOUSE

图书在版编目（CIP）数据

中华百年企业长寿基因：总结与启示/王关义主编 . —北京：经济管理出版社，2021.4
ISBN 978 - 7 - 5096 - 7896 - 1

Ⅰ. ①中…　Ⅱ. ①王…　Ⅲ. ①老字号—介绍—中国　Ⅳ. ①F279. 24

中国版本图书馆 CIP 数据核字（2021）第 059997 号

组稿编辑：申桂萍
责任编辑：申桂萍　尹珍珍
责任印制：黄章平
责任校对：陈　颖

出版发行：经济管理出版社
　　　　　（北京市海淀区北蜂窝 8 号中雅大厦 A 座 11 层　100038）
网　　　址：www. E - mp. com. cn
电　　　话：（010）51915602
印　　　刷：唐山昊达印刷有限公司
经　　　销：新华书店
开　　　本：720mm × 1000mm/16
印　　　张：18. 75
字　　　数：346 千字
版　　　次：2021 年 4 月第 1 版　　2021 年 4 月第 1 次印刷
书　　　号：ISBN 978 - 7 - 5096 - 7896 - 1
定　　　价：69. 00 元

前　言

中华民族有着五千多年的悠久历史，在这漫长的发展过程中，无数精神财富被传承下来，经过一代又一代人的总结积累、传承改进和升华，成为中华民族发展历史长河中最耀眼的瑰宝。那些长寿不衰的百年老店（或企业），就是民族先辈们留给当今时代的宝贵财富。

作为世界文明古国，中国长期处于以农耕为特征的农业社会，自19世纪中后期开始，由于维新思想的广泛传播，政府开始鼓励并兴办实业，社会上也兴起了一股兴办实业的热潮，一批有实力的店铺开始扩展规模，并且在所属的行业中声名远播，形成了一批中华老字号企业。这些店铺或企业大多是由民间商人、手工业者、华侨或精通某种手艺的普通百姓等创办的，他们大都秉持先辈所恪守的精神内核，同时还继承了家族独一无二的传统工艺、"绝活"或秘方，经过百年的打磨和锤炼，发展成为如今的具有历史韵味和民族特色的老字号百年长寿企业。

然而，并不是每家店铺都能在动荡的历史长河中屹立不倒，许多饱含百年文化底蕴的老字号店铺，由于环境变迁或者自身经营方面的原因，或悄然退出历史舞台，或陷入风雨飘摇之中，能够坚持到今天依然屹立不倒的寥寥无几。相关研究资料显示，中华人民共和国成立初期，全国中华老字号企业约有16000多家，涉及零售、餐饮、医药、烟酒、食品加工、照相、丝绸、书店、文物古玩以及工艺美术等众多行业。在经历了公私合营、"文化大革命"和市场经济三次大的冲击和历练之后，到1990年，由原商业部评定的百年老字号企业全国仅剩下1600家，仅相当于中华人民共和国成立初期的10%。发展到今天，相关数据显示，经商务部认定的中华老字号企业全国仅存1128家，发展良好的如片仔癀、稻香村、全聚德、东阿阿胶等仅占20%～30%，由于资金、人才、技术等的缺乏，不少老字号企业经营情况欠佳。加入WTO以来，世界各国著名品牌大量涌入，这些洋品牌凭借质量、服务、技术等方面的优势，与我国民族品牌同台竞争，中华百年老字号企业的生存环境更加险恶，竞争更加激烈，由此，百年老字号企业面临的挑战更为严峻，如何在这种复杂多变的环境中持续生存下去成了百年老字号企业共同面对的问题。

一百年，在人类社会发展的历史长河中可以说是非常短暂的，但也可以影响到一个民族的文化走向，能够沉淀这个变迁进程中的文化精髓。所以说，百年老字号企业并不仅仅是单纯追求经济利益的赚钱机器，更是中华民族对人类社会的贡献和奉献，是一种难以割舍的民族情结和中华文化的延续载体，其振兴和持续发展具有经济和文化双重意义。从发展现况来看，虽然有些百年老店如今面临生存危机，但仍有不少老字号企业在市场竞争中生机勃勃，依然保持顽强的生命力，同仁堂、茅台、五粮液等著名品牌和企业就是这些百年长寿企业的代表。这些企业能在当今异常激烈的市场竞争中存活下来并不断发展壮大，自然有其特殊的秘密或诀窍，这些秘密和诀窍正是中华民族贡献给人类社会的精神财富和瑰宝，也是管理学界需要深刻挖掘、梳理和总结的课题。

管理的科学理论和管理思想来源于企业生产经营的实践，系统总结梳理后形成的管理理论和管理思想最终也要用于指导企业的实践活动，只有被无数企业实践证明切合实际的管理理论才具备强大的生命力。因此，系统总结中华百年老字号企业成功的管理经验，抽象提取最一般的管理理论和管理思想不仅能够促使其持续发展，也能给其他企业以借鉴和启示，促使这些企业不断提高管理水平，更好地发展壮大，进而产生出更多的百年甚或千年长寿企业。

改革开放以来，中国制造业已建立起竞争力较强、门类齐全的产业体系，已发展成为世界第一制造业大国。然而，中国制造在规模快速增长的同时也产生了很多结构性矛盾，其突出表现是无效产能过剩与有效产能不足并存的问题。基于此，党中央提出推动供给侧结构性改革，主要原因在于供给侧无效产能过剩而有效供给不足，低端供给过剩而高端供给不足。产能过剩导致出现大量库存、大量呆坏账、大量"僵尸企业"。2015 年 11 月 10 日，习近平总书记在主持召开中央财经领导小组第十一次会议上讲话指出："当前我国经济发展中有周期性、总量性问题，但结构性问题最突出，矛盾的主要方面在供给侧。"改革的重点是推进结构调整，减少无效和低端供给，扩大有效和中高端供给，增强供给结构对需求变化的适应性和灵活性，提高全要素生产率，着力提高供给体系的质量和效率，增强经济持续增长动力。供给侧结构性改革的重点是"去产能、去库存、去杠杆、降成本、补短板"。从需求层面分析，广大消费者期待更多高质量的产品或服务，这种高质量从哪里来？自然需要培养一大批具有精心打磨的工匠精神的产业员工。工匠精神意味着精益求精、千锤百炼，要求从业者沉下心来，精耕细作。这些长寿的老字号企业能够历经百年而生机勃勃，大都与其长期积淀形成的精益求精的工匠精神有关。

作为长期工作在高校的一名教师，在从事管理学教育和研究工作30多年的历程中，我常常被教学过程中的一些现象所困惑，担忧中也在沉思。中华民族作为拥有五千多年文明历史的伟大民族，曾创造出许多灿烂辉煌的文明成就。自古以来，祖祖辈辈形成代代相传的精耕细作的农业文明，精益求精、能工巧匠辈出的工业文明所产生的众多的中华老字号企业曾使我们自豪。但当在大学课堂上提问本科生、研究生甚或一些高校从事管理教学研究活动的青年教师，如列举"你所知道的中华百年老字号"或"你所知道的中国百年长寿企业"类似的问题时，以往固有的自豪却被测试者的回答驱赶得无影无踪，因为回答结果中至今尚没有超过十家老字号企业的纪录，甚至鲜有能列举出五家的。究其原因，客观上在于并非所有的老字号都如同仁堂、全聚德等著名企业有那样的活力和持久的影响力，在岁月的流逝和时代的更迭中，不少老字号企业惨淡经营，有的甚至处于"僵尸"状态，远离市场和消费者，导致社会以及公众对其缺乏了解。另外，通过对这类问题的回答，我也为当今管理学专业的大学生、研究生甚或青年学者对民族品牌和老字号的了解状况深感不安，为我们民族企业品牌传承的现状感到担忧。我时常在想一个问题，是我们历史上形成的百年长寿企业本来就很少呢，还是宣传教育不够？众多清晰的或不清晰的理由促使我产生一种强烈的编写一部总结宣传中华民族百年长寿老字号企业的书籍的冲动，这不仅是一种心愿，更是一种担当和责任，《中华百年企业长寿基因：总结与启示》一书编写的动因正基于此。

在经济全球化的今天，作为全球第二大经济体，中国更需要打造兼具软硬实力的民族品牌，来引领企业发展和中华文化的传承振兴。从文化传承的角度看，中华百年老字号企业是中华文化的宝贵资源。从这些老字号企业的创立和奋斗经历，从它们一代代传承下来的规矩、信条和声誉中可以清晰地看到，它们是经得起历史考验的珍宝，不但不能毁掉、丢掉，而且一定要让这些百年老字号企业通过体制转型、观念更新、技术创新再创辉煌。值得庆幸的是，国内学界关注中华老字号、研究中华老字号的专家也有不少，著名经济学家、北京大学教授厉以宁在《人民日报》（2016年11月10日第7版）发表《振兴"中华老字号"重在体制转型和观念更新》的文章，为中华老字号的延续壮大开诊把脉。理论界的关注和总结无疑是推动中华百年老字号企业在新时代焕发青春、整顿行囊再前行的助推器，也是激发百年民族企业持续发展、让百年老店的金字招牌熠熠生辉的动力。

伟大的时代正在缔造伟大的舞台，民族复兴的中国梦更加迫切呼唤大国工匠。中国作为产生四大发明的文明古国，具有历史悠久且技艺高超的手工业，历史上那些能工巧匠们留下了数不胜数的传世品牌。作为金字招牌，百年老字号企业是一个国家的商魂所系、商道所在，它们承载了太多的文化情怀与记忆。从这种意义上看，振兴中华百年老字号企业不仅是对一个品牌、一个行业的振兴，更是对民族自信、文化自信的有力弘扬。

当然，编写这样一部书籍并非易事，这不仅因为客观方面散落各处的零碎资料的收集和汇总工作量非常浩大，而且由于书稿中关于这些企业的发展状况只能引用历史上已形成的资料，编者不可能凭空杜撰，由此引发的引用率、重复率高的问题也是必须考虑的。为了避免这类问题的发生，编者做了大量努力，除尽可能注明资料来源尊重史实外，也从管理学角度进行了不少的理论分析、引申和改编。

需要特别说明的是，本书所选取的样本企业，有的创办至今从严格的数学意义上来看尽管不足百年，但基于过去发展的历史以及对未来的长远预期，编写小组也编入了这些企业成功的管理经验，在选取样本的时间方面并没有采取"一刀切"的方式。

参与本书编写的各位作者是对民族品牌企业怀有深厚感情、对这类企业长远发展善于思考的研究者和探索者，团队成员之间的讨论和交流对本书思路的完善和资料的丰富起到积极的作用。参加本书编写的作者及分工如下：王关义负责本书内容和体例的设计并撰写前言和第七篇；陈宇晴、禹小燕编写第一篇；王怡羽、付蕊、王贺编写第二篇；牛皓玮编写第三篇；李亚囡、罗心怡编写第四篇；洪绍桢、宋利编写第五篇；李东旭、王月和编写第六篇。参加本书前期资料收集和编写工作的还有王丽芳、刘苏、刘希、张文琪、刘晓敏、吴婕妤、黎明、宋成龙、刘凯会、纵迪迪、李团结、刘淼，全书最后由王关义教授统编定稿。

本书的编写前后持续达十年之久，先后有30多人参与，足见其编写工作之艰巨。全书以案例介绍和理论分析的方式列举了目前仍然活跃在市场上的118家中国百年老字号企业，不仅清晰地介绍了它们的发展历史，而且从企业文化、企业精神、企业管理、人才、领导、信息和情报、企业创新和企业资源等方面对其长寿百年的基因进行探讨。此外，书中还编入了九家外国百年长寿企业的案例，以期学习和借鉴。在编撰过程中，书中的素材以及这些企业的介绍，是从已有的研究资料、网站、报刊、专著等多种成果中获得的，对各种渠道得来的资料的借鉴和吸取既是尊重历史的体现，也是对这些一代又一代民族企业家经营卓越的成功管理经验进行扩散和推广之必需，谨对这些原始素材的搜集者、作者、编者以及各类宣介媒体表示衷心的感谢，本书正是站在他们的肩膀上才得以完成和面世。

书中不当和疏漏之处，恳请各位专家和读者批评指正。希望通过本书的出版，能给奋战在一线的企业管理者、高校的专家学者和其他各类读者提供研究、学习和推广的素材，进而齐心协力、万众一心地壮大中国的百年长寿企业方阵，弘扬中华民族精神之魂。

本书的顺利出版得到了北京印刷学院企业管理学科和研究生培养专项资金和北京市优秀教学团队专项资金的资助。

王关义

2020 年 10 月于北京

目　录

第一篇　长寿基因：各具特色的文化

第三篇　长寿基因：领导与人才

第四篇　长寿基因：精细化管理与竞争

第五篇　长寿基因：创新、变革与科技

第六篇　长寿基因：资源与情报

第七篇　长寿基因：国际经验之借鉴

第一篇

长寿基因：各具特色的文化

　　文化是一个企业的底蕴，企业文化以德为根。企业文化能对企业成员的价值及行为取向发挥引导、约束、凝聚、激励、辐射等功能。百年的传承，几代人的坚守，遗留下来的是丰富的社会财富。老字号企业之所以能够历经百年而不衰，在于它们无一例外形成了独具特色的文化基因。

　　百年的发展历程沉淀的不仅是深厚的历史底蕴和文化内涵，还有为企业员工所认可的企业文化，它们时时刻刻影响着企业，并决定着企业的生存和发展。十年企业靠经营，百年老店靠文化，企业文化是在企业生产与经营中逐步形成的，是包括企业愿景、企业精神、文化观念、行为准则等在内的物质形态和精神财富，是企业的基础和灵魂。

　　综观我国的百年老店，无论是走上国宴的全聚德，还是流传千古的刘伶醉，抑或是以诚信立本的张一元以及崇尚勤俭的海天味业，其长寿基因中无不蕴藏着"文化"这一内核。这些由历史累积起来的百年老店特色文化可为当代企业家学习借鉴，以此为鉴，为现代企业的发展培育一种长寿的文化。

第一章 企业文化

一、全聚德

（一）基本概况

全聚德，于清朝同治三年（1864 年）创立，是我国著名的老字号餐饮企业，以烤鸭而出名，是我国国宴上的"常客"，有"中华第一吃"之称。1999 年，全聚德被列为中国驰名商标，成为我国服务类行业中的第一个"驰名商标"。2007年 11 月全聚德在深圳证券交易所挂牌上市，成为我国第一家上市的餐饮企业。2019 年，全聚德被授予"建国 70 周年 70 中国品牌"称号并被评为年度最具匠心传承老字号品牌，是我国以中式正餐为主的大型连锁型餐饮企业，也是我国最具代表性的餐饮企业。

全聚德的创始人为杨全仁，其烤鸭技术来源于宫廷，传承宫廷挂炉烤鸭技艺。从第一代师傅发展至今，经历了七代烤鸭师傅的传承和创新，始终恪守着"鸭要好、人要能、话要甜"的九字生意经，即选料实在、厨工手艺精、操作认真、店伙招待顾客热情，并且从选鸭到填喂、宰杀，再到烧烤，都要求一丝不苟，正是这些坚守铸就了现在全聚德百年金字招牌。如今的全聚德不仅是在做生意，还在传播中华美食文化、促进中外友谊、深化交流与合作方面也起着至关重要的作用，至今已接待国家和地区元首及政要人数 200 人以上，并备受他们的喜爱。

全聚德经营数据显示，2017 年营业收入为 18.6 亿元，同比增长 0.72%，净利润 1.19 亿元，同比下降 5.68%。由于受到行业竞争环境加剧和政策变动的影响，2018 年全聚德营业收入为 17.77 亿元，同比下降 4.48%；净利润

0.57 亿元，同比下降 52.14%，总体来看下滑趋势明显。尽管如此，全聚德作为中华老字号、百年老店的代表，秉持着开拓进取、不断创新的企业精神，在门店中全面开展提质工作，打造全聚德精品门店，现在全聚德已形成了餐饮、生产、物流及销售为一体的高度协调的产业布局。截至目前，全聚德品牌旗下不仅在国内已有百余家店，而且在日本、加拿大、澳大利亚、法国等国家拥有多家特许门店。

资料来源：方佳宁，顾宇瑞，孙勇. 一炉百年火烤成"全聚德"［N］. 人民周刊，2018（007）；蔡湘. 金炉不灭千年火，百年沧桑全聚德［N］. 经济导刊，2007（011）.

（二）长寿基因及启示

1. 独具特色的"鸭文化"

"不到万里长城非好汉，不吃全聚德烤鸭真遗憾"，全聚德自创立之初就是以卖鸭肉为主的，而在百年的发展历程中，也始终离不开"鸭"。经过百年不断创新发展，最终形成了以烤鸭为龙头、集各种特色菜品于一体的全聚德菜系。对于全聚德的师傅来说，鸭子的全身都是可以烹调成美食的。除烤全鸭之外，鸭的各个部位都能被全聚德的师傅作为主料来烹制不同的佳肴，如鸭肝、鸭胗、鸭翅、鸭掌等。

2. 高雅祥和的环境文化

全聚德在发展过程中，因地制宜地发扬了四种文化类型：名人文化，以和平门店为代表，以"名人和重要场合"为基点来打造，要求店面环境要高、大、上；老店文化，以前门店为代表，采用老北京小二跑堂的方式，传统的八仙桌，老式的留声机，加上着青衣小帽的小二们地道的吆喝声，高度还原了传统老北京生活的老式文化；王府文化，以王府井店为代表，在设计上借鉴了清朝老北京亲王府的设计，古色古香，韵意传神；奥运文化，以亚运村店为代表，采用现代审美和设计，营造一种时尚、大气以及包含奥运体育精神的用餐氛围。

3. "人治＋法治"的用人文化

在发展早期，全聚德就很注重培育员工"诚信和平等"的用人文化，始终把员工素质放在首位，只为能够更好地服务顾客，同时尽可能减少企业的"层级制"和"官僚化"，最大程度发挥员工的自主性和灵活性。随着全聚德的不断发展壮大和外界环境的变动，"人治＋法治"的用人文化也在逐渐地形成。"人治"就是保持自身的用人文化方式，即早期的"诚信和平等"；"法治"是采用规范科学的人力资源管理模式，用科学的管理方式聘任人才、留住人才，以保证企业的持续发展。

4. "全而无缺、聚而不散、仁德至上"的企业精神

"全而无缺、聚而不散、仁德至上"是全聚德历经百年所总结的老字号精神，其展现着把自身发展壮大的奋斗精神；代表着全体员工们同心协力、锲而不舍追求事业发展和永远奋进的顽强精神；体现着以德为先、诚信为本、热情周到的服务精神。在新时代，全聚德将继续秉持"继承和弘扬民族优秀饮食文化成果，以繁荣和发展中华饮食为己任"的战略口号，谱写新一轮的辉煌篇章。

二、衡水老白干

（一）基本概况

衡水老白干酒是我国烟酒行业中著名的老字号企业之一，也是中国白酒行业中的领军品牌。其始于汉代，兴盛于唐代，知名于宋代，正式定名于明代，并有"醇香清雅、甘洌丰柔"之称。1915 年因荣获巴拿马万国物品博览会最高奖——"甲等大奖章"而享誉全世界。2002 年正式上市，不久之后被国家工商总局认定为中国驰名商标，并授予"中华老字号"称号，其酿酒技术更是被文化部认定为国家级非物质文化遗产。

2018 年衡水老白干启动"不上头"战略，同年并购丰联酒业，以期打造高端白酒市场。2019 年衡水老白干被世界经济与环境大会作为指定用酒，并担当着国宴用酒的重要使命。衡水老白干在国内外重大活动中频繁亮相，让世界各地的来宾能够领略中国白酒的东方魅力，曾有外国友人开玩笑说，来中国有三个愿望：登长城、坐高铁、喝衡水老白干。公司在成功并购丰联酒业后，实现了老白干香型、浓香型、酱香型的"一树三香"和"五花齐放"的局面，开创了中国白酒上市公司中多香型、多品牌、多渠道的先河。相关资料显示，2019 年衡水老白干的营业收入为 40.3 亿元，相比 2018 年增长了 12.47%；净利润 4.04 亿元，比 2018 年增长了 15.38%，经营状况良好，是当前国内白酒企业中增速较快的品牌之一。

资料来源：石柱君. 传承滏阳历史文化，彰显衡水古城底蕴——衡水老白干酒文化研究 [J]. 大众文艺，2011，1 (154)：212；张洪玮. 浅析老字号白酒品牌的激活与创新——以衡水老白干为例 [J]. 科技情报开发与经济，2011；李雪威. 传承千年匠心、酿造美好生活——衡水老白干酒业股份有限公司 [J]. 公关世界，2020 (13)：88 – 89.

（二）长寿基因及启示

1. 传承千年的匠心文化

衡水老白干一直把"传承千年匠心、酿造美好生活"作为公司的使命，致力于打造中国白酒一流企业。发展至今取得如此成就主要是本着传承千年的匠心精神，在传承中提炼酿酒精髓，锻造酿造技艺，以此来保持老白干"清香淡雅、甘洌丰柔"的风味特点。传承中始终坚持基于传统、源于传统，但又不限于传统的发展思路。在继承千年传统酿造技艺的同时，不忘匠心求新，利用现代技术不断地探索并完善传统酿造技艺，目前衡水老白干已成为行业中唯一拥有地缸酿酒生产方式的企业。

2. 独特的品牌战略

衡水老白干在经营战略上一直坚持"要创新、要发展"的战略。在市场低价位、低档次、高度酒、高低端难以辨识等的负面情况下，衡水老白干为了完善品牌，导入了"特劳特定位理论"和品牌管理培育体系，以战略为指导，形成了以品牌策划、品牌管控、品牌评价、品牌改进为主线的品牌运营系统，在此基础上，确定了"不上头的高端白酒"的品牌定位以及"喝老白干不上头"的品牌主张，实施从中低端白酒向高端、次高端白酒形象转型战略，向着"打造中国白酒一流品牌"的目标稳步迈进。

3. 卓越的质量保证

衡水老白干始终坚持视质量为生命的质量方针。多年来，公司不断改进质量管理工作，完善质量管理体系，优化生产工艺流程，用"质量过程管控九道门"夯实质量基础，"质量风险管控五步法""质量把关五严控"及"五个支撑系统"等方法来完善质量网络，形成独具衡水老白干特色的"1-9~3-5"质量管理模式，精益求精、打造精品，从点滴做起，全员参与，持续改进，从而生产出高质量、高内涵的产品。

三、富春茶社

（一）基本概况

富春茶社是扬州一家著名的百年老店，创办于1885年（清光绪十一年），至今已有135年的历史。起初富春茶社以花起家，起名为"富春花局"，主营租花、卖花，民国初年设立"茶室"，历经百年，逐步形成了花、茶、点、菜相结合的特色经营模式，并以色、香、味、形、闲、静、雅、适的特色被公认为是淮扬菜的正宗代表，深受海内外游客的喜爱。因此，吸引了一些文人雅士为其作词作文，留下的墨宝和传世的赞语更是受各地游客及文人喜爱，知名的有巴金、朱自清、冰心、林散之、吴作人以及梅兰芳、赵丹等人。2006 年富春茶社获得"中华老字号"称号，并在 2008 年被列入国家非物质文化遗产名录。富春人在继承传统的同时也在不断地创新，始终坚持着"品味第一""特色第一""亲和第一""诚信第一""创新第一"的理念，不断地发扬着"富春"精神，坚持富春特色，使"富春"永葆百年老字号青春。

资料来源：百年富贵满堂春——记富春茶社 120 周年庆典暨全国著名餐饮老字号发展论坛［J］．美食，2005；富春茶社 百年传承经典扬州"味"［N］．扬州日报，2015－09－11.

（二）长寿基因及启示

1. "富春"独有的文化内涵

富春茶社享誉百年，经久不衰，离不开富春特有的餐饮文化、茶文化及厚重的历史文化。

（1）独特的餐饮文化。富春按照四季推出了注重淮扬风味的"富春四季宴"，不仅特色鲜明，而且在饮食文化内涵方面有所体现，并作为富春新一代名宴记入史册。该宴在传统饮食的基础上借鉴时令特点，因时而变，应时上市，针对客户需求，有针对性地研发，颇具特色和内涵，很好地展示了淮扬文化的特点。

（2）浓厚的茶文化。富春茶社最先开始是以茶出名，一款"魁龙珠"名传百年、香传百年。最初的主要目的是富春创始人为客户消食解腻而研制，在经过反复的科学配比之后形成了最终的"魁龙珠"。"魁龙珠"主要是集浙江的龙井、安徽的魁针和富春茶社自己种植的珠兰兑制而成，也是我国最早的"三合一"配制茶。它代表的不仅是富春茶社的茶文化，还代表着富春人"传承不守旧、创新不忘本"的创新精神，正是这种敢于创新的精神，造就了富春引以为豪的茶名片。

（3）厚重的历史文化。富春的"三贤厅"（"三贤"指的是宋代的欧阳修、苏东坡及清代的王渔洋）布置着与"三贤"相关的书画作品，让食客在品尝佳肴的同时，感受扬州悠久而厚重的历史文化。富春人充分利用这些文化内涵，巧打文化牌，名人的题词、精心的包装吸引各地游客，让其在品尝之余感受富春文化的迷人魅力。

2. 精湛的制作技艺，严格的师徒传承

富春的点心、茶的制作技艺，是几代富春人继承、钻研、创新努力来的结果。富春面点的制作一直采用传统的面肥发酵方法，此项技术要求高、难度大，但效果好。点心形成的手法多种多样，拿手绝活"包"和"捏"的指上技艺制造出了富春面点玲珑别致的造型，让人赏心悦目。除了技艺，富春茶社十分注重聘请与培养一流的点心师，为了使师傅们的绝技在本店得到传承，富春设立了严格的师徒传承关系，并要求师傅在传授技艺时一丝不苟，严格要求，保证学徒"学到家""不走样"。这种严格的师徒传承制度是富春茶社立足之本，也能够保证经典名品的传承发展。

3. 价廉物美的经营方式

富春茶社始终坚守着"价廉物美"这一经营特色。不管是在以前还是在现在，点心由于花色和品种比较多的原因，采取"整卖"的方式不适合餐饮业的发展，反而会失去很多生意，于是富春茶社首创了"杂花式"的供应方法，一笼八种点心，并且每笼味道各异，客户可以根据自己的喜好来选择。这种经营方式不管对客户还是对于茶馆都是经济又实惠的。

4. 坚持特有的"富春"经营理念

富春茶社享誉百年，经久不衰，离不开富春人的经营理念。他们坚持"品味第一""特色第一""创新第一"等理念，这些理念与他们简单、淳朴的做人理念相辅相成。富春传承至今从未无故停业一天，为扬州人民提供着美味的菜肴。他们始终坚持着传统风味不忘本色，围绕着"传承不守旧、创新不忘本"的指导思想，在传承特色的基础上不断地寻求创新。这种将传统与创新相结合的经营理念，使得富春在世界餐饮业内占有一席之地。

四、绍兴女儿红

（一）基本概况

绍兴女儿红酿酒有限公司，创建于 1919 年，是一家以黄酒生产与销售为主的老字号企业，是中国绍兴黄酒集团旗下的五大品牌之一，也是我国黄酒行业的骨干企业之一，2020 年正是女儿红的新世纪元年。女儿红又叫"女儿酒""花雕酒"，是浙江省绍兴市的传统名酒，源于晋代（304 年），是一种集甜、酸、苦、辛、鲜、涩于一体的绍兴黄酒，加上其特有的营养价值，形成了澄、香、醇、柔、绵、爽兼备的综合口味，产品远销欧美、日本等二十个国家和地区，深受国内外消费者的喜爱。女儿红酒在 2005 年被我国政府列为中国驰名商标，时隔一年在 2006 年，成为首批荣获"中华老字号"的企业，2008 年获"浙江食品工业百强企业"，在 2009 年成为了浙江省的第一批高新技术企业，2012 年获得"上虞市非物质文化遗产传承基地"的称号，2016 年女儿红牌黄酒被评为浙江省黄酒经典产品，2018 年评为"浙江省金牌老字号"企业。2020 年，中国品牌价值评价发布"绍兴女儿红酿酒有限公司品牌价值 15.67 亿元"。在新的世纪元年，女儿红将聚焦基础市场，面向普通老百姓，酿造独具匠心、寄托美好并坚守初心的"民"酒。

资料来源：胡志明. 百年女儿红再启新征程［J］. 中国酒，2020（8）：72；张秋蕾. 女儿红老酒——绍兴人餐桌上的当家酒［J］. 中国酒，2020（6）：79.

（二）长寿基因及启示

1. 历史悠久、独具特色的品牌文化

百年女儿红，千年中国韵。"生女就酿女儿酒，嫁女就喝女儿红"，女儿红独有的品牌故事为其带来了特有的品牌文化。女儿红酒，传承着三千年的黄酒酿造历史，其名字背后，有着源远流长的黄酒文化和深厚的历史张力支撑，这是许多企业、品牌所梦寐以求却又难以企及的，其特有的品牌文化是时间和历史所给予的。《女儿红》电影、电视剧及舞蹈的拍摄与编曲更是为女儿红起到了独有的宣传作用。

2. 精湛的传统技艺，优质的品质保证

女儿红一直以来传承着绍兴酒传统酿制技艺和工具——诸暨陶坛，并提取其精华，利用传统酿造工具的特点，使坛内的酒与外界空气保持微氧的呼吸作用以保证酒的纯度和品质，储藏数年后才会投放市场。在发展的过程中，女儿红也将传统的技艺与现代科技文明相融合，将冷冻技术与膜过滤技术引进到了女儿红的生产中，不仅大大地提高了女儿红产品的品质，使得产品色如琥珀、剔透晶莹，还大大提高了女儿红的产量。

随着时代的发展和人们对饮酒消费概念的不断升级，女儿红产品也在不断发生变化，与时俱进，不断创新，不断发展。新时代人们更注重健康的发展，因此，女儿红将健康养生的理念加入到了女儿红酒的研发中，使酒内含有丰富的营养价值，品质更优于从前。

五、马应龙药业

（一）基本概况

马应龙药业创立于公元 1582 年（明朝万历年间），是我国首批认定的中华老字号企业，其眼药制作技艺还获评国家级非物质文化遗产。在四百多年的发展历史中，凭借其"诚信经营，为人着想"的经营理念，成就了一段段"悬壶济世，妙手仁心"的精彩故事。如今，马应龙已成为一家以肛肠治痔为核心定位的专业医药企业，远销海内外，尤其在东南亚的华人中获得良好声誉，也是我国较早对外出口产品的四大企业之一。

在中华人民共和国成立之后，马应龙生计药店收归国有，成为国有独资企业。1993 年，股份改制成为股份有限公司，2004 年马应龙股份有限公司在上海证券交易所上市，初步达到了企业资本证券化的企业规划，也让马应龙药业迈进了崭新的市场经营阶段。为了更好地传承其文化内涵，在 2008 年 5 月 16 日经过股东大会决定将公司改为马应龙药业集团股份有限公司。目前，马应龙药业集团旗下子公司多达 10 个，在我国药品生产制造行业可谓一家独大。在庞大的发展规模下，公司经营状况也十分喜人，在 2004 年以及 2005 年的医药类上市公司排名中居于首位，并且其也是湖北省上市公司业绩的第一名。自 2008 年以来，公司营业收入一直保持稳定的增长，直至 2019 年上半年，营业收入增长依旧高达 18.93%。

随着市场需求增长，马应龙药业与时俱进，扩展其业务范围，2018 年以旗下开发的"八宝眼霜"为起点，正式进军药妆市场。并且相关资料显示，马应龙在痔疮药品零售业中市场占有率高达 49.4%，稳居市场第一。2018 年马应龙成为中国较具品牌价值企业之一，品牌价值达到了 302.25 亿元。2019 年获得"中医传统制剂方法"项目保护单位资格，2020 年品牌价值达到 413 亿元。

资料来源：传承龙马精神，铸造百年老店——记湖北省第五届科技创业明星企业马应龙药业集团股份公司 [J]．科技创业月刊，2011；刘彩薇，高曦聪．马应龙药业十年发展成功因素分析 [J]．时代经贸，2007（S2）：115 - 118；郜美丽，窦红莉．回医药产品品牌的构建——以马应龙药业为例 [J]．经济与管理，2016（12）：22 - 25.

（二）长寿基因及启示

1. 独特的企业文化——"龙马精神"

在研究自身品牌历史的基础上，马应龙药业将"龙马精神"作为其企业精神，将其包含在自身文化体系建设的范围内。"龙"代表着远大的理想、坚定的信念、执着的追求，"马"则表示脚踏实地、宽阔的胸怀，寓意着要真诚实在地做人，勤劳踏实地做事。马应龙药业将马的德范与龙的精神相呼应，表现了企业要做大做强的决心，让自身企业可以有信仰，来帮助整个企业提升积极性，并向社会大众传递出一种正能量，也在很大程度上规范了自身员工的素质层次，让投资者可以对其未来发展充满信心，真正地达到造福社会群众的目的。

2. 别致的经营哲学——"以真修心，以勤修为"

马应龙药业的经营讲究"以真修心，以勤修为"。"真"指的是道德，唯真才善，唯真才美，唯真才坚。"真"既是世界观，又具有方法论的意义，它要求马应龙人在制作产品时要保证原料的真实可靠；对待顾客要真情实意，不弄虚作假；学习时要有真知灼见，探索时要求真理真谛，评价时更要实事求是。"勤"是勤劳，不管制作方法多么精巧，都要以"勤"为起点。"勤"要求马应龙人勤劳刻苦，努力发展自身，运用钻研精神创造属于自己的辉煌。这也是马应龙企业对自身员工的严格要求。正是在这种经营哲学的要求与影响下，马应龙药业得以传承和发展，取得今日的辉煌成就。

3. 现代化的经营意识——"稳健经营，协调发展"

马应龙药业作为百年老店，在进入现代化的市场竞争后，依旧蓬勃发展，没有被市场所淘汰，总结其近十年的发展成果，可以将其成功秘诀归因于"稳健经营，协调发展"的现代化经营意识。具体来看，就是马应龙药业坚持以人为本，实现全面、协调、可持续的发展，即科学发展；同时注重各利益主体之间关系的平衡，使得资源可以匹配其经营规划，既满足短期的利益，也为长期发展而考虑。马应龙药业在历史长河中得以长青，与企业主动适应并向现代化市场竞争靠拢密不可分。现代化经营意识是马应龙药业适应现代化市场竞争的集中体现之一，除此之外，企业所秉持的价值观也来自现代企业管理理论的思路，即"资源增值"。其具体内容指利用自身拥有的资源通过方法创新、创造在原本资产上产生新的价值，以求可以继续将其利用到企业日后的生产经营活动中。从某种程度上来说，"资源增值"可以用来衡量企业的决策体系和价值目标，在创新和管理方面，马应龙还抓住了数字化机遇，走上了精益管理的经营方式。在这些文化体系的指引下，马应龙药业发展朝气蓬勃，蒸蒸日上。

六、荣宝斋

(一) 基本概况

荣宝斋创建于 1672 年（清朝康熙年间），迄今为止已有三百余年的历史，是我国传统书画艺术的代名词，有着"民间故宫""中国艺术的殿堂"等称号，是我国认定的中国驰名商标和中华老字号。随着市场经济的到来，荣宝斋逐渐转型为集书画经营、文房用品、木版水印、装裱修复、拍卖典当、出版印刷、展览展示、教育培训、茶文化、进出口贸易等于一体的综合性文化企业，现隶属于中国出版集团，其最出名的就是拍卖行业，目前已在多个国家开设。

荣宝斋取"以文会友，荣名为宝"之名，由最初的纸店渐渐发展成为知名的中国传统书画的聚集地，收藏了很多古代珍品和近现代的名家作品。在国家动荡时期，荣宝斋更是将保卫我国文化作品作为己任，从 20 世纪 50 年代开始到现在，其收藏的名品遍及元、明、清及近现代，品质之高无出其右，是北京收藏书画类文物较为丰富的单位之一，担负着传承中华传统文化及促进中外文化交流的重大使命。2006 年，荣宝斋的木版水印，进入第一批国家级非物质文化遗产名录；2007 年时被评为"中国文化创意产业领军企业"，2009 年被评为"中国十大最具历史文化价值百年品牌"，2011 年被文化部列为首批国际级非物质文化遗产生产性保护单位示范基地，2019 年更是入选国家级非物质文化遗产代表性项目保护单位。

资料来源：张建安. 以文会友，荣名为宝——荣宝斋的文化经营 [J]. 中国中小企业，2010；张建. 荣宝斋，商海中的博物馆 [N]. 北京商报，2007 - 04 - 03；李盛. 荣宝斋：以书会友 荣名为宝 [J]. 工会博览，2019 (32)：11 - 14.

（二）长寿基因及启示

1. "诚信为本，荣名为宝"的企业文化

"诚信为本，荣名为宝"既是传承百年的古训，也是荣宝斋持之以恒的核心价值观。在新时代中，荣宝斋始终坚守"诚信、和谐、传承、创新"的经营理念，从而凝结成为了荣宝斋的企业精神和企业文化，也是荣宝斋能屹立百年、生生不息的活力来源。新时代，我们不仅要发扬我国传统文化，还要使我国传统文化走出去，荣宝斋不仅弘扬我国民族文化，还将会促进中外文化交流。目前，荣宝斋已在日本、加拿大等海外地区开设拍卖公司，这对弘扬我国传统文化起到至关重要的作用。

2. "以文兴商，以商养文"的经营战略

荣宝斋是我国传承和弘扬中华文化的宝库，与我国传统文化艺术早已紧密地联系在一起，其蕴含着深厚的传统文化精神和现代文明，是我国乃至世界的文化财富。"以文兴商，以商养文"，不仅可以依托我国丰厚的历史文化底蕴和独特的人文资源优势来做大文化产业，还可以利用文化产业的发展来传播和弘扬我国民族艺术及文化。从某种意义上来说，荣宝斋还担负着将民族艺术和文化传之四海的责任。

3. "货真价实"的作品

书画艺术市场中人们最看重也最为担心的问题就是作品的真假，荣宝斋就是在中国书画市场中少数几个完全得到消费者信任的老字号。作为备受人们信赖的知名书画销售商，荣宝斋在选购货品时就严格把关，并且组织多人数、多层次的评鉴团队进行货品的验证，最后再聘请货品所属领域的知名专家进行最终评价，从而确定货品的珍贵程度并定价，可以说将假冒伪劣商品的出现率控制到了百分之零。荣宝斋的鉴赏家是企业得以屹立不倒的功臣，也是其核心的竞争力，比较出名的有高级画师陈林斋、高级雕刻师张福旺、装裱专家张贵桐，除此之外荣宝斋的普通员工也属于行业精英，如身手非凡的一流技工、业务经营人员等。荣宝斋和书画家的关系保持得非常密切，这也是荣宝斋区别于同行业竞争者的最为突出的优势，而且直接从画家手中取得作品，可以完全保证作品的真实性。

4. "精益求精"的技术

荣宝斋最为让人津津乐道的是传统雕版印刷技术的运用，它使我国文物行业迈入了新的阶段。荣宝斋继承传统雕版印刷，大力发挥木版水印技术的特色，这不仅使其获得了其他竞争者难以获取的利益，更重要的是将传统文化向未来传承，使华夏瑰宝不至于消失。其精湛的装裱、装帧和古旧破损字画修复技术，在近现代的书画领域，堪称装裱技艺之最。手艺师傅运用高超的技艺修复和装裱了很多知名的书画作品，而且随着时代的发展，他们还借鉴现代科技对传统技术进行创新，从而可以更加完美、更加有效率地开展工作。

七、朵云轩

（一）基本概况

朵云轩创建于1900年清朝光绪年间，是我国现代书画行业较具影响力的巨头企业之一，是我国第一批中华老字号企业、上海市著名商标，也是我国非物质文化遗产保护基地。

1900年孙吉甫乘时代之势创办了朵云轩。朵云轩笺扇庄，于1900年9月6日正式开张。由于受雇于朵云轩的技师技艺精湛，不出几年，朵云轩便名声大振，印制的信笺和扇面广受上海滩文人雅士、社会贤达追捧，一度成为收藏佳品。在近代书画界，上海的朵云轩与北京的荣宝斋并称为"南朵北荣"。朵云轩经历百年，不论社会如何变化，朵云轩依旧屹立于历史舞台，即便抗日战争时期颠沛流离，也没有中断过经营。中华人民共和国成立后，朵云轩被收归国有。随着新世纪的到来，朵云轩在不断完善的同时也没有摈弃传统，依然坚守着保护文物的责任，让更多的人可以接触到属于我们自己的传统文化。2008年，朵云轩木版水印技艺入选国家级非物质文化遗产，并在2014年5月被认定为国家级非物质文化遗产生产性保护示范基地。2020年，朵云轩120岁生日之际，"大美朵云——朵云轩一百二十周年珍藏精品特展"在上海隆重开幕，这也是朵云轩创立以来，首次如此大规模地公开对外亮相。诸多传世珍宝在历史尘封中得以向公众显露真容，获得好评一片。

如今，朵云轩为适应市场经济，经营业务也由书画销售转为以艺术品拍卖为主，是目前艺术品网拍"上海模式"的代表。朵云轩目前意于打造全方位艺术品经营市场，同时发展成为名扬海内外的、具有综合优势的、多元化经营的龙头企业。

资料来源：崔晓力，刘晓翠. 百年朵云轩［J］. 上海国资，2012（04）：100－101.

（二）长寿基因及启示

1. 深厚的文化积淀

110多年的历史使得朵云轩有着非常深厚的文化积淀，它不仅经营着文化产品，更是中国原作字画的征集与收藏者。数以万计的传统字画被朵云轩所收藏、保存，所蕴藏的文化内涵是不言而喻的。中华人民共和国成立之后，据统计，朵云轩作为仅次于上海博物馆的机构，它的收藏作品量甚至超过了许多博物馆的总和。国家将朵云轩的许多优秀的收藏调拨到各地博物馆供人们观赏、了解。因为朵云轩，中国博大精深的传统文化被外国人所熟知，其所呈现的几千年文化内涵使外国人折服。朵云轩打上了中国烙印，它的成功告诉了我们：只有民族的，才是世界的。

2. 精湛的技艺

朵云轩的木版水印复制技艺由勾描、雕版、水印三个步骤组成。勾描，是根据原稿的绘画技巧结合木版的特征，利用水印的方式对原稿进行分版，然后根据分版，采用印写的方法，用精准的笔线在半透明的雁皮纸上进行描摹，重现原稿的风骨气韵；雕版，是将描摹好底稿粘在木板上，擦去表层纤维，再以刀代笔进行刻画，这就要求精练的刀工和专业的书画技能，这样才能最大限度地雕刻和临摹从而再现原画；水印，是指印刷，主要是按原画的色彩，将颜料涂于雕版上，再附上宣纸进行矸印，在这个过程中，需要水印师熟练的操作技术以及把握运用水印工具快慢与轻重力度的变化能力，使其能惟妙惟肖地再现原稿特有的笔墨精神和意境。

朵云轩凭借精湛的木版水印复制技艺，与北京的荣宝斋并称为"南朵北荣"。近年，朵云轩在传统木版水印制笺方面，结合现代生活需求，改进设计，改善材料，改良制作，广泛开展质量提升行动，加强品控，提高传统纸笺类工艺产品的整体品质和市场竞争力。精湛的技艺不仅是朵云轩百年传承的根本，更是其继续发展的源泉。

3. 独特的文化经理人角色

朵云轩，与许多书画大家有着不解之缘，张大千、林风眠、韩天衡、刘旦宅、钱行健等著名的画家都跟朵云轩有着深厚的感情。他们不仅被朵云轩的艺术氛围所感染，同时也伴随着朵云轩不断成长。基于与众多画家的深厚情感和高度默契，在民族工商业繁荣的当时，朵云轩逐渐成为了"文化经纪人"。文化经纪人会依据画家们的知名度、作品流传程度及作品的大小样式，制定不同的价格，并且将不同的"润格"挂在店堂上明示。这使得朵云轩成为了沟通买卖双方的桥梁，一举多得。

八、中华书局

（一）基本概况

中华书局创建于 1912 年 1 月 1 日，是我国少有的致力于整理古籍的专业性出版社之一，同时也是我国历史最悠久的出版社。现在的中华书局经百余年发展，正朝着现代化企业管理迈进，改制为中华书局股份有限公司，成为了一家集编辑、印刷、出版、发行于一体的系统性出版机构。

中华书局的创始人为陆费逵。在创立之初中华书局就以编印新式中小学教科书为主要业务。随着企业规模的不断扩大，中华书局陆续设立分厂，1935 年中华书局在上海澳门路建成印刷总厂。后来由于战乱的原因，总局由上海迁至重庆。虽然经历战火，但中华书局的印制工作从来没有停滞过，仍然印制教科书，编辑出版各种图书杂志，尽己所能发挥着出版社应尽的传播作用。中华人民共和国成立后，中华书局进行了公私合营，并将总公司迁至北京，1978 年之后，开始进行中华文化典籍的整理出版，直至 20 世纪 90 年代后期，中华书局开始探索新的发展方向，除了仍保留高精尖古籍整理外，还策划了许多新的项目，也致力于学术总结文献的出版。

当前中华书局的主要业务重点仍是出版与印刷。同时，中华书局整理、出版了一大批古籍经典和学术新著，为弘扬中华文化、推动社会进步做出了重要贡献。

（二）长寿基因及启示

1. 悠久的历史传承

中华书局所承载的责任巨大，一直奋进在传承文化的道路上，以"致力弘扬中华传统文化，努力提高古籍整理出版水平"为终身职责，教导每一代员工要尊崇企业志向，将我国文化的精髓普及到人们思想中，并努力发扬中华文化优秀传统，以求可以传至四海，让世界听到我们的呼声。中华书局自建立以来，就以

"弘扬中华文化，普及民智教育"为经营理念，不断发展，以倡导中华民族文化伟大复兴为理念，构建具有中华民族特有的核心价值观，并肩负其传承中华文明的历史使命。在传承中既要传播高品质文化知识，也要谨慎防止将优秀的文化传统丢失掉。

中华书局所承载的历史性，是相较于当今同类出版社而言最为难能可贵的，这样的坚持是非常费心费力的，在现代人们的生活中，很难将其充分融入，所以中华书局也一直在想方设法地创新发展，保护我国文化传统。总之，百年老店中华书局从没有间断过对传承传统文化这一使命的坚守，也并未停止过对发展创新的探索。

2. 与时俱进的创新精神

为了更好地适应时代发展，中华书局进行改制后，积极发挥企业优势，一直都在探索自身品牌的创新。经过发展，中华书局将自身方向确定为以扩展新的图书内容和出版方式为主，近些年中华书局在发掘新内容和数字出版领域都有所建树。其次，为了迎合现代消费者的审美和价值观，中华书局对其品牌形象也进行全新的设计和策划，一切围绕传承我国文化为主，企业希望可以将中华书局的品牌形象深入到每一位出版人，甚至每一位顾客心中。

中华书局的创新还表现在其面对国家相关政策出台后出现的机会，对图书出版的引进和输出两个方面机会的把握。在我国的中宣部发出"走出去"的号召后，中华书局认真对待，在对外出版方面已经与哈佛大学出版社、牛津出版有限公司、日本讲谈社、韩国国家民俗博物馆等众多国家的出版企业开展合作项目，出版高质量、深内涵的汉语书籍，方便了国际上学习汉语的人们，也使我国的优秀文化得到发扬，让世界了解到了中华文化的魅力，中华出版社的"正说"历史系列图书和"国史十六讲"等都曾在国际文化圈内产生巨大影响。

九、刘伶醉

（一）基本概况

"刘伶醉"是中国巨力集团刘伶醉酿酒股份有限公司酿制的特曲名酒，源于公元1126年金元时期。历经千年，刘伶醉以其独特的制作工艺、明净清澈的色泽、甘醇的口味深受广大消费者喜爱，并先后荣获首批中国食品文化遗产、首批中华老字号和中国驰名商标等荣誉。

保定徐水县是中国较早的蒸馏酒发源地之一，刘伶醉也是在此兴起。传说晋朝"竹林七贤"之一的刘伶因不满朝廷的专制和暴政，便来保定探望好友张华。张华以当地佳酿款待，刘伶饮后大加赞赏，沉醉于美酒之中且大醉三载，后此佳酿因"张华造酒刘伶醉"而闻名大江南北。刘伶醉最早成为一个白酒品牌，源自20世纪70年代初的国有企业，即徐水县刘伶醉酒厂。后刘伶醉因其历史悠久，其遗址多次被列为全国文物重点保护单位。2010年12月，刘伶醉正式发展成为股份有限公司，开启了新的篇章。

目前，刘伶醉酿酒股份有限公司已发展成为国内大型白酒生产厂家，生产的刘伶醉酒共计12个系列，其中有两个系列是客户上门按照自己的需要专门定制的，共有50个品类，不少品类还按酒精度细分了"小类"共180个。在经营上，公司依托京津冀地域优势，致力于打造京津冀一体化品牌，另外还充分发挥现有资源，开发出多种经营模式，例如打造刘伶醉景区，该景区于2015年被评为国家AAAA级旅游景区，通过景区旅游的方式，更好地向消费者、经销商展现自己的酒文化，在介绍自己的工艺、品牌、品质的同时也丰富了自己的形象。这种将历史文化与现代企业制度有机结合起来、将软实力与硬实力有效结合起来的方式，让刘伶醉成为社会公认的"河北第一文化名酒"。相信百年名酒刘伶醉未来的发展会越来越好。

资料来源：刘伶醉：在历史和现实间穿行［J］．法人，2019（8）．

（二）长寿基因及启示

1. 得天独厚的制酒原料

刘伶醉之所以醇味悠长，口感独特，在于其得天独厚的制酒材料，首先是优质的水源。早些年间，刘伶醉的酿酒水源来自于太行山下古流瀑河畔的甘泉井水，水质清冽，质量上乘，业内素有"好水酿好酒"之说，这便是刘伶醉口味上区别于其他品牌白酒的根本所在。后随着时间的推移，老厂区的古井"润泉涌"历经数百年地质变化已不能用，为保证刘伶醉的质量和口感，新厂区在择址时仍将水质视为第一要素。除此之外，刘伶醉用本地产的优质高粱、大麦、小麦、大米、小米、糯米、豌豆、玉米、绿豆等粮食为原料，又以张华村（刘伶墓所在地）的芳香泥土封窖，使得刘伶醉的口感更加幽香浓郁。

2. 独特的制作工艺

刘伶醉能流传至今，与它的特殊制作工艺息息相关，它是由传统的"老五甑"工艺酿造发酵而成。经泥池老窖、固态、低温、长期发酵，缓火蒸馏、量质摘酒、分级贮存等多道工艺制成，始于起池，而后是装甑和蒸馏，也就是将起出的大馇，拌上粉好的高粱等九种原粮，随着蒸汽由甑底缓缓上升，一层一层"轻、松、匀"地撒入甑筒，此步骤是保证口感的关键。而后是窖藏环节，刘伶醉股份有限公司独特的16个国宝窖池，从金元时期一直使用至今。这些窖池经过近千年的反复使用，自然驯化和繁衍了丰富的微生物菌群，形成了独特的酿酒微生物环境。专家经过对这些窖池内微生物菌种的定向分离发现，就有四株有益菌种为世界独有，对酒的成香有独到作用。

3. 深厚的历史积淀

刘伶醉的发展，得益于许多历史的积淀与馈赠。刘伶醉酒的传说，沿袭百年的国宝窖池，还有号称"天下第一古烧锅"的刘伶醉烧锅，深厚的文化底蕴与历史积淀，使得刘伶醉形成了独有的市场竞争优势和软实力。然而沿袭下来的古老酿酒工艺和存储的国宝级珍贵调味酒，也造就了刘伶醉的卓绝品质，是其口感的保证，也是硬实力所在。这些厚重的历史文化和优秀的产品融为一体，注定了刘伶醉股份有限公司必将献给全世界一个绝世芬芳。

十、马祥兴

（一）基本概况

马祥兴饭馆是南京百年老字号，南京清真菜品中的正宗代表，创建于1845年清朝道光年间，流传至今已有170多年的历史，现隶属于南京古南都集团。在百年的经营发展中，其先后被授予"中华老字号"等称号，并且其清真烹饪技艺被列为江苏省非物质文化遗产名录，堪称当代南京城市文化地标之一。

马祥兴跨越了三个世纪，是我国现存清真菜馆中的"老寿星"。清道光二十年（1840年），其创始人马思发在南京经营小饭摊为生，这便是马祥兴的雏形。后经马思发后人的传承与发展，马祥兴从小饭馆发展到以宴席为主的大饭店，有了"美人鱼""松鼠鱼"等特色招牌菜。1945年，马祥兴进入了兴盛期，名声更盛，经营规模也进一步扩大。2003年，马祥兴迁址重建，新的马祥兴既有鲜明的民族个性，又有雅致的江南风韵；既有厚重的历史渊源，又有强烈的时代气息；既有深邃的文化内涵，又有极高的艺术品位，堪称全国一流清真餐馆。其建筑面积3400平方米，拥有700个餐位，17个包间，大型宴会厅可容纳27桌宴席。南京古南都集团旗下百年餐饮除马祥兴外，还有"绿柳居菜馆""江苏酒家""永和园酒楼""四川酒家"等著名老字号。2018年，马祥兴荣登中国正餐集团59强榜单，位列第17名。

（二）长寿基因及启示

1. 独特的文化内涵

马祥兴的文化内涵不仅在于它的"老"——历经三个世纪，还在于其独特的菜品文化和名人文化。

菜品文化：民国初期主要以经营"牛八样"清真菜为特色，20世纪20年代末，主要名菜有"美人肝""松鼠鱼""凤尾虾""蛋烧麦"等。发展至今，"松鼠鱼""凤尾虾""蛋烧麦"已成众多餐厅宴席上的点缀，唯有"美人肝"，除了马祥兴别处再也没有。

名人文化：马祥兴兴于民国时期，当时很多名人政要，包括文人雅客都是该店的座上宾。于右任曾提笔"百壶美酒人三醉，一塔孤灯映六朝"的雅句。周恩来总理也曾在这里用餐，更有屈武先生亲笔书写的"清真马祥兴菜馆"行楷大字，悬挂于正门之上，这些品牌故事及文化内涵都是马祥兴的活招牌。

2. 持续创新的精神

马祥兴菜馆之所以能成为名店，主要得益于其创新精神。其成立之初主要是以回族最常用的牛羊肉做原料，为了适应消费者的喜好，马祥兴不再以牛羊肉为主要原料，而是以江南最常见的鱼、鸭、虾、蛋为素材进行创新，别出心裁、构思奇巧、独具风格，将清真伊斯兰风味与本地特色相结合，研制出"美人肝""松鼠鱼""蛋烧卖""凤尾虾"四大最具代表性的名菜。为了顺应时代的发展，"四大名菜"也在不断地与现代口味相结合进行创新，力求在保留传统风味的基础上进行突破。

十一、开封第一楼

（一）基本概况

开封第一楼有限公司是我国著名的餐饮公司，也是一家百年老店，前身是始建于1922年的第一楼包子馆。作为拥有悠久历史的中华老字号企业，开封第一楼同时拥有"国家特级酒家""中华餐饮名店""全国绿色餐饮企业"等荣誉名号，以名小吃——"第一楼小笼灌汤包子"和"什锦包子宴"而驰名中外。

开封第一楼所经营的"第一楼小笼包子"，源于北宋都城东京（今开封），是当时的市井小吃，直到20世纪30年代，才开始被称为"小笼灌汤包"。后来小笼灌汤包以"薄皮馅大、灌汤流油、软嫩鲜香、肥而不腻"的特点和"提起像灯笼、放下似菊花"的优美形状，被誉为"中州膳食一绝"，并授予商业部优质产品"金鼎奖""中华名小吃""中国名点"等称号。1991年第一楼受邀到北京进行食品制作展示，并且获得了当时国务委员李铁映同志的即席题词"天下第一楼"，1992年在当地注册成立公司，1996年被评为"中华老字号"，次年被评为当地驰名商标。

开封第一楼发展的近百年里，成绩斐然，从最初的包子馆到今天的大型饭庄，同时成为国内餐饮企业500强，背后的艰辛和努力可想而知，其闻名全国的菜品也得到了大家的认可。凭借着在美食制作方面积淀的企业文化，历经90余年的品牌发展，开封第一楼本着"立足本市、延伸省外、辐射全国、走出国门"的宗旨，先后在北京、沈阳等地大力发展连锁店。现在的开封第一楼已经开遍了开封的大街小巷，发展到了全国60多家连锁店，变成了一家以餐饮业为主致力于品牌战略的有限公司，而且也完成了从单一的餐饮实体店到以速冻小笼包等加工生产相关的食品加工零售业的转变。

资料来源：高境. 开封第一楼：偏向高端行［J］. 光彩，2010（1）：29-31.

（二）长寿基因及启示

1. 注重弘扬"宋都"文化，挖掘和营造企业文化

作为我国历史上的七朝之都、历史文化名城，开封一直承载着深厚的历史文化底蕴，城内蕴藏着数不清的历史遗迹和文化特色。在作为北宋都城时期，其政治、经济、文化首屈一指，尤其是餐饮文化达到了鼎盛，大小饭馆可谓万人空巷。在这种文化氛围中形成的老字号企业，有着得天独厚的文化特色。

第一楼深受北宋文化的影响，在经营中非常注重弘扬宋都文化，"吃一楼包子，品宋都文化"，以"宋都"文化来营造自己的品牌文化，主要体现在其装修风格和服务文化上。装修风格上以古都汴梁为背景，环境古朴而清逸，展示了古都开封深厚的历史积淀，在此用餐的食客能感受大宋真龙天子的用餐氛围。在服务上，随着一道道饱含历史韵味的包子和菜品依次而上，服务员会讲述每道菜的历史典故，让食客闻"香"识古；同时，还会表演具有地方特色的歌舞、杂技、戏剧等节目，让食客在享受美食的过程中，体验古城文化。

2. 不断创新企业精神

在经营方面，开封第一楼在现代的发展历程中按照国家级饭店的要求，聘请各类相关人才，结合现代企业管理理论，研究规划自己的战略目标，以求在经营方面创造属于自身的辉煌。在学习知名餐饮企业的管理思维后，开封第一楼规划出"立足本市，延伸省内，辐射全国，走出国门"的经营战略。在菜品创新方面，除了独具特色的小笼灌汤包，还有传统的精品豫菜，并扩展了新派菜这一领域，让菜品与历史文化相结合，展现其老字号的魅力。

十二、月盛斋

（一）基本概况

月盛斋创办于 1775 年清朝乾隆中期，迄今为止已经有两百多年的历史，是闻名全国的老字号。目前月盛斋以销售食品为主，同时还担负着少数民族清真肉食品供应任务。

月盛斋创始人马庆瑞最初在前门大街路西售卖清真酱牛羊肉，随着名气和利润的积累，名为月盛斋的店铺在老北京的户部街正式开业，由于临近皇宫，月盛斋被皇室成员和高官要吏大肆采购，也由于月盛斋和宫廷联系密切，后经御医指点，月盛斋改善了自己的酱羊肉配方，还扩大了产品种类，如烧羊肉、白水羊头、炸松肉等。中华人民共和国成立后，月盛斋焕发了新的光彩，美誉越传越广，远销海外，得到外国消费者的喜欢。进入新的市场环境之后，月盛斋积极适应市场变革，在 2003 年的时候改制成为北京月盛斋清真食品有限公司。在新时代的光辉映照下，北京月盛斋清真食品有限公司也积极适应新的市场环境，开始现代化发展。其利用现代公司的管理技巧结合市场环境下的竞争规则，引进现代化的生产设备，改进店铺曾经前店后厂的旧模式，活用老字号的名号，扩展了产品生产和销售范围。同时建立了研发中心，对所经营产品进行创新和改制，研制出中、西式系列熟食产品和清真外延产品，并且花费巨资筹建了亚洲第一大的清真冷库，组建了自己的配送中心。2019 年 11 月，月盛斋的酱烧牛羊肉制作技艺被列入《国家级非物质文化遗产代表性项目保护单位名单》，获得保护单位资格。目前月盛斋的战略目标是"承百年基业、创民族品牌"，开拓创新，以求将百年老字号的名望发展壮大，并将其作为核心竞争力，帮助自身在成功的道路上越走越远。

（二）长寿基因及启示

1. 创新为本的经营理念

总结月盛斋的发展历程，创新是其一直秉承的经营理念，而其创新经营的实例也非常多，如利用明档制作，将烹制过程展示在世人面前；其次，还有其与太医院的太医们一起研制出的羊肉品质改良技术；除此之外改进产品包装、诚邀书法大家帮其题字进行书写，都表达出其创新经营理念。在现代市场竞争中，创新决定了一个企业可以走多远。如今的月盛斋也非常看重对自身企业经营的创新，近些年的月盛斋在保持传统风味的"两烧两酱"之外，还扩展了自身产品的种类和范围，其产品多次被国际会议选为特供清真食品，广受外国友人好评，这正是月盛斋不断创新的结果。

2. 独特的烹饪技艺

月盛斋的牛羊肉美味之处在于将肉、酱、药、油的香味都体现了出来，而且经过制作，肉类营养的价值没有丢失，反而在配料的辅助下得到提升并利于人体全面吸收，这正是月盛斋制作工艺独特的地方。月盛斋酱烧牛羊肉制作工序繁多，除配料、优质肉源和独家的"老汤"外，还有验料、选材、调汤、煮制等大小不等约二十道工序。除了将"药食同源"的中医养生学理论融入自己的产品之外，火候的掌控也是月盛斋烹饪技艺的核心。火候管控，极为考究，通过对火候的把控，使牛羊肉达到肥而不腻、瘦而不柴、外焦里嫩、香酥爽口、不膻不腻的效果。为了使火候掌控的技术不至于丢失，月盛斋采取"师徒制"的措施，在社会中大力选拔优秀的年轻人来其店铺工作，希望可以将传统手艺流传下去。近年来，月盛斋还参考新时代菜品的制作工艺，对传统菜品进行改良，以求能应对新产品的冲击。

3. 浓厚的历史积淀

月盛斋从历史中走来，既顺应着历史发展的趋势和时代要求，也享受着历史与文化的馈赠。月盛斋长久以来与老北京人们的生活息息相关，在许多老北京人的印象里，提到酱牛肉，月盛斋绝对占据着头等地位。如今，月盛斋源远流长的工艺技术是我国的非物质文化遗产，企业自身也很重视古老技艺的传承和保护，除了派遣相关人员进行有关传统菜品制作方法的古籍资料整理外，还加强对自身企业技术高超的大厨们的保护。我国政府也为月盛斋能够更好地传承提供相应的助力，使新时代的月盛斋在我国当前经济大发展的前提下焕发出新的光彩。

十三、六必居

（一）基本概况

六必居酱园创立于明朝嘉靖九年（1530 年），是我国久负盛名的老字号企业，因腌制的酱菜"鲜美脆嫩、咸中带甜"而闻名。如今六必居已走过四百多年的岁月，其酱菜技艺已被列入我国非物质文化遗产名录，腌制的酱菜也由家庭必备小吃变成了国宴上的常客。现在的北京六必居食品有限公司沿袭着古老的酱菜制作工艺，并在此基础上发展成为主营酱腌菜及调味品的专业公司。

六必居起源于一家专卖柴米油盐的小卖铺，明朝嘉靖年间，由山西赵氏兄弟赵存仁、赵存义、赵存礼创办。由于经营得当，生意兴隆，小铺面扩张成前店后厂的模式，鉴于生意越来越好，经营者苦于没有与名气相匹配的牌匾，于是邀请常来店铺喝酒的严嵩来写匾，自严嵩题匾"六必居"后，六必居的名号便迅速传播开来，自此以后，六必居开始专营酱菜。六必居制售的酱腌菜酱香浓郁，其中甜酱黑菜、甜酱八宝菜和八宝瓜最为著名。由于六必居制作的酱菜口味独特，清代便被选作宫廷御品。

六必居的酱菜不仅在国内受到消费者的喜欢，还远销海外，在日本、新加坡、欧洲等地也收获一片赞誉。目前在北京近郊，六必居又建成一座占地面积20亩的厂房并投入使用，希望借助一流的现代化的生产线和高超的制作工艺，实现企业的长远发展。

（二）长寿基因及启示

1. 选料考究，技艺精湛

六必居的酱菜之所以出名，与它选料精细、制作严格分不开。六必居酱菜的原料，都有固定的产地，以六必居的黄酱为例，其原料特选河北省丰润县马驹桥和通州永乐店等地产的颗粒饱满、油性大的好黄豆作为主要原料。甜面酱也是如此，采用高价从河北省涞水县购进的黏性大的小麦为主料。六必居的所有原料均为特定产地专供，严苛的选料标准是保证口味的前提，最终形成独特口味的酱菜，还离不开精湛的制作工艺。"忝稻必齐、曲蘖必实、湛之必洁、陶瓷必良、火候必得、水泉必香"，"六必居"的名称即源出于此。"六必"的要求代表了我国古代几千年积累的酿造工艺水平的最高要求，同时也是六必居百年来传承的珍贵制造工艺。六必居制作酱菜工艺严苛，依旧以其代表产品黄酱的制作为例，六必居的黄酱选用颗粒饱满的黄豆，将白面与泡透蒸熟后的豆子放在一起搅拌碾碎，再放到模子里，经反复挤压 10~15 天后拉成条并剁块，用席子包好静待其发酵。在发酵后期，有专人不断用细刷子轻轻拂去其表面白毛，待 21 天后，酱才能发好。一整套流程下来，大概月余。正是六必居对材料和流程技艺的高追求，才成就了百年老店的传奇故事。

2. 推陈出新的创新意识

六必居能传承百年，与其创新意识密不可分。在新时代的发展要求下，六必居积极进行新产品的研发。为了迎合养生健康理念，六必居推出口味清淡的甜酸脆瓜和榨菜，将产品向低糖少盐的方向进行改进。除此之外，六必居还腌制出黑蒜这一新产品，具有预防动脉硬化、延缓细胞衰老、排毒养颜等功能，产品一经推出，立即占据同类产品销售榜首位，销量与口碑都十分可观。

除了进行优势产品的创新外，六必居还在积极进行产品类型的创新。2009年，六必居与北京红星酿酒有限责任公司合作开发了六必居清香型白酒，其高档兰花瓷酒还取得了国家外观设计专利。同年，六必居还与方便面巨头企业统一强强联手，打造了"统一老北京炸酱面"。在创新意识的推动下，六必居的经营更加多元化。相信随着时间的推移，六必居的发展会更上一层楼。

参考文献

［1］田雅琳．北京老字号餐饮企业用人文化的历史流变与传承发展：以全聚德为例［J］．商业经济研究，2017（18）：93－96．

［2］中国全聚德股份有限公司．百年品牌文化　铸就百年传承辉煌［J］．时代经贸，2010（6）：44－46．

［3］全聚德（集团）．餐饮老字号品牌文化的建设与创新［J］．北京财贸职业学院学报，2009，25（2）：18－21．

［4］本色醇香　止于至善［J］．酿酒，2013，40（6）：110－112．

［5］徐颖宏．百年富春　魅力永恒［J］．江苏地方志，2012（4）：21－23．

［6］胡舰．富春茶点在扬州饮食文化中的地位与作用［J］．南宁职业技术学院学报，2017，22（4）：5－8．

［7］徐传宏．游山玩水　品茶尝点——记扬州富春茶社［C］．上海茶业，2013（4）．

［8］李燕．《孔乙己》中的呼应作用［J］．中学语文教学参考，2019（21）：53．

［9］胡建华．女儿红的品牌价值和意义［J］．中国酒，2017（10）：62－63．

［10］高境．开封第一楼：偏向高端行［J］．光彩，2010（1）：27－29．

［11］张会甫．刘伶醉：在历史和现实间穿行［J］．法人，2019（8）：65－67．

［12］宋立勋．哈尔滨大众肉联食品有限公司品牌营销策略研究［D］．哈尔滨工业大学硕士学位论文，2016．

［13］邹同品，于华，李志远，杨朝晖．基于系统创新的"中华老字号"企

业重塑——以哈尔滨大众肉联集团为例［J］. 商业经济, 2009（1）: 122 - 124.

［14］李颖一. 百年老店荣宝斋的商业模式创新研究［J］. 中国国际财经（中英文）, 2018（8）: 289 - 290.

［15］崔晓力, 刘晓翠. 百年朵云轩［J］. 上海国资, 2012（4）: 98 - 99.

［16］文亭, 东库. 京城老字号——柳泉居［J］. 城建档案, 2002（1）: 29.

［17］魏鹏程. 浅析我国百年老店的企业文化［J］. 山西经济管理干部学院学报, 2009, 17（4）: 6 - 8.

［18］辛颖, 王中中, 唐倩, 占妮. 继承传统, 推陈出新——百年老字号"六必居"的现状与困惑［J］. 智库时代, 2018（31）: 274 - 275.

［19］寻找身边的工匠——专访百年老店"六必居"非遗传承人杨银喜［J］. 南方企业家, 2016（1）: 124 - 126.

第二章　企业精神：诚信、勤俭

一、东来顺

（一）基本概况

东来顺是北京饮食业老字号中享有盛誉的一个历史名店，创建于 1903 年（清光绪二十九年）。在东来顺饭庄建店 100 周年之际，东来顺成立了东来顺集团有限责任公司，如今是北京饮食行业中具有标志性的品牌餐饮店，立足于清真餐饮主业，以独具特色的清真饮食文化塑造品牌形象，并且在市场环境的要求下积极开拓海内外市场，其中以"涮羊肉"而驰名海内外。东来顺有着"中华老字号"、中国驰名商标、"中国 500 最具价值品牌"和"中华老字号，清真第一涮"的称号，并且其牛羊肉烹制技艺、涮羊肉制作技艺也被国家记入了国家级非物质文化遗产名录。

东来顺的创始人名为丁德山，是一位地地道道的回民。在创立之初，他主要以售卖民族食品为主。随着生意逐渐兴隆，便取"来自京东，一切顺利"之意，挂起了"东来顺"的招牌。中华人民共和国成立后，东来顺进行公私合营，并逐渐成为各类名流常聚首选地，甚至逐渐成为国家接待一些信仰伊斯兰教国家客人的重要地点。东来顺鲜明的民族特色不仅深受人们喜爱，也为传播民族饮食习俗、促进各民族相互了解做出了重要贡献。1996 年，东来顺开始探索连锁加盟之路，把现代企业管理、经营理念引入民族品牌，增强其生命力。目前，东来顺品牌已经在全国大多数省市建立连锁店，到 2010 年，东来顺已经实现了营业收入 60 亿元，在全国有 500 家连锁店。2019 年，东来顺集团获"牛羊肉烹制技艺项目"保护单位资格。2020 年，东来顺入选"2019 年中国餐饮企业百强"。

东来顺发展110多年，严格遵守企业使命，立足于民族特色，提供优质、健康产品，已经成为清真餐饮企业的标杆。"十三五"期间，东来顺集团将以"中国服务"为统领，以"快速发展"为总基调，以"产品＋餐饮"双轮驱动发展为支撑，大力提升集团核心竞争力和聚合引导社会资本的能力，创造品牌更大价值，力争实现"在行业市场中名列前茅的清真餐饮、食品供应商"这一定位，并朝着"中国清真餐饮第一品牌"的目标不断前进。

资料来源：王田．话说百年东来顺［J］．中外企业文化，2017（6）：75－76；张景云，周延龙，宋佳．"中华老字号清真第一涮"：东来顺的创新与传承［J］．公关世界，2017（15）．

（二）长寿基因及启示

1. "诚信为本，品质至上"的经营理念

作为百年老店，东来顺一直将诚信经营的理念视为最重要的经营信条，始终坚持进货从源头严把进货关，力争让每位客户吃得放心、吃得舒心。"品质至上"是东来顺的生存之本、立业之基，无论是在原材料的选用，还是厨师、服务员的选用上，无不体现着东来顺对品质的严格要求。其中"东来顺涮羊肉制作技艺"还被收录于国家级非物质文化遗产名录，并且"涮羊肉、糖蒜、核桃酪"被北京老字号协会列入第一批"原汁原味北京老字号最具代表性产品"，这不仅体现的是东来顺精湛的手艺，还是几代东来顺人的潜心钻研和对高品质的追求。

2. "服务大众，顾客至上"的服务传统

"服务大众"是东来顺的经营准则和经营作风，更是东来顺对自己服务对象的基本定位。东来顺始终遵循顾客至上的理念，认真服务每一位进店的顾客，并聆听顾客对服务和菜品的意见，东来顺始终认为"能来东来顺吃饭的人，那是照顾东来顺的人"，这句淳朴的话也正体现了东来顺的待客之道。在传统的待客文化基础上，东来顺也融合了现代服务理念，并将美食与文化相结合，让客户在享受美味之时体验百年老字号的博大精深。

3. 传承创新经营之道

早在20世纪90年代末，东来顺就积极聘请现代的管理人员，引进现代的竞争经验，与时俱进，探索连锁经营模式，为其发展提供了新的助力，而且连锁经营作为当时一种新型的商业模式，市场上采用的还不算多，东来顺打破"独此一家，别无分号"的枷锁，将"特许加盟""连锁加盟"与"中华老字号"相结合。这种经营方式让东来顺快速地进入了现代商业的步伐，使东来顺品牌成为清真餐饮行业的排头兵。但在创新的同时，东来顺也在积极传承和弘扬传统清真餐饮文化理念，严格恪守清真政策。

二、胡庆余堂

（一）基本概况

胡庆余堂是胡雪岩于公元 1894 年（清同治十三年）创建的，至今已 120 年有余。目前，胡庆余堂所在的杭州历史文化街区清河坊是我国保存比较完整的清朝商业建筑群，也是我国重点文物保护单位。胡庆余堂更是中国驰名商标、中华老字号、国家非物质文化遗产，并有着"江南药王"之称，是我国唯一一家双国宝单位。

"北有同仁堂，南有庆余堂"，在创建初期，它并不叫胡庆余堂，而叫"胡庆余堂雪记国药号"，是一家为老百姓服务买药的铺子。随着不断发展，胡庆余堂雪记国药号不再只卖药，并开始收集各类皇家、民间的治病秘方、古方等，在此基础上开始不断创新，发明了诸多中成药，并编制了《胡庆余堂雪记丸散全集》为后人所传。到目前为止，胡庆余堂仍继承祖传验方和传统制药技术，保留着大批传统名牌产品。

中华人民共和国成立以来，胡庆余堂因其在中药和建筑上的重大贡献，受到党和国家的重点保护，于 1988 年被定位为全国重点文物保护单位，2006 年被认定为首批"中华老字号"，除此之外还获得了一系列的商业称号。如今，胡庆余堂已成为唯一的国家级中药专业博物馆，一方面可以让游客感受中药的精华，另一方面也能让游客欣赏清朝商业古建筑，还可以让游客在游玩的同时能够买到各类药材。相关数据显示，2018 年杭州胡庆余堂集团的营业收入为 4.5 亿元，净利润为 0.25 亿元。2019 年，公司实现工业产值连年增长，生产成本同比下降，人才队伍也在精益壮大，并获"余杭区政府质量奖"。

资料来源：林燕，周宜菲，马莎. 老字号药店发展之路——以胡庆余堂品牌建设为例 [J]. 时代经贸，2019（20）.

（二）长寿基因及启示

1. "诚信如舟行天下"精神

"诚信如舟行天下"是胡庆余堂对"诚信"文化的解读。光绪四年，胡雪岩亲自书牌匾"戒欺"，其中写到"凡百贸易均着不得欺字，药业关系性命尤为万不可欺"，是胡庆余堂的堂规，主要源自于"药关性命"的理念和对生命的敬畏。匾不是挂在前厅而是挂在营业厅的背后，面对着经理及账房，是挂给经理及企业员工看的，警醒员工以诚待人。"戒欺"的诚信经营理念还表现在营业大厅上方悬挂的"真不二价"的大匾上，胡雪岩引用"真不二价"是向顾客正言，胡庆余堂的药，货真价实，童叟无欺，只卖一个价。

2. 修制务精，从源头保证质量

质量是胡庆余堂发展至今的根本要素。"采办务真，修制务精"不仅是胡庆余堂的制药之道，还是对客户的质量保证。其中"真"指药材的质量要真，即从源头上解决药品质量问题；"精"指的是制药的过程要精益求精，以此来留住老客户、吸引新客户，让客户的购买放心满意。进入现代后，胡庆余堂更是利用现代的管理理论和技术，对产品的生产过程进行严格的质量管理，并按 GMP（生产质量管理规范）标准对生产条件进行改造，加强企业生产质量管理及内部管理；建立自己的药材生产基地，从源头上保证产品的质量。因此，也获得了国际贸易"通行证"，为中药真正走向国际市场提供质量保证，也为胡庆余堂走向国际奠定了基础。

3. 独特的经营之道

胡庆余堂，历经百余年发展，能成为我国重点中成药企业，还得益其独特的经营之道。"是乃仁术""顾客乃养命之源""真不二价""戒欺"等理念完整地表达了胡庆余堂的经营之道。"是乃仁术"的牌匾表达了胡庆余堂救世济世、广济于人、治病救人的仁义。"顾客乃养命之源"教育员工把顾客当作自己的衣食父母，兢兢业业地为顾客服务。"戒欺"更是贯穿于整个经营过程中，诚信制药。这些特有的经营理念奠定了胡庆余堂坚实的经济基础和品牌美誉度。

三、海天味业

（一）基本概况

海天味业是我国著名的调味品生产企业，专注于调味品生产和经营。其源于乾隆年间的佛山酱园，具有悠久的历史底蕴，现在是我国首批中华老字号企业之一。

1994 年海天成功转制，成为全球最大的专业调味品生产和营销企业，2006 年被授予"中华老字号"的称号。2014 年 2 月，海天在上交所主板成功挂牌上市，股票名称为"海天味业"。2019 年《财富》未来 50 强榜单，海天味业排名 15，同年入选 2019 中国品牌强国盛典榜样 100 强。目前，该品牌已在国内外有较大的影响力，其产品销往全球 60 多个国家与地区。2018 年，海天营收达 170.34 亿元，净利润 43.64 亿元；2019 年海天味业创造了"半年营收突破 100 亿"的成绩，年末海天味业营收总额 197.97 亿元，同比增长 16.22%，位居中国调味品行业第一。2020 年海天再次刷新成绩，上半年营业收入 115.95 亿元，同比增长 14.12%，并稳居酱油、蚝油、食醋行业第一，展现了其牢固的行业地位和对产品服务精益求精的追求。

资料来源：石奇峰. 海天调味，生活美味 ［J］. 农村新技术，2010（16）：8－10；郁李. 海天味业的"三驾马车"［J］. 农经，2020，348（6）：70－73.

（二）长寿基因及启示

1. 勤俭节约，诚信为本的企业文化

"稳扎稳打，勤俭节约，注重细节"是海天味业最开始的理念。海天味业相信只有认清市场趋势后，进行不断创业才能守住自己，不被市场淘汰，而创业所需要的就是稳重与勤俭，所以多少年来其一直在创新发展的前提下，尽量为自己节约成本。

"美味、健康、诚信"的形象，是海天在长期品牌建设中打造的，它使海天具有极高的品牌号召力，吸引了无以计数的忠诚消费者以及大批卓有实力的经销商。诚信的经营、消费者的信任使得海天快速地提高市场占有率，并创造出了营销奇迹。

2. 以品质为本的核心竞争力

"品质"是海天味业的核心竞争力，海天因品质而成功。海天对黄豆有严格的要求，体型、体态、各项理化和安全指标都要符合标准。中国东北部三江平原上的非转基因优质大豆，营养丰富，颗粒饱满，非常适合酿造使用。从广东到东北，3000 多公里的路途，高额的运输成本，仍挡不住海天对"品质"的追求，千山万水地选材料，不计成本地运回海天。

3. 守拙择善，务实创新

守拙即坚持传统工艺，坚持简单作风；择善则是只选择善的、对的、好的。务实是实事求是，实干求成；创新即永远领先别人半步。海天企业的核心价值观是"只有创业，没有守业"，重心在"创业"和"创新"上，反对安于现状的思想，而鼓励以创新为动力，追求更高的目标，既继承传统又颠覆传统。

4. 适时地应用科技的研发力

随着科学的进步，以及对现代生物技术的应用，海天也开始筹建属于自己的技术团队。海天味业是调味料行业中第一家开始建设实验室的企业，以此来保证其产品有充足的竞争性。海天从国外引进一批超前检测仪器，为产品质量保驾护航，确保产品的安全、卫生和高品质。目前，海天味业的产品质量标准已经与国

际标准接轨，甚至超过国际标准，赢得了消费者的信赖。

5. 优质的品牌文化

品牌力是海天引以为傲的优势。在发展中海天以品牌为驱动经营，并与时俱进地调整品牌发展战略，使得海天品牌的知名度、美誉度、影响力不断提升，最终由区域品牌发展成为了全国知名品牌，再由全国知名品牌发展成为了海内外都知晓的国际品牌。2019 年，凯度消费指数发布的"2019 亚洲品牌足迹报告"显示：海天以 5.2 亿消费者触及数、73.3% 的渗透率，位列中国快消费品品牌第四位，成为唯一进入榜单的中国调味品企业。

6. 强大的渠道覆盖力

海天味业不仅吸引了无以计数的忠诚消费者，还吸引了大批的经销商。正是这些强大的经销渠道建设，以及持续的渠道深耕，使得海天市场开拓的广度、深度、速度均得到了持续、长足的发展。截至 2020 年 6 月，海天拥有线下经销商 2600 多家，联盟商 16000 多家，直控终端销售网点 50 多万个，覆盖全国 31 个省，出口全球 60 多个国家。线上与各个电商平台合作，建立良好的合作关系，并且自身也加入了电商平台建设，不断地满足新时代的消费习惯和消费趋势，从而提高竞争优势。

四、张一元

（一）基本概况

张一元是北京知名老字号，于 1900 年清朝光绪年间成立，从创立至今已有百年。店名取自"一元复始，万象更新"之意，寓意茶庄开业大吉，不断发展创新。作为中国茶叶第一品牌，张一元得到了很多人的认可，成为我国的驰名商标，1993 年被授予"中华老字号"称号。如今，经过了新一轮的改制后，张一元成立北京张一元茶叶有限责任公司，以求可以更好地适应市场的发展和变革。2008 年北京奥运会，为了更好地弘扬我国文化传统，国家机关决定将张一元作为奥运村中国茶艺室的唯一指定运营商，此举加速了我国的茶文化走向世界，在奥运会举办期间，茶艺室招待了数以百计的外国友人，并为他们提供优质的茶品与服务，让他们能更好地了解我国茶文化，当时的"中国茶"在外国人的圈子里掀起了一番热潮。2019 年，公司获"花茶制作技艺项目"保护单位资格，2020 年获评艾媒金榜发布的《2020 中国茶叶品牌线上发展排行榜单 TOP30》第

13 名。

经过多年发展，张一元现在茶品种类齐全，能够满足不同人群对茶叶的需求；同时，面对市场需求，开发了张一元礼品茶等特色产品，满足了人们走亲访友送礼的需求。在保证服务质量不断提高的基础上，张一元茶庄开始进行扩张，以连锁店的形式进行发展，这在一定程度上能够继承老字号的名望，而且没有摒弃其优秀的文化传统。目前，张一元在全国拥有连锁经营店 300 多家。

资料来源：木子．张一元，茶香茶韵飘百年［J］．中国新时代，2011（4）：98－101；金领品质，百年永芳，诚信为本，厚德兴茶——北京张一元茶叶有限责任公司企业信用管理经验介绍［J］．茶世界，2009（9）：64；王忆萍．一等茶庄属张家——张一元［J］．老字号品牌营销，2020（5）：7－8.

（二）长寿基因及启示

1. "诚信为本"的企业精神

张一元始终以"诚信为本，追求品质，弘扬国饮，服务社会，厚德兴茶，健康大众"作为其企业职责，百年来坚守"诚信为本"的企业精神，为企业赢得消费者的信赖。张一元的诚信主要体现在两方面，一方面是茶品质量方面，关注消费者，不仅要以消费者满意为基础，还要以质量在最大程度上超过国家标准为要求，做到最好；另一方面是客户服务方面，要求做到"诚实守信，按照每一位顾客的实际需求介绍产品"，表达出张一元对其服务质量的要求。多年来张一元一直都在企业内部设立自身的质检机构，将严格的质量把关落到实处。

2. 源远流长的品牌文化

品牌文化的核心是品牌核心价值观，涉及品牌历史、产品品质、产品设计以及品牌传播等多方面。从创办至今，张一元一直传承着品牌的优秀文化，在老北京的茶品行业中，张一元是首家将老字号品牌名作为公司名的企业，也是首家将连锁经营模式应用于茶品行业的老字号，同时也是首家将花茶这种茶品和文化打入市场的企业。张一元在多品类方面的第一，将"一元"这点表现得淋漓尽致。久远的历史兼具我国的传统文化，使得张一元可以在市场中占有优势地位，也赋予品牌独特的魅力。在历史发展中，很多的奇闻逸事与张一元紧密相关，使其品牌影响力得到长足发展，成为人们认可的品牌。

3. 独特的宣传策略

张一元茶庄深知宣传的重要性，很早就开始用播音喇叭播放歌曲、戏剧等方式来吸引消费者，每当店门口有演出时，就被围得水泄不通，在当时来说可谓是万人空巷。除此之外，利用电视、广播和报纸等媒介来打广告、用心装饰店铺等宣传方式也被张一元发挥到极致。随着名气的扩大，张一元茶庄吸引了很多的名人来品茶，利用服务留下这些名人主顾，然后又借用名人的名气宣传自身，这也是张一元越做越大的原因之一。更少有人知道的是，张一元还有自己独特的宣传秘诀：张一元茶庄将茶品以优廉的价格出售给地摊小贩，借用其流动性强的优势将茶带到全国各地，使得张一元能够闻名全国。

五、九芝堂

（一）基本概况

九芝堂成立于 1650 年清朝顺治年间，前身为"劳九芝堂药铺"。现在的九芝堂股份有限公司设立于 1999 年，是国家商务部认定的"中华老字号"。目前九芝堂已是中医药行业领域知名的行家，主要业务集中在预防、治疗、康复三个领域，将大健康领域作为未来出发点和落脚点，擦亮九芝堂百年品牌，引领民族健康产业。

多年来九芝堂一直致力于补血、补益、糖尿病用药、肝炎等中药的研发以及调节人体免疫力的生物制剂斯奇康的生产与销售，现今为止九芝堂产品的销售量已经达到一个可观的水平，而且研制的产品疗效优异，获得了大众的好评。九芝堂驴胶补血颗粒与九芝堂六味地黄丸作为九芝堂制药厂的代表性产品年销售额超过 3 亿元。在我国经济的蓬勃发展下，九芝堂同样开始扩充自己的海外市场，各类药品远销海外，获得很多外国人的青睐，其中十多种浓缩丸、片剂出口日本已将近 20 年。多年的发展，九芝堂也取得了傲人的成绩：2004 年，九芝堂被列为中国驰名商标；2006 年，国家商务部又将"中华老字号"的名号授予九芝堂，其中药文化于 2008 年被收入国家非物质文化遗产保护目录。

九芝堂始终秉承"九州共济、芝兰同芳"的企业理念，将自身发展与为大众谋福利、与国家同发展结合起来激励九芝堂不断努力发展，以求更好地造福百姓、发展自身。2019 年，九芝堂品牌价值已成为全国中药行业的前五，在"九州共济、芝兰同芳"的口号下，如今的九芝堂也在新时代焕发出新的光彩。

（二）长寿基因及启示

1. "良心为首，诚字当先"的企业文化

九芝堂的"诚"，集中体现在对产品质量的严格把控和对消费者认真负责的态度上。对于九芝堂这种以制药为主的企业来说，产品的货真价实尤为重要。因此九芝堂从原料采购阶段开始就严格把控，力求将最好的药材用于自己产品的开

发，精工细做，在药品包装上都做得非常精美。同时在研制秘方药品的环节也十分投入，多年以来已有很多特效药问世，缓解了病人们的痛苦，并严守质量关，践行对消费者健康的承诺，这是九芝堂的诚信体现之一。

除此之外，九芝堂还奉行"以小见大，践行诚信"的原则。对于九芝堂连锁门店的营业员，九芝堂花费大量的时间进行业务能力培训，使营业员可以科学甄别消费者体质，合理推荐用药，让消费者少花钱、看好病。此举不仅提升了九芝门店销售的服务质量，也为九芝堂赢得了良好的口碑。

2. "古为今用，中西结合"的管理方式

自九芝堂诞生以来，九芝堂人一直恪守"遵古炮制"的传统，但是九芝堂并没有故步自封，而是不断创新，并积极接受和吸纳新知识。尤其是在企业管理方面，九芝堂不断学习先进企业管理理念，以市场为导向，结合中西方在企业管理方面的优势，消除各自在企业管理方面的不足，最终九芝堂形成了独具特色的企业管理体制。

3. "避实就虚，人弃我取"的经营策略

"避实就虚，人弃我取"的经营策略也是九芝堂成功的一个秘诀。九芝堂制药厂曾经的饮片切片技术不够成熟，与行业中的领先者也有一定的差距，所以九芝堂就将重点放在了经营成药方面，而且扩展市场，大力宣传自身产品的广告，将自己的优势产品拓宽销路，一时间市面上出现了很多的九芝堂生产的药品。这一举措很大程度上改善了九芝堂药厂的利润，使之可以保持稳定发展。

六、会稽山绍兴酒

（一）基本概况

会稽山绍兴酒创建于 1743 年，原名为"云集酒坊"，是我国较大的黄酒生产企业之一。1915 年作为绍兴黄酒代表，会稽山绍兴酒参加在美国旧金山举行的"巴拿马太平洋国际博览会"，为绍兴黄酒获得第一枚国际金奖。中华人民共和国成立后，会稽山绍兴酒作为老字号酒品牌多次在重要场合作为特供酒，于 1998 年被北京人民大会堂指定为唯一国宴专用黄酒，2006 年被评定为第一批"中华老字号"，2014 年 8 月上市，成为国内黄酒行业第三家上市企业。

会稽山绍兴酒股份有限公司作为"绍兴黄酒酿制技艺"非物质文化遗产传承基地，其传承千年历史，延续百年工艺，以精白糯米、麦曲、鉴湖水为主要原料精心酿制而成。产品不但畅销国内市场，而且远销日本、新加坡及欧美等多个国家和地区，一直被国际友人誉为"东方红宝石""东方名酒之冠"。

目前，黄酒已成为低度、健康、养生、潜力最大、最具消费成长性的酒水消费品，会稽山绍兴酒股份有限公司作为我国较大的黄酒生产企业之一，始终坚持现代化的智能酿酒，保证酿造安全、温升、质量上乘的黄酒。"一带一路"倡议的推进，也加快了公司开发国际市场的进程，相信秉持百年文化与技艺传承、不断创新的会稽山绍兴酒能在新时代创造更大的辉煌。

（二）长寿基因及启示

1. 品质为本，诚信待人

多年来，会稽山绍兴酒一直秉承着"精酿绍兴酒，持续创名品，诚信待顾客"的质量方针，为保证产品质量，公司建立了严密的质量安全管理体系和管理网络，从原材料到产成品几十道工序严格控制、相互监督，确保产品的质量和风味的稳定，严格遵守"任何时候、任何情况都服从质量"的规定。

2. 不断追求创新的精神

会稽山绍兴酒能够稳步发展，历经百年而不倒，其根本在于创新，包括管理、技术、营销等多个层面的创新。在管理上，会稽山根据时代的发展，不断地引进新型管理理念；在技术上，会稽山绍兴酒在保留传统工艺特色和品质的基础上，以科技为支撑，新建会稽山黄酒研究院，不断推陈出新，满足现代人群的消费需求；在营销创新方面，大力进行营销要素整合，扩大广告投入，试水"电商"等手段，积极获得市场占有率。

七、王致和

（一）基本概况

王致和品牌诞生于公元1669年，距今已有350年的历史。经过几代人的发展和传承，王致和不仅享誉国内市场，而且已名扬国外，走向了世界各国。三百多年的沧桑岁月，经过数代人的不懈努力，王致和已从手工式作坊发展成为以生产酿造调味品为主的多元化经营公司，并获得"中华老字号"称号，同时于2008年6月列入国家级非物质文化遗产保护名录。

王致和的品牌名称源于其创始人王致和，清康熙十七年，王致和建坊"王致和南酱园"，这为王致和品牌迈出了成长的第一步。随着企业不断的发展，为了适应环境的变化和满足市场需求，公司进行了一系列的改名、组建，于1985年，在国家商标局注册"王致和"商标。之后，经市场经济体制改革，王致和建立了股份有限公司，并于2019年为纪念王致和品牌创立350周年，以王致和创业故事为原型，制作了联合编演曲剧《王致和》，充分展现民族品牌的创业史及老字号的诚信敬业、大国的工匠精神，让老字号不断焕发青春的活力。

近年来，王致和飞速发展，在行业内取得了卓越的成绩。企业在经营过程中不仅能快速地适应市场的变化，而且能及时洞悉市场动态，得益于公司始终将市场放在首位，即不断地进行创新，使产品满足市场需求。伴随着互联网的发展，公司也在不断地利用互联网平台进行宣传和销售，取得了巨大收益，在2018年公司实现利税1.2亿元。目前，王致和在北京市场覆盖率基本达到饱和，同时也在不断地扩张，其分店遍布全国，甚至已经远销美国、欧盟、韩国、日本等20多个国家和地区，覆盖面与渠道的深度与广度稳居行业第一。

资料来源：门海涛．"老字号"焕发新光彩——"王致和"品牌谋划新时代新发展［J］．中国农垦，2019（1）：61－63．

（二）长寿基因及启示

1. 以诚信为核心的企业文化

诚信是王致和生存和发展的基石。在发展的历程中，王致和人以"根""髓""本"为发展理念，"根"代表了该品牌在发展中弘扬传统文化；"髓"代表了该品牌对制作技艺的高标准；"本"代表了该品牌信誉。王致和始终坚持不偷工减料、不粗制滥造，神形不改，风味独存，这才有了"遗臭万年，香飘万家"的美誉。王致和在企业文化建设中努力培养员工的诚信理念，"以诚待之"已成为了王致和每一位员工的座右铭。对待消费者，员工要把他们当做自己的衣食父母，认真地对待每位客户提出来的建议，并及时对客户进行调查和访问。这种特殊的服务与企业文化不仅为王致和赢得了良好的经济效益，也使王致和受到了客户的拥戴。

2. 不断创新的经营理念

为了适应市场经济，王致和在继承传统的基础上，也在不断地追求创新，依托老字号又不限于老字号，在此基础上形成了其特有的以科技为先导，不断开发新产品，增加产品种类的创新文化；以调整市场战略，变被动为主动，实施多元营销方式的营销文化；以建设集美景、高科技和人性化为一体的环境文化；运用动态的管理手段，进行市场机制改革，坚持"无实力不谈、无品牌不做、无信息不活"的运作文化以及建立以"目标、素质、精神""择优录取""有多大才，搭多大台"为内容的激励文化。

3. 苛刻的质量标准

王致和对产品质量、品质的要求近乎苛刻，非常严格，正是因为始终坚持质量品质第一，王致和产品在市场上的反响才越来越大，越来越受欢迎。基于对质量的高标准要求，王致和品牌已经通过了国内外多种质量认证。同时，王致和品牌在不断地创新，运用先进的科技和企业管理理念，使传统粗放型的管理方式向科学化、标准化管理模式转变，使产品不断满足市场需求。

八、敬修堂

（一）基本概况

敬修堂创办于清朝乾隆年间，最初名为"敬修堂中药厂"，以制售各种中药为主。历经百年发展后，敬修堂已发展成为一家现代化企业，目前是广州医药集团有限公司、广州药业股份有限公司下属的主要中成药制造企业之一。

1790年，钱树田成立敬修堂中药厂，并在广州城南门挂牌开始经营，药厂主要以"回春丹""如意膏"为主打产品。随后敬修堂又推陈出新，发明了风湿跌打类的药品——"跌打万花油"，成为当时的明星产品，因此名声大噪，知名度大幅度提升。清朝道光年间，在众多中医药铺中敬修堂可谓是一枝独秀。1956年敬修堂以钱树田中药厂为主，结合"万灵中药厂"等8家私营企业和"岐芝堂"等14家个体药业，成立了"公私合营敬修堂联合制药厂"，所有药厂的产品都以"园田牌"商标冠名，造就了敬修堂当时庞大的规模。1992年底，敬修堂又改制为股份制企业，继续不断开拓，创新发展，距今为止，其药品已有114个品种，涵盖8大剂型，在1993年被列入全国一百家最大制药企业行列。

近年来，敬修堂认真贯彻广药集团建设"大医药""大集团"的总体发展思路，不断推进企业的改革和发展，为老字号的进一步发展不断努力着。随着时间的推移，敬修堂从企业性质、营运规模到产销规模都发生了翻天覆地的变化，当前敬修堂以清热解毒类、风湿痹痛类、栓剂类三大类产品为主要经营产品，其发展目标也发生了变化，专注风湿骨痛及运动创伤的预防及修复，并谋求医药、大健康双轮驱动发展。

（二）长寿基因及启示

1. "敬业修明，广施妙药，普济众生"的经营宗旨

敬修堂的名号来源于其秉持的"敬业修明"理念，所谓"敬业修明"就是

专注于工作，以积极进取的态度力求在工作上有所作为。"敬业修明"是"广施妙药，普济众生"的前提，所有员工专注于工作，尽忠职守，才能发挥出敬修堂作为一个制药企业"广施妙药"的作用，最终实现"普济众生"的理想。"敬业修明、广施妙药，普济众生"的经营宗旨一直以来都是敬修堂的坚守，在这样的坚守下，敬修堂一直坚持用良心制好药，保证产品质量，解决患者病痛，带着沿袭下来的悲悯虔诚之心治病救人。正因为有这样的态度和坚守，敬修堂得以百年不衰。

2. "务实、创新、进取、和谐"的企业精神

敬修堂的企业精神可简单概括为"务实、创新、进取、和谐"。"务实"即要求敬修堂全体员工脚踏实地，办实事，讲实效，这是企业稳固发展的基础；"创新"即与时俱进，不仅要从观念上进行更新和变革，还要敢于从体制上突破，这是敬修堂作为百年企业在新时代发展的要求和动力；"进取"就是要直面挑战与困难，永不自满，使企业永续发展，不断进步；"和谐"就是在企业中形成相互信任的氛围，提倡团结协作，互相帮助。只有企业上下一心，才能发挥出整体的最大优势。在八字企业精神的引领下，敬修堂不仅获得了百年发展，而且在新时代依然焕发着勃勃生机与耀眼光彩。

3. "以市场为先导，以质量为准则，以科技提升企业，以管理创造效益"的战略

创新一直在老字号企业的发展中占有重要位置。敬修堂也依靠这个重要的"工具"帮助自己来稳固市场，抓住人心。敬修堂首先参考先进管理理论选取扁平化的营销架构，投放大笔资金用于销售人员的培训与销售体系的建立；同时又将现代内部管理体系中的 ERP 管理、办公自动化管理和人力资源信息化管理整合加入企业内部，很大程度上完善了企业的内部控制；最后将产品创新融入管理体系，促进企业内部产生活跃的创新思维。除此之外，敬修堂联合知名的大学和研究所一起为医药新领域的研究做出努力，同时为完成广州市政府所托，将建设"中医药强省"作为己任。总之，敬修堂在不断完善自身的同时也为社会公众做出自己应尽的义务。

参考文献

[1] 章永俊. 月盛斋的生意经 [J]. 清华管理评论，2015 (5)：96－100.

[2] 何艳，姚梦珊. "张一元"的品牌文化传承和创新传播 [J]. 公关世

界，2017（11）：78 - 82.

　　[3] 王秀兰. 张一元走过的岁月 [J]. 茶世界，2018（9）：25 - 27.

　　[4] 朱永杰，张宝秀，韩光辉. 张一元老字号茶庄的发展现状与对策探析 [J]. 农业考古，2015（2）：98 - 103.

　　[5] 杨小明. 诚实无欺　老字号元长厚生存之本 [J]. 茶叶经济信息，2003（6）：35 - 36.

　　[6] 南囡. 元长厚的悲剧 [J]. 中国商贸，2007（4）：42 - 44.

　　[7] 尹立民. 重探长沙劳氏与劳九芝堂 [J]. 湖南科技学院学报，2016，37（2）：77 - 79 + 95.

　　[8] 彭辉. 百年会稽山　高调展风采 [J]. 中国酒，2015（6）：60 - 63.

　　[9] 彭辉. 会稽山：百年品质　百年传奇　解读会稽山绍兴酒品牌建设之路 [J]. 中国酒，2013（3）：62 - 67.

　　[10] 杨国军. 实施精细管理　提升综合效能——百年会稽山　引领黄酒产业创新发展 [J]. 中国酒，2015（1）：72 - 74.

　　[11] 门海涛."老字号"焕发新光彩——"王致和"品牌谋划新时代新发展 [J]. 中国农垦，2019（1）：61 - 63.

　　[12] 王静文. 敬修堂的文化传承与创新 [J]. 中外企业文化，2014（4）：54 - 55.

第二篇

长寿基因：质量、服务与品牌

质量是企业的生命线，它是决定企业综合素质、竞争优势和未来发展的主要因素。一个企业能否做大做强、能否在激烈竞争中不断发展，归根到底还是要靠产品或服务的质量。所以好质量才是硬道理，离开了质量的保证，企业想要在市场中长久立足是完全不可能的。百年企业之所以基业长青，也是因为把好了质量这一关，始终将质量作为产品或服务最根本的评价标准。

企业的产品或服务可能会被竞争者模仿，但品牌却不会，品牌因其具有排他性，一经建立和注册，就具有了法律意义上的专属性，受法律保护。企业一旦树立起自己品牌的良好信誉，就会在经营过程中培养起消费者对其产品或服务的品牌忠诚，从而增强顾客黏性；同时其他企业也无法模仿，市场竞争者之间的差异加剧，从而对其竞争企业产生一定的排斥效应。谁树立了强势品牌，谁就掌握了未来市场竞争的主动权。在产品同质化异常严重的当今市场，一个深入人心的品牌常常是企业有力的竞争武器，品牌竞争力是形成并实现企业可持续发展的动力源泉之一。

第三章　质量

一、戴月轩

（一）基本概况

戴月轩笔庄坐落于北京久负盛名的琉璃厂文化街，始建于1916年。它的创始人名叫戴斌，字月轩，是浙江湖州人士，戴月轩笔店的名字取其字而来。据《湖州府志》记载："湖州出名笔，工遍海内，制笔者皆湖人，其地名善琏村。"元代，受战乱的影响，因制作"宣笔"而闻名天下的安徽宣州制笔工匠们纷纷迁到湖州善琏，这又使得湖笔在加工制作环节得以借鉴宣笔的制作技术和工艺，从而进一步改进了毛笔的制作工艺。

出生于浙江省湖州市善琏镇的戴斌从小就开始学习制作湖笔的手艺，因为天资聪颖，所以他后来被北京的贺连青笔店收为学徒，正式开启了他学习制作毛笔的生涯。在羽翼丰满后，戴斌为了实现自己的抱负，开办戴月轩笔庄。其实，戴月轩开业时，门店不大，采取前店后厂、自产自销的传统生产和销售模式，即前铺负责销售毛笔，后面则是戴月轩的作坊。当时创始人戴斌共带徒弟19人，通过口传身教的方式，把自己的全部技艺教给徒弟，才使戴月轩毛笔制作代代相传。

当初，戴月轩的毛笔一经问世，便引起了不小的轰动。戴月轩毛笔生产工序考究，制作精细，每道工序都严格把关，严禁出现一点差池。所以戴月轩成品湖笔品质优良、外形美观，而且提笔手感丝毫不比老牌名笔差，笔头尖、齐、圆、健，深受书法家的喜爱。有文人墨客专门评价称戴月轩毛笔"提而不散，铺下不软，笔锋尖锐，刚柔兼备"。

戴月轩毛笔品类众多，按照笔头用毛可将笔的品种细分为紫毫、狼毫、兼毫和羊毫四种类型；同时按照握笔习惯分为抓笔、提笔和对笔；按书写特征将笔分为大楷、中楷、小楷、长锋、短锋等品类。此外，戴月轩笔的品名也更加丰富，有青山挂雪、书成换白鹅、松禅遗制、墨气淋漓等。笔店毛笔琳琅满目、一应俱全。

除了品质优良外，戴月轩湖笔制作的另一大特点是适用性较强，戴月轩自创建以来一直保持着以笔为媒、与书画同仁友好往来的优良传统。20世纪三四十年代，戴月轩就与齐白石、张伯驹等文化名人密切交往，同时为书画家提供质量上乘的毛笔，并及时听取他们在使用过程中的感受和使用之后的建议，不断完善制笔工序，书画同仁都喜欢用戴月轩的毛笔。所以，一开始前来选购的大多是有用笔需求的普通人，慢慢地越来越多的知名书画大家纷至沓来，戴月轩笔店声名鹊起，树立了良好的口碑。我国的国画大师齐白石就是戴月轩的老顾客，毛主席和周总理也一直使用戴月轩的毛笔。

资料来源：戴月轩——传承百年湖笔技艺 孕育千载民族文化［J］．时代经贸，2010（6）：112－114．

（二）长寿基因及启示

1. 坚持质量为本的原则

戴月轩经营湖笔生意，传播我国的优秀文化，发扬光大传统技艺。戴月轩笔之所以备受人们的喜欢，尤其赢得了书画爱好者的赞扬，主要是因为笔的质量非常优秀。为最大程度地保证质量，戴月轩严格把控材料的源头，每支笔的用料都是从湖州采购。原材料到货后，戴月轩会和店员进行再加工，将"戴月轩"名号刻在特定的地方，一代代技艺传承人孜孜不倦地追求戴月轩笔的高品质，坚持选料的严格和做工的讲究，在品种多样化方面也尽量满足不同顾客的选笔需求。在经营管理中，戴月轩更是将质量摆在制作和加工流程中最重要的位置，明确并严格执行以下制作标准：第一，质量标准：锋尖、颖齐、仓圆、毫健；第二，技术标准：毛毫光亮、毛色纯正、毛根圆润、毛颖挺直；第三，使用保养：温水发笔、沥净入墨、运笔勿尽、忌用宿墨、用后洗净、捋直晒干；第四，三包保证：凡标刻"戴月轩"字样的毛笔，店铺为顾客提供包修服务（包括择毫、装笔头），确有质量问题的包换、包退。

2. 营造浓厚的文化氛围

戴月轩不仅在售卖的产品上坚持最大程度地还原文化特点，在其店铺装饰中也增添了各种具有中国传统文化气息的元素，顾客来到店里可以体验到我国传统文化的韵味。在店里，各种笔墨纸砚一应俱全，因此文人墨客都喜欢在闲暇时间来到店铺，一边选购毛笔，一边交流心得。一时间戴月轩成为了文化圣地，许多热爱中国传统文化的家长们也带着孩子前来，希望通过潜移默化的方式让自己的孩子感受中国传统文化之美。总之，戴月轩所具备的文化气息感染着每一位前来消费的顾客。戴月轩与许多的文化名人结下不解之缘，一段段千古佳话由此流传，为我国书法文化历史画卷留下浓墨重彩的一笔。

二、内联升

（一）基本概况

内联升创建于清咸丰三年（1853 年），老北京有一句口头禅叫："头顶马聚源，脚踩内联升，身穿八大祥，腰缠四大恒"，脚踩内联升曾是成功人士身份的象征。这三个字中"内"是指皇宫，而"联升"预示着顾客穿上此店制作的朝靴可以官运亨通、一直升官。内联升的创办者——赵廷年轻时在鞋铺当学徒工，他一边打工一边习得了制鞋的手艺，慢慢地得到了老板信任，帮助打理店铺，掌握了鞋铺的管理技巧。独具慧眼的赵廷意识到北京城内专门制作宫廷靴子的店铺少之又少，所以他抓住机会，联合当时朝廷的要员立马在北京城内开办了内联升。

那时，内联升的顾客主要是在朝廷里当官的贵人。当时的社会风气里，一双好的靴子不仅可以装饰自身，而且更重要的是可以展示个人的身份和地位。内联升作为朝靴制作的专业店，多年来收集了朝廷内多数达官贵人的鞋码尺寸等信息，内联升将其制成一本书名叫《履中备载》。随着记录的信息越来越多，这本记载朝靴信息的本子就显得弥足珍贵。有了记录，达官贵人们就不用专门自己跑到店里购买，只需吩咐专人去店里通知一声，鞋子做好之后，内联升伙计便会送货上门。因为可以很方便地为顾客提供专属的鞋子，所以内联升备受达官贵人们的喜爱。

如今的内联升早已成长为名声响当当的百年老字号，2001 年成立了自己的公司——北京内联升鞋业有限公司，其总店位于北京西城区大栅栏商业街，吸引了众多中外游客前来购买鞋子，其主要经营的商品也由朝廷官靴变为了更多面向大众群体的千层底布鞋。其牌匾上的"内联升"三字由郭沫若先生提笔书写。现在的内联升总店古色古香的装修风格颇具中国清代传统建筑的特色，不论是屋顶还是家具都独具韵味。

随着现代公司管理体系的发展，内联升的内部管理也追求科学化和合理化，充分利用互联网技术，创建了自己的官方网站。

多年来内联升取得了良好的发展，在 2002 年、2008 年分别通过了 ISO9001 国际质量体系认证和 ISO14001 环境管理体系认证，而且内联升千层底布鞋和毛布底布鞋都取得了专利证书。内联升的鞋品类丰富，不同款式和颜色的产品有 3000 多种，而且目标顾客涵盖了从几岁到七八十岁年龄跨度的消费者。作为百年老字号的内联升在服务方面力求创新，不仅不断地提升自己员工的素质和服务热情，还引入国外先进的服务文化，将自己打造成了老字号里的翘楚和时代的标杆。

资料来源：齐天下. 千里之行始于足下——走过百年的内联升［J］. 现代企业文化（上），2008（Z1）：66-69；李雪. 在传统与时尚间寻找平衡点——北京内联升，千层底步步高［J］. 中外文化交流，2014（9）：63.

（二）长寿基因及启示

1. 货真价实，品质保证

从清朝年间建立到经历近代的动荡再到如今成立现代化企业，内联升在逐渐成长为规模化的老字号企业的过程中，秉持的最重要的原则就是对质量的保障。

内联升对其制作的朝靴要求严格，因为一开始是给朝廷大官制作鞋子的，所以不管选料还是做工，都可谓用心良苦，也正因为如此，朝廷的达官贵族们对其制作的朝靴极为肯定。到了现代，内联升主要经营的商品变为了布鞋，比起朝靴的制作，布鞋制作要求不仅丝毫不降，而且更加精益求精。为了使穿鞋的人获得舒适的体验，布鞋的材料选取纯天然的制品，此外，内联升还要求加工后的废料不造成环境污染。内联升布鞋制作考究，其商标被评为中国驰名商标，内联生布鞋被列为国家级的非物质文化遗产，不得不说内联升已经成为我国布鞋第一家。总的来说只有质量过硬的商品才会受到人们长时间的支持与信赖，内联升的优秀质量助力其成为我国老字号企业中的佼佼者。

2. 技艺精湛，做工精致

内联升布鞋制作手艺的传承相当讲究，必须是一对一的传授，由老师傅亲自带领青年的弟子，通过口述和亲自上手的方法慢慢地传授制作千层底的技艺。千层底布鞋的工艺看似简单，但如果要制作一双上等的内联升布鞋，其中的独家技艺还是需要花很多精力和时间去细细琢磨、慢慢练习的。制作千层底的布鞋共需要 100 多道工序，不论工序繁易，内联升都严格把关每一道制作工序，保证出产的布鞋质量过硬。徒弟们在完全学会制作千层底的具体手法和技巧后，还必须要勤加练习，仔细研究每一个制鞋手法，这样才能完整地习得这门手艺。

内联升因为有制作朝靴的经验，所以制作千层底布鞋也得心应手。虽然布鞋制作的工艺源自民间，所选的材料也非常简单，但是这并不影响它在人们心目中的地位。内联升布鞋的主要特点可以概括为"一高四多"四个字，即工艺要求高，制作的工序多、绱底的花样多、绱鞋的绱法多、鞋子的样式多。可以说内联升的千层底布鞋承载了中国传统文化中很重要的一部分，很多老一辈的人喜欢内联升布鞋多半是因为它的设计和品质。千层底布鞋彰显出我国劳动人民的质朴和勤劳，是我国鞋文化中最具代表性的作品，极具价值。

3. 不断开拓，提升品牌

在现在日益激烈的竞争市场中，皮鞋以及新创的各种鞋品都在挤占着我国传统布鞋的市场份额，可内联升却克服种种困难，仍可以在这一片红海市场中保有自己的市场地位，关键因素就在于其创新意识和品牌知名度。首先，内联升借鉴先进的企业管理理论，将特许经营和连锁经营的模式引入自己的企业中，运用现代化的管理方式提高了企业的经济效率。其次，内联升大力聘请技术人员和设计人员，不断创新，做精做好自己的产品。另外，内联升不断加强自己的品牌宣传，广告覆盖了各大电视台、报纸和广播。2008 年北京举办奥运会的时候，内联升抓住机遇将布鞋介绍给来华旅游的外国友人，为体验中国的传统文化，许多外国朋友竞相前来购买内联升的千层底布鞋，并将其带回自己国内当作礼物赠送给亲友们。内联升在提升品牌影响力方面还有一个特别的方法，那就是坚持全手工生产，这一举措获得了消费者们的普遍青睐，因为手工生产的产品不但质量有保证，更重要的是让消费者多了一份温情和专属感，所以内联升成为了消费者心中非常信赖的品牌，百年老字号焕发出新的光彩。

内联升从初创期开始就一直注重品牌的培育和打造，一直坚持经营，在岁月的磨砺中使自己成为了中华百年老字号。现如今的内联升已经坐稳全国最大的专业手工布鞋制作商的第一把交椅。"内联升牌"布鞋已通过 ISO9001 国际质量体系认证，被中国商业联合会认定为"中国商业名牌"产品，随后又获得中国商业联合会"中国布鞋第一家"称号，这些荣誉一直激励着内联升越做越强。

三、青岛啤酒

（一）基本概况

知名啤酒厂家——青岛啤酒始于 1903 年，是我国最早的啤酒生产企业，跻身世界品牌 500 强。青岛啤酒不仅成为了国内最大的啤酒品牌，也一路飘香走向全球 100 多个国家和地区。

青岛啤酒的产品种类很多，但都以啤酒为主，根据不同的标准有不同的分类，从风味上来分大致有金质（黄色）、棕色和黑色啤酒，具体产品可以分为淡爽型、优质型、金质酒系列、极品青岛啤酒、青啤王和青岛 2000 等 2000 个品种；从酿造工艺上来划分，主要划分为青岛纯生啤酒、黑啤酒、干啤酒、全麦芽啤酒、无醇啤酒、冰啤酒、小麦啤酒等等。还有自主商标产品，如崂山啤酒、山水啤酒等，具有比较大的知名度。酿制青岛啤酒的原材料选用优质大麦、大米、上等啤酒花和软硬适度、洁净甘美的崂山矿泉水，产出了饱受人们赞美的青岛啤酒。青岛啤酒的原麦汁浓度为十二度，酒精含量 3.5% ~ 4%。酒液清澈透明、呈淡黄色，泡沫清白、细腻而持久。

现在的青岛啤酒产业规模相当庞大，在国内众多省市都有自己的啤酒加工厂，经常作为我国国内各种大型活动的冠名商。这得益于其积极地探索现代企业管理理论和踊跃参与市场竞争，在 20 世纪 90 年代的企业改制重组后，青岛啤酒的发展道路更加宽阔。

近些年来青岛啤酒不断地对外出口，产品遍及世界各地，深受外国友人的喜爱，而且国外的相关统计资料也表明，现今的青岛啤酒已成为世界第五大啤酒生产商。在国际啤酒评选大会上，青岛啤酒大放异彩，如 1991 年、1993 年和 1997 年青岛啤酒分别在比利时、新加坡和西班牙国际评比中荣获金奖，2006 年青岛啤酒荣登《福布斯》"2006 年全球信誉企业 200 强"，列第 68 位；2007 年荣获亚洲品牌盛典年度大奖，在 2005 年（首届）和 2008 年（第二届）连续两届入选英国《金融时报》发布的"中国十大世界级品牌"，其中 2008 年在单项排名中，青岛啤酒还囊括了品牌价值、优质品牌、产品与服务、品牌价值海外榜四项榜单之冠；2009 年青岛啤酒第七次获得"中国最受尊敬企业"殊荣；2010 年青岛啤酒第五次登榜《财富》杂志"最受赞赏的中国公司"；2018 年，它在与 2344 个啤酒厂商的竞争中获得"欧洲啤酒之星"大奖，还拿下了世界啤酒锦标赛金奖；2019 年 4 月 10 日，青岛啤酒第 41 届提高质量纪念日主题活动——"匠心筑梦，开创魅力质量新时代"在青岛啤酒二厂举行。

资料来源：黄克兴. 青岛啤酒：如何从百年老店到创新潮牌 [J]. 中国酒，2019，249 (11)：59 - 60.

（二）长寿基因及启示

1. 质量的保证

品质是青岛啤酒的核心竞争力，在 1948 年的时候，青岛啤酒就开始大量地向东南亚等地出口，连外国的报纸都称赞青岛啤酒比当地的啤酒要醇正。之后几年青岛啤酒连续出口至美国等地，在 20 世纪 80 年代，青岛啤酒在美国的销售量约 125 万箱，青岛啤酒现今已成为亚洲最著名的啤酒生产商，为我国对外贸易出口额做出了很大的贡献。

首先，青岛啤酒的酿造原料采用我国国内最好的大麦以及啤酒花，所用水资源是崂山的矿泉水。随着出口的增多和国际酿造啤酒市场的扩大，青岛啤酒的原材料实现了国际性的采购。为保证品质，青岛啤酒派专员去世界各地考察大麦种植地，要求酿酒大麦的籽粒必须饱满、溶解性好、色泽好，这一做法从源头上保障了青岛啤酒的高质量。其次，青岛啤酒还严格要求生产厂家按工序生产啤酒，优质的原材料经过糖化、过滤、冷却、发酵、包装等工序后还要派专人质检，保证啤酒的口感和包装不出现差错。总之，青岛啤酒成功的首要因素就是其特色的制作手法和精益求精的材料选购，现在青岛啤酒也在大力地创新自己的制作工艺，以求开发出更符合现代人口味的啤酒。在国家对食品行业不断严格要求的条件下，青岛啤酒开始建立自己先进的质检工序，其内部的质检体系要求高于国家标准。

2. 营销策略和管理模式的创新

青岛啤酒深知自己之所以能够不断发展是因为得到消费者的支持，而且青岛啤酒所处的行业本身就与人们的日常生活息息相关，所以消费者的数量是青岛啤酒很看重的一项指标。青岛啤酒的战略核心是"以顾客价值为导向"，主要通过营销策略的不断完善来体现其核心价值观的思想，青岛啤酒力求将自己的产业模式由生产型转向以服务为主、生产为辅。因为服务业最重要的目标就是要有良性的营销模式和不菲的销售业绩，这样才能逐渐形成企业在市场中的地位，牢牢把控产品的市场占有率。

青岛啤酒从多年的经营经验中明白一定要处理好消费者权益与企业利益的关系，因为销售型企业主要还是靠消费者，顾客就是衣食父母，所以青岛啤酒一直在探寻营销的现代化和适用性，把为消费者提供优质服务放在首位，然后保证产品的量产规模与企业规模的不断扩大，将营销与服务打造成为自己区别于对手的竞争优势，由此创造一个又一个辉煌。

然而，打造先进的管理模式也并非一蹴而就，除了需要企业管理层的合理规划外，最重要的还是需要企业普通员工整体素质的提升，其中包括知识水平、业务技能、生产技能和服务水平的提升。为了使营销创新战略落到实处，青岛啤酒从管理层做起，设立战略委员会、提名委员会、薪酬委员会三个专业委员会，增设外部董事和独立董事，利用现代化的管理机制来为企业创造良好的管理模式，同时明确分工，提高整个企业从普通员工到高管的工作积极性，使每个员工的潜力得到最大程度的发挥，从而更好地践行企业的营销策略。

青岛啤酒的营销策略里很重要的一个环节就是在吸引消费者的基础上，拥有更加稳定的消费群体，以提升消费者对于自家产品的忠诚度，增强客户黏性。同时，顾客的消费心理随着市场及时代的改变而改变，青岛啤酒对这些新变化有敏锐的嗅觉，在青岛啤酒公司内部，一场高速、高效的博弈不断孕育着企业营销策略和管理模式的创新。如2014年6月，青岛啤酒首次对外公布公司内部的"蓝军"对战"红军"，"红军"负责销售和开发消费者熟悉和喜爱的老产品，"蓝军"则负责开发新市场，为青岛啤酒的下一步市场战略寻找方向，体现市场战略的坚守与创新。

3. 企业文化的传承

青岛啤酒传承百年，依然能在啤酒销售市场中处于领先地位，还有一个重要的因素是其独特的企业文化，而且文化这一因素发挥了不可磨灭的作用。青岛啤酒在如今的新经济环境下，提出了"锐意进取、奉献社会"的理念，在此企业文化的氛围下，青岛啤酒努力打造企业的团队思想，要求员工将自身荣誉和企业统一起来，使企业整体的积极性得到充分调动，也使消费者看到了青岛啤酒优秀的外在气质，从而吸引更多的人前来消费。除此之外，青岛啤酒还大力整合自身文化，将自己不同地域的生产厂家的各种优点集聚，在整个集团内进行改革，最终使各个分公司摒弃不良的企业文化，达到整个集团共同发展、共同进步的目的。

青岛啤酒的企业文化中值得一提的是主动要求合理地承担社会责任，动用自己的最大能力来帮助消费者改善生活，同时杜绝一切因为生产而产生的破坏环境的现象发生。正因为有如此优秀的企业文化，才使得青岛啤酒的品牌价值得以快速增长。青岛啤酒的口号是"用我们的激情，酿造全球消费者喜好的啤酒，为生活创造快乐"，相信在此目标的指引下青岛啤酒一定会经营得越来越好。

四、同仁堂

（一）基本概况

驰名中外的中药行业老字号同仁堂，创建于清康熙八年（1669年），在雍正元年（1723年）正式成为皇家指定的用药商，迄今为止经历了350多年的商海浮沉，是我国老字号中年代最为悠久的制药企业。同仁堂人的古训为"炮制虽繁必不敢省人工，品味虽贵必不敢减物力"，将"修合无人见，存心有天知"作为其自律意识，从中就可以看出其文化的博大精深，这也是同仁堂能长久立于我国历史长河而不败的根本。同仁堂的药品因为"配方独特、选料上乘、工艺精湛、疗效显著"被人们广为称赞,而且远销海内外,成为我国中药文化的代表。

如今,同仁堂规模庞大,既有多家制药机构,还有数百家经销商,而且其医疗机构也被人们认可,据统计已形成十大公司、两大基地、两个院、两个中心的整体布局,截止到 2019 年,海外合资公司、门店 20 家,遍布 14 个国家和地区。同仁堂主要经营的产品涉及我国中药的方方面面,它担负起将我国中药及传统文化发扬光大的职责,在全球经济、文化等多个方面一体化的趋势下,同仁堂肩负起我国对外发展的艰巨任务。通过不断的开拓创新,学习先进的管理理论,同仁堂取得了辉煌成就。

资料来源:寻访金字招牌"同仁堂"——专访北京"同仁堂"工会主席陆建国先生 [J]. 中医药文化,2009 (2):18－20;袁中立."同仁堂"百年辉煌靠的是什么?——访中国北京同仁堂(集团)有限责任公司宣传部长金永年 [J]. 企业文化,2005 (1):27－30.

(二) 长寿基因及启示

1. 保证药品质量,严把选料关

既然是制药,那么最根本也是最重要的问题就是保证药物质量的优异,所谓"炮制虽繁,必不敢省人工;品味虽贵,必不敢减物力"就是指制作药物必须保证质量,这样才能有疗效,才能对病患负责。其次,同仁堂也强调"所有丸散,无不依方炮制,取效有年",现在,同仁堂仍然坚持祖训,生产出千百余种可以应对万千疑难杂症的疗效药、放心药,而且工艺复杂、严苛,除了同仁堂自身外无一能完整复制这些工艺。对质量的保证是其百年传承的关键。

同仁堂百年相传的药方主要是来自家族的秘方、民间的偏方以及宫廷的古方,而作为同仁堂的创建者——乐氏家族每一代传人都刻苦钻研医药技术,乐氏子弟还以身试药,来确保药物的安全性。在最初为朝廷供药的过程中,同仁堂积累了很多宫廷医术和药物制作的方法,最重要的是同仁堂有给宫廷治病的经验,这也为同仁堂立下了很好的口碑。

药品的品质以及制作手法是药物疗效最基础的两个方面,同仁堂非常注重这些环节,所以它在我国的各个地区开办了属于自己的药材基地。除此之外,它一直秉持"炮制药材必依古法,购料不惜重货"的理念,一些无法通过短时间种植的稀有药材,同仁堂一直坚持高价从民间购买,而且相应的特色药材一定要从其产地选取,如枸杞要产自宁夏、野山参要产自吉林等。当然对于新购的药材,同仁堂一定是经过自己的精心加工和清洗之后才能入药。对于药材的加工,同仁堂严格依照古法进行蒸、炒、锻、磨、淬等方法的炮制,虽然工序烦琐,但可以最大限度地保留药材的药性。在加工药材的过程中,同仁堂的员工积累了丰富的经验,老药工们能凭"看、闻、尝、拿"等方法,将上千味的药材一一辨认,确保把好药材的入门关。

总而言之，同仁堂的配药被人们称为"配方独特、选料上乘、工艺精湛、疗效显著"。其药品的配方在传统方法的基础上不断利用先进科技来提高药物的疗效，同时研发出了新的药品，满足了不同消费者的购药需求，可以说同仁堂生产药品的技术在富有中药经验的基础上，结合西药的制作特点，已经将现代化的药物生产工艺做到极致。

2. 秉持诚信理念，坚守药德良心

中国的传统文化中讲究诚信做人，而诚信在医药领域中也至关重要，主要是因为药品所承载的是人们的身体健康，同仁堂对于诚信可谓是严格遵守。

同仁堂在创始之初就将"诚信为本、药德为魂"作为其准则一直遵守，而其文化修养中更是崇尚"同修仁德、济世养生"。诚信包括"三诚"、"三信"，"三诚"就是指：诚实，提供给消费者真材实料的药品，让人们放心；诚心，提供给消费者真诚的服务，与顾客成为朋友，为其解决病患；诚恳，要求自己的员工们要认真听取顾客的意见，对不好的方面要认真改进，总之就是要虚心学习，让消费者感到其认真的态度。"三信"就是说：信念，同仁堂要求员工要有抱负、有努力奋斗成就自己的决心，将"服务同仁堂""献身同仁堂""立志岗位成才"作为己任；信心，面对不论多大的艰难困苦，同仁堂都不轻易放弃，一定要达到自身的目标，要有韧性；信誉，对同仁堂的所有人来讲，信誉是其在社会中不断发展的优势，最大程度上反映了我国"童叟无欺"的商业传统，而信誉也反映了多少年来同仁堂在药品这个细致的方面从未犯错，这非常难能可贵。

最能体现同仁堂诚信的方面还在于其积极承担社会责任，热心公益事业、乐善好施，从古至今同仁堂一直保持着济世为民的传统，每当炎夏来临或是社会上出现流行病、大饥荒等，它都在尽自己最大的努力帮助人们渡过难关，坚守药德良心。

3. 弘扬传统文化，厚植企业文化

近些年来，中国越来越走近世界市场中心，与很多国家建立了贸易往来，同仁堂也借此机会拓展了自己的对外业务，将中药以及中药文化传到了世界各地。同仁堂从一开始在香港创业板正式挂牌上市到与境外企业合作，实现了企业的现代化。现今的同仁堂还在马来西亚、澳大利亚、英国、美国、泰国等诸多国家与当地的企业共同创建了合资公司，让中药文化越洋传到海外，这也是我国传统文化对外交流的一个重要途径和重大成果。为了更好地普及中国文化，同仁堂还开办医馆，给老百姓治疗疾病，而且其特色的治疗方法疗效显著，受到人们的好评。伴随着它在海外的影响，同仁堂海外医馆也渐渐成立，输送了大批的人才出国交流学习，同时也吸引了很多外国人前来学习。

现如今，中医这门技术越来越受到我国政府及人民的重视，因为人才在逐渐流失，所以普及和传播中医药文化就显得尤为重要。近些年，我国为了应对这方面的挑战，大力开展民间有关中医药知识的健康讲座，除了帮助人们了解自身的状况外，还可以让更多的人关注到中医药文化的魅力，像中医药比较讲究的"天人相应""治未病""整体观"等特色受到人们的推崇，也符合当下大众讲究"回归自然"的价值观，国外的一些团体也将中医药的精髓视若至宝。同仁堂不断践行"天行健，君子以自强不息"的奋斗理念，在宣传和建立属于自己的文化特色的道路上越走越远，成为我国优秀中医药文化的代表。

五、谢馥春

（一）基本概况

谢馥春起源于扬州，主要经营的是具有中国传统特色的香粉。谢馥春正式创立于清道光十年（1830年），创始人是谢宏业。"谢馥春"这三个字的意思可谓相当讲究，"谢"为姓，汉语中有凋零衰败之意，故加"馥春"二字，"馥"字意为馥郁芬芳，并与"复"字谐音，与"春"字相连，三个字加一块就是希望可以永葆青春容颜。第一家谢馥春开在扬州城南下铺街上，同治三年（1864年）又搬到徐凝门街，清朝同治年间又改址到辕门桥，也就是今天的扬州国庆路51号谢馥春化妆品公司门市部。

起初，谢馥春主要售卖香粉、藏香、香件、头油产品。清朝末年，本来在扬州非常出名的香粉店除了谢馥春之外都一一倒闭，这就促成了谢馥春良好发展的局面，谢馥春将原戴春林的知名手艺人收归旗下，开始了独占香粉市场的发展历程。谢馥春的香、粉、油都得到了人们的青睐，久而久之它便成了扬州的知名店家。它最具代表性的产品有鸭蛋粉、冰麝油和香件（誉称"东方固体香水"），统称谢馥春"三绝"，1915年谢馥春与茅台酒同获巴拿马国际博览会大奖，树立起我国化妆品的威望。

有史料记载："天下香粉，莫如扬州，迁地遂不能为良，水土所宜，人力不能强也。"早从汉朝、晋朝的时候，扬州的香粉就成了宫廷女子的必备之物。其实，擦粉的文化很早就在我国开始了，当时不仅女子涂抹，很多的男子也将其作为提升仪容仪表的利器，比如三国时曹操有位谋士，人称"粉傅何郎"；到了隋唐年间，香粉文化达到了顶峰，皇宫里包括民间任何地位的人都在使用。然而不论何时何代，人们都将扬州的香粉视为最好的香粉，清朝扬州香粉顺理成章成为皇宫达官贵族的必备之物。扬州的香粉也曾一度因数量有限，而受到人们的哄抢，很多扬州地方官吏都将其作为礼物送给宫廷的贵族。因而当时扬州百姓将扬州香粉称为"宫粉"，这样一来身价就提高了百倍。

資料来源：袁梦月. 论老字号化妆品——"谢馥春"的保护与发展 [J]. 财经界学术版，2010（9）：48-49.

（二）长寿基因及启示

1. 符合东方人肤质的产品质量

江南一直是我国"盛产"美女的地方，而扬州作为江南的中心地带，那里的美女子可谓数不胜数，而除了天赋好之外，还有最重要的一点就是扬州女子都特别重视外貌的美化，谢馥春正是抓住这一特点，从而扩大宣传，提供给人们一种适合东方人肤质的化妆品。谢馥春的产品从古至今都强调要回归自然，所有的产品都是取自纯天然的原材料，摒除了西方一些合成化妆品所带来的弊端。在步入现代社会后，谢馥春还专门与美容机构和研究所合作，一起开发出更加适合现代人美容的产品，最大程度上将"美源于自然"的理念发扬光大，而其成果也相当显著，帮助人们克服了很多的肌肤问题。

鸭蛋粉是谢馥春最为人们所津津乐道的产品，也是现有产品中历史最长、持续销售最广的产品，鸭蛋粉的原材料采自不同的纯天然种植的鲜花，加入冰片和麝香，具有轻、红、白、香的特点，为清廷贡粉，百姓冠称"宫粉"。年代久远的鸭蛋粉还具备一定的收藏价值。鸭蛋粉主要的作用就是定妆和美白。鸭蛋粉有四种香味：经典的栀子花味（紫盒）、清新的茉莉花味（绿盒）、馥郁的玫瑰花味（红盒）和甜润的桂花香味（黄盒）。就连我国的四大名著之一《红楼梦》也对其香粉赞叹不已，讲道："平儿倒在掌上看时，果见'轻白红香'四样俱美，摊在面上也容易匀净，且能润泽肌肤，不似别的粉青重涩滞。"在现代生活中，随着互联网的普及，谢馥春的化妆品再一次火爆起来，很多追求美貌的时尚女性都成为其忠实顾客。

虽然曾经由于种种原因，谢馥春的化妆品被有关部门勒令彻查，但在自身及时改进和生意伙伴的帮助下，扬州的谢馥春又再一次凭借其特色化妆品的优势在市场上活跃起来，它认真地遵守相关部门的规定，改进生产工艺，创造出了新时代人们喜爱的谢馥春化妆品，经过改进后的谢馥春新型鸭蛋粉，将"东方化，功效化，天然化，人性化"作为产品的宣言，利用中药药疗机制和纯天然的材料性质，帮助人们克服肌肤问题，受到好评。

2. 百年老店的品牌效应

既然是百年老字号，而且能一直存在于我国市场的浪潮中而不被淘汰，谢馥春的品牌效应自然不可被忽视，在扬州一直流传着"鹅蛋粉，白如霜"的说法。谢馥春将打造品牌价值放到首位，为得到顾客信赖，谢馥春不管在买卖的诚信方面还是销售过程中的服务方面都力求最好，多少年来树立了稳固的品牌效应。古人道："天下香粉，莫如扬州"，如今唱："粉饼王中王，扬州谢馥春"。

3. 求质量、创特色、创名牌的发展理念

民间流传着"苏州胭脂扬州粉"的说法，曾经扬州最为火爆的粉店非戴春林和薛天锡莫属。如果想要在香粉行业中与它们比拼，必须得有自己的特色。起初的谢馥春并没有像现在这样知名，只是一个做香粉的小店，其老板谢宏业为了发展产业，苦思冥想，最终将中药与花草相结合创造出了拥有自己特色的香粉，在逐渐受到人们的喜欢后，谢馥春又继续改进配方，香粉原料精选广东铅粉与邵伯糊粉坊专门为其加工的石粉、米粉、豆粉，花料选用白兰、茉莉、珠兰、玫瑰等鲜花，再加以适量的冰片、麝香，制成既有花香又有保健作用的各种香粉。除此之外，谢馥春在包装上也下足功夫，不同类型和不同档次的商品包装各有差异，吸引了人们的目光。现如今的谢馥春已经成长为非常具有先进性的企业，不仅将所选材料全面运用，而且还开发了许多可以代替香粉原料的材料。这些重大改革，使谢馥春声名鹊起，名扬大江南北，生意十分兴隆。

扬州知名的香粉商还生产头油，在谢馥春出现之前只有桂花油一种头油，谢馥春带来了头油产品的改变，使其种类样式丰富不少，其中较为有名的是用各种药材所制作的头油，不仅可以达到美化头发的功效，还可以为头发提供滋养，可谓一举多得。就拿冰麝油来说，它能用来治疗中耳炎、烫伤等症状，故而大受欢迎，年销量达 10 万多斤。

谢馥香在不断开拓创新的过程中还开创了新的香氛类产品，棒香便是其中之一。棒香共有藏香、白芸棒香、黑色棒香三种类型。最好的藏香原料主要选取我国的芸香、檀香、柏香，除此之外还要添加泰国速香、印尼的安息香。开始的藏香是西藏的特产，主要是供信奉喇嘛教的藏民所用，在我国清朝的时候满族的达官贵族也比较喜爱藏香。现今谢馥春老店的门脸上还有"哈玛萨尔"四个字，它的意思就是"好"，用此来吸引顾客。白芸棒香是伊斯兰教徒和回民经常使用的香料。在我国很多回民自治县和自治乡的老百姓经常采购谢馥春的白芸棒香。黑色棒香的适用范围就比较宽泛了，主要有紫袍、乌衣、金顶、氤氲、丹桂这几类，作用就是辟秽、醒脑、安神、调节空气等等，很多的老百姓在日常生活中都会选购。

六、张小泉

（一）基本概况

百年老字号品牌张小泉创始于明崇祯六年（1628年），至今已有390多年的历史。张小泉是"张小泉"这个品牌的当家人，而其真正的创造者是其父亲张思家，张思家少年时就开始学习制作剪刀的技艺，多年浸染使其手艺也非常精湛，后来由于战乱张思家到了杭州，并在杭州创办了名为"张大隆"的剪刀铺。到了张小泉这辈，为了将父亲的技艺发扬光大，他开始琢磨怎么将剪刀的制作技术提高，慢慢地由于张家剪刀的工艺完美，受到了消费者的青睐，从而使其成为闻名遐迩的"五杭"产品之一。

据传张小泉的剪刀得到过皇帝的赞美，在清朝乾隆帝微服私访的时候，有一天皇上来到了杭州的山上游玩，此刻却突然下起雨来，乾隆帝一行人便就近找了屋子避雨，而那间屋子正好是一间挂着"张小泉剪刀"字样的铺子。乾隆帝在看了该作坊制作的剪刀后，便差人买了一把，带回宫中供妃嫔使用，反响颇佳。从此之后，张小泉的剪刀便成了百姓口中的顶尖之作，吸引了很多人前来购买。

1909年，张氏的剪刀技术已传至张祖盈手里，其制作剪刀的技术已经登峰造极，张氏剪刀将"海云浴日"作为商标，送至知县衙门，并报农商部注册，商标上还加上"泉近"字样。随后在1915年，其剪刀在国外的巴拿马万国博览会上获奖，提高了名气，外国人争相购买。1917年，张祖盈开拓创新，将剪刀表面加工改为抛光镀镍，不仅使剪刀外观更加美观，也节省了成本，还不降低使用功效。在清代张小泉最辉煌的时候，其店铺师傅、徒工、店员人数达八十多人。张小泉剪刀店在中华人民共和国成立之前一度濒临破产，中华人民共和国成立后的1956年，张小泉和其他31家剪刀店进行公私合营，成立了张小泉近记剪刀总厂，张小泉剪刀又重新出现在世人眼前。

新的张小泉近记剪刀厂成立后，店员们万众一心，希望可以重现张小泉的往昔辉煌。伴随着现代市场的改革，在2000年的时候张小泉经过企业改制，成立杭州张小泉集团有限公司，为其发展创造了新的机会，打牢了市场竞争的基础。不断地学习先进管理经验和理论，是其一直保持自己市场地位的原因。

现在的张小泉是我国专业生产剪刀的企业，经过百年发展，其品牌得到了人们的信赖，成为我国驰名商标，作为我国传统文化的代表向世界进行宣传。张小泉的剪刀品种繁多，按用途可分为家庭用剪系列、工农业园林剪系列、服装剪系列、美容美发剪系列、旅游礼品剪系列和刀具系列等共 100 多个品种、400 多个规格。张小泉剪刀因其老字号的招牌背后所蕴含的历史文化，以及百年如一的产品质量和服务标准，在我国剪刀市场位居龙头地位，其最成功的地方莫过于吸引了一大批受众，在人们心中张小泉剪刀代表了我国人民从古至今的生活文化，很多的外国人来我国旅游都将其作为礼物带给自己的亲友。

中国的剧作家田汉曾于 1966 年在参观完张小泉剪刀的制作工艺后写出了"快似风走润如油，钢铁分明品种稠，裁剪江山成锦绣，杭州何止如并州"的佳句，赞美了张小泉剪刀的巧夺天工。而且有人曾经还专门评测过张小泉的剪刀，据说把 40 层白布叠在一起，唯有张小泉剪刀可以很轻易地将其剪断。检查刃口，锋利如故，其他剪刀不可企及。

资料来源：刘丰. 张小泉剪刀［J］. 中国中小企业，2008；杭州百年老字号的故事［J］. 中国防伪报道，2011（3）24 – 29；张小泉：从百年老字号向国际知名品牌进军［EB/OL］. 网易新闻，http：//news. 163. com/1010429104165DNBIRV00014AED. html，2010 – 04 – 29.

（二）长寿基因及启示

1. 引导质量消费，提升服务体验

张小泉多年以来为了创造自己的品牌效应一直在进行着不断的努力，从创店开始张小泉就秉持着"唯有情感剪不断"的理念，服务于消费者，张小泉生产剪刀时一直遵循以下的原则：

（1）制作质量过硬的剪刀，严格保证制作剪刀的原料为精致的钢材，同时必须按工艺流程制作，这样才能从根本上制作出真正的张小泉剪刀。

（2）产品的销售过程中要以消费者为中心，让消费者了解到产品的优势及其魅力所在。

（3）产品出厂必须经过严格的合格品筛选环节。

（4）尊重消费者的权益，使消费者认同企业的文化和服务。

（5）精益求精，将自身的品牌打造为专业化品牌。

2. 独特锻打工艺，成就百年历史

张小泉的剪刀被称作我国剪刀里最为锋利的剪刀，能生产出这样的剪刀，是对材质选用，更是对锻造技艺的大考验。

张小泉是我国第一家以镶钢锻打制作技艺为核心生产剪刀的制造商。其多年不变的原则就是"良钢精作"，选用我国最好的钢材，辅以最为考究的制剪技术，光制作工序就有 72 道。很长一段时间内因为其剪刀的质量无人能敌，张小泉占领了我国剪刀行业的大部分市场。从整个历史进程来看，张小泉剪刀占有举足轻重的地位，是我国传统手工业中的佼佼者。

作为历经百年风雨的中华老字号企业，张小泉这个品牌不仅凝聚了我国劳动人民的伟大智慧，还弘扬了部分中华传统文化。当然作为老字号品牌，其吸引人的除了产品的特色，还有服务的热情。张小泉的服务秉承了我国传统服务业的精髓，即对每位前来选购商品的顾客要尊重和抱有热情，与顾客成为朋友，满足顾客自身的诉求。因为张小泉严格的自我要求，在一年一度的质量评比中，张小泉成为我国剪刀业中唯一获"五连冠"的企业。

随着社会生活的改善和发展，现如今的张小泉也不仅限于剪刀行业，而是扩大产品范围，将指甲钳、餐具甚至医疗用剪都囊括到自家生产范围内，现有剪刀种类200多种，按剪刀规格又可细分成700多种产品。而且张小泉仍在不断拓展边界，进行市场调研，为的就是可以与时俱进开发出人们需要的新产品。

3. 创新营销手段，提高生产技术

张小泉的营销手段也极具特色，因为现如今人们生活越来越好，逢年过节走亲访友的人也在不断增多，这就为生产商提供制作佳节礼物的市场。张小泉马上抓住机会，制作了专门供人们送礼的五金炊具等刀具套装，由于本身具有百年老字号的底蕴，所以作为礼物送给他人就会让对方感觉到很有文化特色。除此之外，张小泉还利用电视节目来进行营销，如曾经的电视剧《剪刀》就是张小泉集团投资进行拍摄的，很大程度上帮其赢得了市场受众，起到了良好的宣传效果。

为了使国货走出国门走向世界，张小泉做出了自己的努力。公司的部门领导在分析了外国产品之后，认为就制作刀具来说，自己家的产品质量一点儿不差，而且作为老字号，自身的品牌本来就要比其他的品牌有优势，只不过人们还不够了解张小泉剪刀的历史。为此，张小泉开始集中改善品牌的宣传策略，积极学习外国先进宣传经验，将自家产品打入市场的各个环节。除此之外，张小泉还建立自己的生产基地，供人们参观，提升消费者对产品的信赖。

创新是一个企业可以持续发展的动力，张小泉深谙此道，所以近年来它一直在努力提升自己的技术，不管是产品的质量还是包装都可圈可点。2010年初，它率先在生产民用剪的分厂加入了剪刀表面防擦伤的工艺，不得不说，因为此项改革，张小泉的剪刀变成了美观的工艺品。

七、致美斋

（一）基本概况

致美斋是我国知名的调味料老字号，其创始者是八旗子弟刘守庵。刘守庵眼光独到，于1608年创办了当时少有的调味料店铺，即致美斋酱园。致美斋店铺最开始的店址位于广州的城隍庙前，在1812年的嘉庆年间，已小有名气。

我国四大酱园里致美斋独占一席，其优质的产品和精湛的手艺受到了人们的追捧，在我国清朝末年开办了很多的工厂和分店，成为当时盛极一时的调味料品牌。1915年，刘养年成为致美斋的第九代老板，传承到刘养年手里的致美斋为了继续扩大发展，树立品牌形象，开始大规模地改革和扩建，不仅大量聘请了制作调味料手艺高深的师傅，而且还集中一切资源拓展其产品的销售渠道，除此之外还重新装修店铺，经过改变的致美斋又焕发出了新的光彩，赢得了人们的青睐。

改革开放以后，致美斋借着改革的春风迅速崛起，不仅在广东省妇孺皆知，而且在全国和外国也有了一定的名气。致美斋的产品种类现如今一共有50多种，涉及酱油、食醋等调味料，致美斋的生抽先后获得"中国免检产品""广东省名牌产品""广东省著名商标""消费者满意食品品牌"等称号。在我国对外发展的战略格局下，致美斋还在欧美和东南亚等地开拓出属于自己的一片天地。

致美斋的主要顾客群体为居家主妇、大饭店的后厨以及零售的店铺小贩，他们都对致美斋的产品情有独钟，这是因为致美斋的产品量多而且保证安全和健康，多少年来从未出现过质量差错。致美斋的明星产品磨油和甜醋也被这几类顾客视为不可多得的佳物，经常出现售卖一空的现象。而且因为其所在行业的独特性，致美斋除了在售卖自己产的调味料外，还售卖别家的产品，在别处销量不好的产品，经过致美斋的贩售也获得了不俗的销售业绩。

资料来源：谭柏基. 百年老号"致美斋"再绽新花［J］. 珠江经济，1996（3）：55.

（二）长寿基因及启示

1. 高质量的美誉

致美斋的成功离不开其对产品质量的要求，多年以来致美斋的产品从没有出现纰漏。除此之外，还因为质量过硬获得了多项与食品质量有关的奖项，而其中最为出名的就是致美斋的酱油，不仅获得了省级的名牌产品，还将国家级质量奖项收入囊中。随着现代企业的改革，致美斋的产品工艺和质检系统也在公司的极力推崇下变得越来越优秀，致美斋将电子化计算机管理引入自己的厂房，很大程度上节约了人力物力，提高了产品的质量。

人们常说"食在广州"。粤菜之所以驰名海内外的秘诀离不开其调味料的作用。身为广州的本土老字号，致美斋对调味料的贡献也是相当大，为人们提供了制作美食的材料，还最大程度地保证了其调味品的质量优秀，可以说致美斋的调味料是广州美食能独占鳌头的主要原因之一。

当然除了现今高科技生产技术的保证，致美斋在很久之前就已经将"提供高质量的调味料"作为自己的根本任务，不仅选料考究，就连最初通过手工来制作调味料的工人师傅的技术也要求过硬。致美斋知道"好产品的质量一定好，但质量好的产品又不一定是好产品"，所以致美斋一直对自己严格要求，希望自己的产品可以一直是优秀的，而且要打造人们信得过的优质产品。

值得一提的一些小细节无不证明了致美斋对品质的追求：致美斋的小磨麻油一定用饱满纯正的芝麻，而且甜醋一定选用立秋前的嫩姜作姜胆，嘉味油榄一定选用增城乌榄。除此之外，其名为"天顶抽"的酱油也要保证味鲜、色浓、体凝、醇香，制作规程一丝不苟。而且它在销售这些产品时先从产品的质量角度来进行宣传与销售，之后才逐渐建立了自己的品牌形象，用实践告诉消费者，自己的产品值得他们一直购买。

2. 文化品牌的深厚魅力

致美斋是创始于我国清朝初期的酱园，时至今日已经历了 400 多年的历史，它有着丰富的文化魅力，而其源远流长的制作技艺也是致美斋价值最高的瑰宝，更是我国传统文化的一种表现。多年来，致美斋一直大力发展其老字号品牌，使自身品牌博得人们信赖，随着现代市场的竞争加剧和经济全球化的趋势，越来越多的外国调味料充斥着我国的市场。作为民族企业，致美斋也一直在与其良性竞争维持着我国调味料市场的份额，而致美斋能一直在竞争中占有有利地位的秘诀就是拥有丰富的文化底蕴和百年老店的魅力。作为我国的四大酱园之一，致美斋与上海"冠生园"、长沙"九如斋"等调味料企业一起打造了我国调味料产品的天地，正如它一直坚持的原则"树四百年的品牌，造老百姓的酱油"，致美斋始终在努力建设自己的老字号品牌，以求可以成为我国调料文化的代表。

3. 永不停止的创新精神

有着百年历史的致美斋，一直认为只有创新才能使自身发展、才能吸引消费者的眼光，从而扩大自己的影响。致美斋主营酱油、食醋、调味酱、蚝油、粉酱菜、醋饮类等 8 大系列、80 个品种和近 150 个规格的中西系列产品，主打产品有

"鲜味生抽王""特制生抽""精制蚝油""银龙蚝油""甜醋""浙醋"等，产品种类丰富、质量良好。多年来，公司先后通过了 ISO9000 质量管理体系认证和 ISO2000 食品安全管理体系认证，在此基础上，致美斋还将传统工艺和现代技术相结合，研发推出"添丁甜醋""天顶头抽""金牌猪脚姜"等产品，同时还推出了味道鲜美的"经典酱油""经典老抽"、饮料醋、淡口酱油"鲜加鲜"等。最为出名的还有其研制出的"生抽 XO"和"甜鲜豉油"两种高级酱油，解决了烹饪高级菜肴用的酱油调校不好的难题，致美斋一直从根本上秉持着创新发展的理念。

当然，致美斋的创新发展不仅仅体现在产品上，还体现在其经营过程中的方方面面，比如它深入挖掘自身的历史文化来强化品牌建设，加大自身产品和品牌的市场宣传，扩建自己的企业规模等等，将创新这个概念贯彻到企业的全面发展。而且面对现今人们生活习惯的改变，致美斋也最大程度上地去满足消费者，比如利用新的产品原料改善口味，采用小包装来方便使用者，而且也通过研究西方的调味料来丰富人们的餐桌。最后还有一点就是致美斋为了防止自己的品牌被人冒用，聘请专业的设计师为其设计自己的品牌商标，以此来稳固自己的市场地位。

致美斋不仅承载了我国传统美食领域中调味料文化的发展，还开拓创新了更适于我国人民日常饮食习惯的调味料，它在不断发展自身的同时也在极力地传播我国的传统文化。我国美食文化中一直强调"三分选料，七分调味"，致美斋正是调味料行业的行家，其产品是我国老百姓饭桌上不可或缺的必备佳品，在美食愈加丰富的今天，致美斋也将会越走越远。

八、萃华金店

（一）基本概况

清末，关锡林在沈阳开了一家名为"萃华新首饰楼"的金店，该店以经营各类金银、翡翠珠宝首饰为主，聘请了经验丰富的祝玉堂先生为经理。开业之初，萃华金店资金并不充裕，但祝玉堂很善经营，特别看重首饰的质量和金店的信誉。此外这家店的匠人都是技艺高超的"观关里帮"金匠，所以萃华金店很快就在沈阳的金银行业站稳了脚跟。1912 年至 1921 年，萃华金店先后设立分号，将"萃华新首饰楼"改为"萃华金店总号"，总号、分号共六处。短短十多年时间，萃华金店迅速发展，股东资本翻了十倍。第一次世界大战结束后，西方列强大量抛售黄金，并且纷纷涌入中国购买物资。黄金价格大幅下跌，但金银行业发展迅速。除此之外，萃华还拥有良好的管理、优良的生产、纯正的品质和良好的信誉。萃华抓住机遇进入了它的黄金时代，据相关记载，1918 年至 1929 年，萃华金店每年净利润达 10 万元之多。

后来许多商人发现金银行业有利可图，纷纷加入。据《奉天通治》记载，在九一八事变之前，沈阳有超过 470 家金银店。金银行业的快速发展让金楼之间的竞争更激烈。和现在相比，当时的萃华金店尽管生产工具老旧、工艺落后，但其对首饰的质量要求从未放松。随着萃华的不断发展，行政业务管理方面出现了许多漏洞，为了日后的发展，萃华任命王恒安为副经理。祝、王二人协力，将萃华经营得一天比一天兴隆。王恒安接任总经理后，稳中求进，更加注重管理，同时，善于运用人才，金店生意更加兴隆。1922 年成立了金银首饰行业协会，调整各店的价格，维护行业的共同利益。20 世纪 20 年代末 30 年代初是绥化市的全盛时期。沈阳金银首饰行业协会主席一直由萃华的总经理担任，行业公开价格也由萃华挂牌，萃华成为沈阳金银业公认的"龙头"。

抗日战争和解放战争期间可谓是萃华金店的一段艰难岁月，1939 年 9 月，在日伪政府的迫害下萃华金店被迫改营百货。1945 年，萃华人满怀抗战胜利的喜悦，以合伙制的形式重新开张。但开业不久，金店遭到当时执政的国民党政府的阻挠，被下令停止进行黄金的交易，金店又一次关闭。

1985 年，改革开放的春风给萃华金店带来新的机遇，蛰伏了几十年的萃华金店，在沈阳市政府的关怀下，由沈阳金银制品厂（现沈阳萃华金银珠宝股份有限公司）出资，终于在这一年的五月重新开张，80 岁高龄的萃华金店前任经理赵瑞馥被聘为萃华金店顾问。重新开业后的萃华金店，在保持和发扬老字号传统工艺的同时，以"质量第一、信誉第一、服务第一"为经营宗旨，认真改革，重振雄风。

1988 年，萃华为了适应国家经济体制改革进行了体制改革，但在 1995 年之后，民营企业快速发展，萃华在观念、思想、经营、体制等方面都落后于民营企业，这使得萃华金店的市场占有率从 70% 跌至 20%。跨越 2000 年进入 21 世纪，国家经济和金融体制改革持续深入，我国加入 WTO，经济与世界接轨，尤其是 2001 年 4 月国家取消了黄金统购统配的计划管理体制，同年 10 月 31 日上海黄金交易所正式开业，中国黄金市场全面开放，这给萃华带来一次难得的发展机会。2004 年萃华企业转制成功，转换为股份制公司，2008 年改名为沈阳萃华金银珠宝股份有限公司。公司以各类金银珠宝首饰为主要经营项目。转制后，萃华金店总号于 2004 年 9 月 26 日重装开业。2004 年 11 月，萃华金店获得了"中国首饰驰名品牌"的荣誉称号；2005 年 3 月成功加入上海黄金交易所，成为 108 家会员单位之一。2006 年、2007 年萃华金店先后被国家商务部认定为长江以北首饰行业唯一一家"中华老字号"、"中国名牌"产品；2009 年萃华商标被国家工商总局评定为"中国驰名商标"，是东北首饰行业第一家获此殊荣的企业。2009 年萃华股份在我国首饰的集散地和时尚前沿——深圳，再次投入巨资建立子公司，并于 9 月正式落成，这代表了萃华正式走出东北、迈向全国。南北两大工厂工艺共研、业务并行、品牌服务全国，同时公司引进先进的加工、检测设备，确保每件产品都精益求精。目前，萃华连锁店销售网络覆盖全国大部分城市。萃华设计新样式——黄金转运金珠，从东北开始一路席卷全国各地，一度形成了一股潮流，为萃华带来了巨大的收益。黄金转运金珠在全国的销售势头丝毫没有减弱，而且愈演愈烈。

2007 年 9 月的深圳国际珠宝展上，萃华是东北首饰行业唯一一家参展企业，并创下了多个第一。萃华金店整高 12 米的皇室风格展位设计、精致的产品以及展品中国内唯一的一套纯黄金内衣成为了深圳珠宝展的最大亮点，引起了国内外媒体的极大关注。2007 年 11 月北京国际珠宝展，萃华又一次让大家震撼，接下来的 2009 年、2010 年萃华在深圳、沈阳等多个国际珠宝展上大放异彩，诞生了许多带有北方特色的黄金手工精品。

"百岁回头惊一梦，年轮商戏风雨同，老忆清满伪日曲，店始如金人还诚。"历史昭示未来，过去的萃华积淀了丰厚的民族文化底蕴，今天的萃华在时代浪潮里大展风采，未来的萃华必将全方位体现萃华品牌的最高境界。以质量为企业立业之本的萃华金店，具有很强的凝聚力，在新的百年奋斗历程中将再创辉煌。

（二）长寿基因及启示

1. 质量，竞争的核心优势

注重质量、保持信誉是店铺的经营之道，也是赚钱之道。萃华制作的首饰、器皿种类繁多，有手镯、戒指、耳环、项链、麒麟锁、杯盘、炉子、勺子、筷子、烟具等。在材料的颜色和质量上，萃华金店一直秉持较高的标准，金是纯金、银是颗粒银；各种首饰、器具测量精确。独特的样式和高质量的产品让萃华金店在同行中出类拔萃，声名鹊起。萃华还打出"货真价实、童叟无欺"的牌子，广为宣传，恪守不移，一传十、十传百，萃华的名声越来越大，生意也越来越兴隆。东北地区萃华金店率先通过 ISO9001 产品质量管理体系认证；萃华牌首饰为省市名牌产品，萃华商标获得国家、省、市级著名商标荣誉称号。

如今萃华定期更新首饰的设计，风格或富丽华贵，或含蓄自然，又或者优雅生辉。萃华企业宗旨是"厚德载物，诚信予人，商道即人道"，而"赢心盈利同在，金品人品共纯"的经营理念正是萃华宗旨的反映。① 萃华以追求高质量为首，提升企业核心竞争力。为保证产品的高质量，萃华从不在成本上动坏脑筋，原材料全部采用国拨黄金；在质量管理方面，萃华严格按照国际标准 ISO9001 质量管理体系的要求，以此保证萃华制造的每一件成品都是精品。

萃华金店首饰供应链涵盖生产制造、批发和零售三个环节。生产工艺方面，萃华引进先进设备，在老工艺基础上融入世界上前沿的铸造工艺，锻造出璀璨炫目的金品。正因为萃华在产品制作上独具匠心，所以消费者的需求得到了最大程度的满足。

2. 人才，企业发展的基础

对于萃华人来讲，萃华不仅代表着公司的形象，更凝聚着公司的灵魂。萃华，作为首饰品牌，如果想要拥有忠实的消费群体，就必须做好自己内部团队的建设，吸引更多优质的人才。在人才培育方面，萃华金店广纳人才，聘请优秀技工，并且还派专员在全国调研、遍访能工巧匠，开展技艺的交流，取长补短，不断学习。

萃华在体制创新方面也做出了很多努力，这就为萃华金店注入新的生机。值得一提的是公司高管提出了"人才专业化"目标，为了提高公司技术人员和管理人员的整体水平，萃华从深圳高薪聘请大量珠宝首饰行业的专业技术人才和管理人才。目前，公司的生产、研发、产品质量、营销管理、终端管理等方面的管理者大多是在业内有不错成就的专业人士。此外，使用 OA 办公自动化系统和财务管理软件系统，不仅使这个百年老店实现了现代化管理，同时也为其应对瞬息万变的现代市场竞争提供了管理制度的保障。

3. 服务，畅通消费者反馈渠道

萃华的服务自成一套体系，贯穿于售前、售中和售后。在售中服务中，萃华秉持提供"五星级"服务的理念，制定了服务制度，对店铺营业员进行服务意识的培养。萃华要求营业员要用真诚的微笑、亲切的称呼、得当的肢体语言对待每一位顾客。同时，由于珠宝行业的专业性很强，因此每一个营业员必须具备一定的专业知识才能成为好的销售人员。公司经常聘请珠宝专家和营销专家来给员工培训，之后还会对营业员进行定期的专业知识的考评。这些举措都是为了带给消费者们细致入微的服务，让他们能百分百满意。

在售后服务方面，萃华承诺：在萃华买首饰，不满意可以在 10 日内退货。因为萃华有生产能力，所以消费者不满意的首饰，萃华完全可以回炉重新加工。对顾客而言，不满意的首饰是永久的心理负担和金钱上的损失。但对公司来说，

---

① 资料来源：品牌是持续发展的依据［EB/OL］. 北方网，http：//news. sina. com. cn/c/2007 – 06 – 14/161713229942. shtml，2007 – 06 – 14.

损失的不仅仅是金钱，还是顾客对萃华的信任。因此在售后服务中，萃华公司积极地将经营宗旨落实在行动上。好多顾客说："到萃华买首饰真是来对了，我们买的就是放心啊！"在消费者中，老少几辈都是萃华忠实顾客的不在少数。

4. 文化，夯实百年企业根基

百年基业，文化是根。萃华企业文化有着明显的特征，萃华一直秉承"以诚信取信于人"的理念。优秀的企业文化可以促进企业的发展，这就是萃华保持百年基业长青给我们的启发。文化是一个企业基业长青的磐石。企业文化绝不能凭空创造，也不是能轻易复制的，企业文化是随着企业长时间的发展而积淀下来的，它是企业的精髓所在。具体来讲，萃华的品牌文化就是以诚信为根、以历史文化为底蕴、以形象为旗帜、以服务赢得顾客。同时，萃华公司以实业为依托，以品牌为主导，推广和连锁加盟结合，不断扩大萃华的品牌影响力。

第四章　服务

一、劝业场

（一）基本概况

天津劝业场位于和平区滨江道交口的商业中心区，始建于 1928 年，营业面积 17300 平方米，曾是天津最大的一家商场，也是一个集商业、娱乐业于一体的大商贸区，是天津商业的象征。劝业场现在是天津三大零售百货商场之一，也是天津著名十大商场之一，经营商品品种多达 3 万种，商品渠道遍及全国，素以小商品齐全著称。

劝业场当时被人誉为"城中之城，市中之市"，可以说天津形成现代格局的繁华是从劝业场开始的。2016 年 9 月，天津劝业场入选"首批中国 20 世纪建筑遗产"名录。

天津劝业场是由高星桥创立，其大楼在 1928 年由法国设计师穆乐设计，充满了西方建筑的特点，共有 5 层楼，在拐角处延伸到 7 层，采用了非常牢固的钢筋混凝土结构。但劝业场的牌匾却聘请知名的书法家华世奎题字，充满古韵古香的中国风味。华世奎先生一生只有两幅大字榜书，除了北京的"和平门"，就是天津的这幅"劝业场"了。当时的天津已被列强瓜分，刚开始的名号本准备命名为"法国商场"，但是在爱国人士也是股东之一戴振的强烈要求下，终于将"法国商场"改为"劝业商场"。刚刚营业的劝业场里有四个标语，分别为"劝吾胞舆""业精于勤""商务发达""场益增新"以激励自己为民族商业复兴而努力，"劝业商场"的名号也是来自于此。

在中华人民共和国成立之前，劝业场就已经开始经营各种各样的商品了，虽然大多数楼层和摊位都承包给外人来做，但这不影响劝业场本身的收入，依靠租金，劝业场依然能获取很大的利润。劝业场里商品琳琅满目，几乎没有找不到的。而且各种茶馆和剧院也包含其中，很大程度上丰富了人们的生活。

随着资本的积累，为了更好的发展，天津劝业场急需扩展规模，所以在1958年经过多方考虑，劝业场决定与旁边的天祥商场合并，合并后的劝业场如愿实现了又一次规模扩大，主要体现在其客流量的增加和销售额的提升。劝业场在当时的天津可谓独占鳌头，成为了最大的百货商店。

据说当时劝业场也吸引了很多的外地友人前来参观、购物。最为出名的就数百货商店的橱窗了，当时的设计可谓达到了顶峰，色彩搭配和商品陈列都非常考究，而且大部分商品以当时非常昂贵的电子设备为主。比如，20世纪70年代我国第一颗人造卫星围绕地球旋转的微缩模型，不停地播放着《东方红》的乐曲。这组橱窗陈列吸引了广大游人驻足观赏，成为滨江道上一处亮丽的文化景观。

改革开放前，天津的民需商品几乎都是来自于劝业场，所以其火爆程度可想而知，而为了分散客流，商场只能将受人们欢迎的热点商铺拆分到各个楼层，电视机、电冰箱、自行车、首饰、手表等都是人们抢购的热销商品，每天在劝业场还未营业时就有很多的顾客排在门前，大门一开人潮涌入，场面可谓极其壮观。

劝业场成立至今已经将近百年，可其依然伫立在天津的购物中心行业中。虽然商场的装修布局已经比不过新型购物中心，但依然保留了相当多的受众，老劝业场也在近些年新建的劝业商厦的映衬下展现出了新的风采，每年的销售额也以一个稳定的速度不断增长。有理由相信作为我国老字号的天津劝业场定会在新的时代获得新的发展，其一步步走过的路也值得同行借鉴和思考。

资料来源：劝业场，八十翘楚立津门［N］．天津日报，2008.

（二）长寿基因及启示

1. 便民式服务

服务造就劝业场的成功，也造就了其在社会中的良好形象。

服务质量的培养不是一朝一夕就可以成功的，早在成立之初劝业场就非常注重自身服务的质量。改革开放后，随着国外先进的服务理念传入我国，"视顾客为上帝"的理念也被很多服务业推崇。劝业场也不例外，顾客来到这里购物感觉到宾至如归，热情的导购更是给人们留下了深刻的印象，而且外地来旅游的顾客也被其服务所吸引。总之，温暖的购物服务吸引了万千受众前来选购商品。

在近代发展中，劝业场力求将顾客当作朋友，只有这样才会知道顾客最急迫的需求再为其推荐合适的商品，而且顾客在与劝业场的互动中也会信任劝业场，从而建立起良好的关系。为了使顾客实现一站式购物，劝业场的商品种类可谓非常宽泛，不仅销售"高、精、尖"，也能做到"小、专、全"。在这里，一分钱可以买两根针、一绺线，或三个扣钉、五个曲别针；三分钱可以零灌一小瓶鸵鸟墨水，六角钱可以买一卷简装的120胶卷，六角五分钱可以买半斤相纸，回家后可以洗上百张精美的照片，总之商品种类的齐全也为其服务增色不少。

2. 亲情式服务

历经时代变化的劝业场，有着自己独一无二的服务理念，那就是"亲和劝业，亲情服务"。对劝业场来说，服务至上的理念直接造就了其辉煌的成绩，因为在确定服务理念之后，劝业场的整个管理团队就会为将企业打造得更完整而努力。在服务理念之上，劝业场紧接着确立了自己的战略规划和经营目标，那就是努力打造自身成为地区精英和行业龙头。

在学习国外的理论知识后，劝业场高层领导人制定了"最普通的人是劝业场最永久的朋友"的经营思想指导，其后将"名品名店，大众时尚"作为对顾客消费类型的定位，设身处地地为大众着想，将最好的东西提供给顾客，也希望自己可以提供市场上最具多元化的商品，满足所有人的需求。此后劝业场又出现了万人空巷的局面，"买名品到劝业"这六个字口口相传。"诚信笃实，以客为本，以文兴商"体现了劝业场作为我国一个传统老字号的坚持。劝业场在卖东西的过程中，也将我国的传统文化传播给大众。

除此之外，为了传承文化，劝业场也会举办类似于表演、促销等别开生面的活动。总之，在以"情"为基础打造"服务"的过程中，劝业场真可谓做到极致，这样收获的不仅仅是连年递涨的利润，顾客的信任也成为劝业场最大的财富。

二、世一堂

（一）基本概况

世一堂，一个见证历史沧桑的百年老字号，早在中华人民共和国成立前因与北京同仁堂签下永不进关的一纸文约而闻名遐迩，从此就有了"北有世一，南有同仁"的说法。清道光七年，一位名叫张尊的人联合两位钱庄老板合伙建立了世一堂。最初的世一堂位处东北吉林，主要经营药材生意。世一堂的牌匾由举人张广尧书写，并于1827年4月28日正式挂匾营业。世一堂多年来的发展使其具备一定规模，中华人民共和国成立之前就已在全国各省市有 14 家分店，但多集中在东北地区，如哈尔滨、长春等地，而且每处店面装修都非常相似，保留了世一堂历代传承的特色，门口都竖有对联"地道药材货真价实，公平交易童叟无欺"。世一堂的产品优质、服务热情造就了其在当时的瞩目地位，就连海外的日本和我国的香港等地也设有其固定的办公地点。中华人民共和国成立前世一堂的员工共计一百有余，资产规模据统计有将近二百余万，各处地产二百多间，所以位居当时药材行业的前几名。

同仁堂是我国药材行业的龙头企业，而近代的世一堂其实丝毫不逊同仁堂，人们称赞其为"里有同仁，外有世一"。世一堂因为在东北建立，所以东北出名的人参、林芝、鹿茸等药材成为其经营的重点。除此之外，世一堂还聘请名医来为人们治病和指导。世一堂的药品制作精良，被人们传唱，百姓力量将世一堂的品牌传播到大江南北，就拿其销往香港的药材来说，只要是出自世一堂之手就会被抢购一空，而且人们也不吝惜加价购买。同时世一堂作为我国药材行业的代表在国际上参加各种产品交流会，就拿鹿茸角来说，就曾在万国博览会上获奖。种种成绩使世一堂发展更盛，规模逐渐扩大，经营范围也变得愈加宽广。总而言之，世一堂在当时的社会可谓红极一时。

历史上世一堂最为繁盛的时期要数清代的道光年间，那时的世一堂刚创立不久，但其主要管理者郭万春是当时吉林军权掌控者常顺的好友，常顺因为郭万春对自己的母亲有救命之恩，所以竭力地帮助世一堂在东北发展，在常顺将军的扶持下，世一堂发展达到了鼎盛。

1931 年九一八事变后，东北被日本军队占领，全国都面临战事，尤其在东北地区更是民不聊生，世一堂虽然依靠自己的强大实力没有遭到灭顶之灾，但是其经营确实受到了损害，迫于形势，世一堂也只能小心经营，努力克服困难。抗战胜利使世一堂又重见生机，开始了重新发展之路。中华人民共和国成立后，在国家和政府的帮助下，世一堂这个老字号也再次步入正轨，1956 年公私合营后的世一堂转变为半社会主义企业，被老百姓们所接受，经营业绩逐渐转好。可好景不长，1965 年，由于政府的政策调整，世一堂被取缔，直到改革开放后的 1980 年，世一堂的老字号地位才被恢复，并持续经营到现在。

随着现代化企业改革步伐的加快，世一堂被哈药集团收购，成为哈药集团旗下的子公司，中成药生产基地，并改名为哈药集团世一堂制药厂。在得到哈药集团的帮助后，世一堂又扩展了自己的规模，建立新的厂区、研发拓展新的产品。现今的世一堂新厂区占地 13.4 万平方米，有 10 个生产车间、5 个分厂（饮片分厂、印刷分厂、保健品分厂、华纳医药、视宝科技），产品有 11 大剂型、230 个品种。世一堂在 2006 年首届中华老字号品牌价值百强榜中位列第 34 位，成为黑龙江省进入"百强榜"仅有的几家制药企业之一。

（二）长寿基因及启示

1. 诚信经营，服务大众

历经百年风霜洗礼的世一堂有很深厚的文化传统和有效的经营方法，一直将其建立之初的原则"配伍医方唯道地，炮制遵古乃精良"坚持到现在并不断发展，诚信、道德、公平、认真地坚持为消费者们提供最优质的产品和服务，同时也加大自身品牌建设，从而吸引更多的潜在顾客前来选购。经过多年的努力，世一堂获得了国际注册商标，建立了比较完善的信用体系，多类别的商标保护，以及中华老字号、驰名商标、守合同、重信用等称号和评价。

作为药材行业的参与者之一，世一堂深刻认识到质量的重要性，始终坚持"质量就是企业的生命"的宗旨，毕竟与人命相关，所以必须得严苛地要求自身产品不会对消费者造成伤害。世一堂良好的管理机制带动着自身生产的严格性，而生产的认真又保证了药材的纯正与放心，所以人们认准了世一堂这个品牌，世一堂的药品从消费者的心理上就形成了一种慰藉。

随着各种先进的生产和管理技术的进步，世一堂也获得了提升自己品牌和产品的机会，世一堂在自身产品身上实行"三包""五包"制，延伸企业的信誉保证。当然除了产品质量的保证，世一堂也极力遵循服务准则，利用自己最热情的态度来迎接消费者，正因为其热情的服务，使之与五湖四海的消费者建立了深厚的友谊，其合作伙伴延伸至海外，所进行的业务也变得极为广泛，除药材采购外，还对外售卖成品中西药、为人们的疾病提供专业诊治等，而与其本身经营差距较大的产品就属其为消费者们提供的食品五味养生面了，该食品一经问世就吸引了广大消费者的目光，成为了老百姓饭桌上的常客。总之，世一堂一直在努力，最大程度上扩大企业的利润，最大程度上为消费者谋福利。

2. 品牌战略，文化创新

创新是一个企业发展的动力，更是一个老字号企业可以更好地面对新形势下竞争的有力武器，而世一堂也一直在创新自身的品牌和产品。"百年老厂、信誉标志、驰名中外、质量象征"是世一堂对社会和消费者的承诺，在不断的创新道路上，世一堂也变得越来越稳定。

正如世一堂所做的一样，企业稳固发展不是靠一味地保持原样，而是需要压力去不断地变革。向社会大众承诺就是一个非常好的方法，既可以增长自己的品牌知名度，又可以给自身提供动力，从而为人们创造出更好的产品。

作为老字号品牌，世一堂通过创新这一有力武器不仅扩大了其品牌信誉，而且还使之在现代化的市场环境中生存下来，品牌战略不得不说取得了良好的绩效，推动了消费者与企业间的诚信发展，也鼓励了自身将消费者认可的诚信贯彻到各方面，以求可以保持我国药业老字号的龙头位置。

三、蔡同德堂

（一）基本概况

1882 年，清朝光绪年间，蔡鸿仪在上海创建蔡同德堂，主要从事药品的售卖，可以说也是我国著名的老字号药店。其名号取自《泰誓》"予有臣三千惟一心，予有乱臣十人，同心同德"中的"同心同德"，蔡鸿仪将其姓氏融入其中，希望自家药店里所有人可以团结一心，将生意经营得更好，蔡同德堂由此诞生了。

为将自家药铺打造得更加精致，蔡老板还邀请名人画家吴道之为其店铺绘制名画"鹿鹤寿星"，并将其置于店铺正中。很长一段时间内这幅画也是蔡同德堂的商标之一，象征着其药品的品质保证和悠久历史。多少年来，药铺在蔡氏后人的精心运营下取得了长足的进步，不仅吸引了很多消费者前来选购药品，还使自己的商标即这幅"鹿鹤寿星"成了人们熟知的品牌，品牌效应得到提升。在多年的药品生意中，蔡同德堂都坚持选择最为优质的材料进行药品的加工，除此之外还必须保证药品制作技术的完美无缺，用多少料都是非常讲究的，精细程度可谓"失之毫厘，差之千里"，最后要保证药品包装的质量和美观，以防出现不该有的质量损耗。就这样，很快南方蔡同德堂和胡庆余堂占有了我国药品半壁江山，被人们评为中药行家。

蔡同德堂药号是国内开业最早、规模最大的中华中药老字号商店。作为一个能在市场上占有重要地位的中药行家，蔡同德堂当然也有其最为得意的产品，比较有名的是虎骨木瓜酒、洞天长春膏。然而谈到膏药这一品类，蔡同德堂在人们心目中的地位就显得尤为重要了。多少年来，蔡同德堂的膏药帮助一个又一个病患治好了他们的顽疾，随着传播越传越广，蔡同德堂的产品还被人们带到海外，在南洋一带也备受推崇。总之没有"两把刷子"是很难在我国的中药市场立足的，而蔡同德堂就是凭借其明星产品，即驴皮膏、万应锭、虎骨木瓜酒、洞天长春膏等得以长青。

随着时代的变迁，经济日益发展，社会文明程度越来越高。老百姓的物质生活水平不断改善，蔡同德堂采取一系列富有人情味的便民服务举措被社会和消费者所接受，例如来料加工、电话订购、送货上门、医药咨询、函购邮寄、药材真伪鉴别、为消费者举办免费的科普知识讲座等。蔡同德堂的产业规模在不断扩展的同时也顺应时代潮流进行了改制，吸收了很多知名的制药企业和中药销售行家，如历史上知名的胡庆余堂也被蔡同德堂吸收合并成立蔡同德药业有限公司，实现强强联合，为自身的发展提供了更强的助力。

如今，蔡同德堂药店历经世纪沧桑之变发展势头越发强劲，成为我国中药企业的龙头，带领着我国中药逐渐走向更加广阔的市场，而且在与西药角逐市场份额的过程中也毫不示弱。蔡同德堂一步一步在越变越好，我们也相信它会支撑起我国中药行业的美好未来。

资料来源：蔡同德堂的前世今生［N］．医药经济报，2006.

（二）长寿基因及启示

1. 具有特色的"四小"便民服务

"四小"便民服务可谓是蔡同德堂最为人们所津津乐道的特色了，其具体的内容就是"小商品、小生意、小病问讯、小料加工"，指的就是给人们以最为温情和细致的服务，如为人们提供中药的加工、病情的分析，以及为人们开通不同渠道的销售途径等等，都体现出了其将服务贯彻于自身经营整体的思路。然而其"四小"便民服务的创建也从另一个角度上提升了人们的生活水平，将更多的新型服务理念引入整个行业。

蔡同德堂一直以来都积极组织各类活动，来帮助人们应对日常生活出现的各种疾病，比如每周日都会在药店举行"蔡同德健康文化苑"活动，该活动的目的就是为了让人们了解自己的身体以及运用何种办法可以应对生活中的一些小疾病。最为出名的是蔡同德堂在活动中会邀请一些知名的医疗泰斗为人们开展讲座，吸引了不少消费者。

蔡同德堂"诚信经营，顾客第一，质量至上"的企业宗旨囊括了药店历来所有的经商传统，在其发展过程中也一直在努力发扬并传递这种精神，正是因此蔡同德堂得到了人们的支持，得以保持长久发展。当然作为药品老字号商家，蔡同德堂一直将诚信经营贯彻企业上下，给消费者提供放心优质的商品，并持续制定适合自身的合理规划。多年的努力也帮助其获得了很多奖项，如"上海市文明单位""上海市物价、计量信得过金奖企业""上海市'三学'先进集体""上海市商委旅游消费推荐场所""上海市规范药店"等，蔡同德堂也是上海第一家被国家药品监督管理局认证的符合"中药零售商业企业经营质量管理规范（GSP）"的药品公司。"上海市著名商标"的美誉也被蔡同德堂揽入怀中。

老字号蔡同德堂在长久的经营过程中所积累的各种优秀品质都在一定程度上

帮助其越走越远，而且它悠久的文化传统也从很大的程度上影响了我国整个中药行业。

2. 百年基业，诚信为本

从一个小药铺发展到如今的大企业，蔡同德堂的经营原则非常重要，讲诚信，不欺瞒，公平交易的道理一直在支撑着其药铺的运作。蔡同德堂讲究从源头上对产品的原料严格把关，其后还要认真地按工序完成所需要制作产品的一切内容，总之蔡同德堂对自身的要求可谓是达到极致。举例来说，当时熬膏方就有"12 小时浸渍，24 小时化胶，武火三次熬，文火收成膏"等 16 道工序之多。又如经销品种多采取轩面选购，茯神要选择神木居中而粗，茯苓要正方色白，川贝粒匀，淮山粗壮，麝香必认定壮威兴号，牛黄选择质松色艳的国产三元黄和进口金山黄，犀角羚羊角取自原架原支上品，自行劈条镑片。药材中还有应陈与应鲜的要求，例如陈皮原件进来须再陈三年，夏令藿香、佩兰、薄荷每天早晨有特约农户送货上门。当然其优质的经营方式不仅如此，蔡同德堂在售卖自己的药品时为了寻求更为专业的服务，还聘请退休老中医来店为消费者指导，多年来蔡同德堂的产品治好了很多人的疾病，被人们赞誉为"妙手回春"。而且其还为条件差的消费者赊销药品或免费送药，使人们更加地信赖这个老字号药铺。历经百年历史的蔡同德堂不断焕发出了新的光彩，一直前行于我国中药发展的历史上。

四、鸿宴饭庄

（一）基本概况

①位于唐山的鸿宴饭庄是一家久负盛名的饭庄，创建于 1937 年，经历了 84 年的沧桑，历经了各种经济体制下餐饮市场的变化，并于 2001 年改为股份合作制企业。2006 年被中华人民共和国商务部认定为"中华老字号"，河北省工商局认定其为"河北省著名商标"。

②唐山，依山傍海，物阜民丰，行商坐贾怎么会放过这座天然大卖场呢？古语道"民以食为天"，酒楼茶肆，是最常见、最红火的生意。于是鸿宴饭庄这家半个多世纪的老字号在唐山城里，甚至在京东地区叫响了。

③鸿宴饭庄坐落在唐山市新华东道 42 号，建筑面积 3200 平方米，设有宽敞明亮的大厅和装修典雅、格式各异的单间雅座。鸿宴饭庄下料精、火候正，菜肴

味香适口，别具一番风味。厨师精湛的烹调制作手艺，为唐山一带群众所称道。三层营业楼可同时容纳 600 人用餐，是目前唐山地区唯一一家兴盛不衰的老字号饭庄。饭庄的酒席品种种类较为齐全，服务的对象多为上中层人士，以包办酒席为主，辅之以家常菜便酌。所以达官显贵、富商巨贾、乡镇士绅乃至一般市民都会到这里来用餐。

《史记》中的"鸿门宴"，是杀机暗伏的代名词。鸿宴饭庄偏偏借了这块老招牌。在全体员工多年的共同努力下，老字号饭庄不断焕发着活力，以优秀的经营业绩和先进的管理水平，使各项指标均创历史新高。

（二）长寿基因及启示

1. 匠心独具

创始人杨廷珍原是养正轩饭庄的跑堂（即服务员），因精明能干，被经理杨静波提拔为副经理，二人齐心协力，把饭庄生意搞得蒸蒸日上。1935 年正当生意兴旺之时，杨廷珍因与经理发生误会被辞退，回家种地。后在唐山集资创办了鸿宴饭庄。鸿宴饭庄开业后，就超过了养正轩、广意兴和小桃园三个名饭庄，名列唐山饮食业之首。饭庄经营以包办酒席为主，既可预订饭菜，又可点菜现炒现做，并经营家常便饭、时令小吃。

鸿宴饭庄对菜品要求严格，菜肴味香适口，别具一番风味。鸿宴饭庄的酒席品种比较齐全。诸如：肉菜席、海参席、全家福席、鸭翅席、烧四丝席、燕菜席、燕菜银耳竹笋席等均能供应。为此，他们必须备足燕窝、海参、鲍鱼、淡菜、鱿鱼、烤鸭、干贝、银耳以及上等小磨香油、酱油、味之素等食材，也要做好一系列储备工作。

2. 厨艺精湛

在长期的经营实践中，鸿宴饭庄的厨师们始终保持着讲究烹制工艺、注重餐饮质量的独到特色。把选料讲究、加工精细、配料巧妙、刀工精湛、技法全面的优势融为一体，精心烹制的菜肴得到了社会的认可。鸿宴的绝艺很多：熘、炒、炸、烤、烧、烹、扒、焗、煨、焖、氽……炉火熊熊的厨灶上，每道工序都显露匠心。比如，鳎目鱼，只取中间肉质最丰满、最鲜嫩的一段。虾仁，要爆炒下锅，保持其原始的"海味"。凉菜，有一款核桃仁，乍看，白嫩圆润，细品爽滑酥脆，原来，制作过程中，已经一点一点地剥去了内皮……鸿宴追求极致的风格，可见一斑。"游唐山，吃鸿宴"，如今已变成了一句现代民谣。客人们走进鸿宴饭庄，打开菜单，林林总总，叫人眼花缭乱。

鸿宴饭庄的菜点以选料精细、做工考究、质量稳定、特色鲜明而著称，经过多年的努力，形成了自己的特色。煨肘子、酱烧茄子、红烧裙边、酱汁瓦块鱼、南烧冬笋于 1999 年被国家国内贸易局评定为中国名菜；兰花虾片、官烧目鱼、红燕雪蛤羹、蟹黄鸡茸菜心、鸡汁广肚、菜胆鱼翅于 2003 年被中国烹饪协会评为中国名菜；传统小吃棋子烧饼，1997 年被中国烹饪协会认定为"首届中华名小吃"。鸿宴饭庄以烹饪技术的雄厚实力，展现了京东沿海派传统的烹调技艺，使鸿宴饭庄这一老字号企业焕发出勃勃生机。

俗话说"美食不如美器"，鸿宴讲究器物并美。菜品绝佳，餐具精美。一楼大厅，是人造园林。花香鸟语之间，喷泉吐玉，群鱼戏水。二楼、三楼，专设单间雅座，装潢得情调各异，古朴温馨。慕名而来的贵宾，远自日本、韩国、泰国、英国、德国、俄罗斯和澳大利亚等国。

五、乔香阁

（一）基本概况

在 1640 年明朝崇祯皇帝在位期间，一位名叫赵鹏的人创建了乔香阁，迄今为止已历经 381 年，可谓历史悠久。赵鹏是南京人，年纪轻轻的他背井离乡独自来到天津谋生，最初他只是个流动小贩，在大街上叫卖，随着资金的积累，赵鹏在天津租了间店铺命名为"乔香阁"，主要售卖的是景泰蓝、苏绣、漆器等传统工艺品。随着销售业绩的不断提升，乔香阁的规模也逐渐变大，到了清朝中期达到顶峰，人来人往，络绎不绝。

多年来乔香阁的深厚历史文化影响着我国的社会生产和人们的消费取向。1989 年，乔香阁纳入政府筹建的古文化街，为工程提供不少亮点。"游津门故里，乔香纳福，八方来客同飨宴；览九河下梢，钟灵毓秀，九州宾朋共欢歆。"就是古文化街对乔香阁的描述和赞美。古文化街中的乔香阁位于西南角，乔香阁的装修选取我国古代的传统风格，利用榫卯结构支撑整个框架，整体形象以明清两代文化为主，殿堂内的饰品也完全按照明清两代的风格选取，整体给人以非常明显的传统文化气息。

在发展过程中，乔香阁也面临过困境，1900 年由于我国近代的社会环境，乔香阁的经营业绩也受到影响，每况愈下。1912 年我国又面临着战事的挑战，不幸的是，乔香阁也被拆毁，多少年的心血毁于一旦，一直追随乔香阁的人无不为之唏嘘慨叹。终于在 1949 年中华人民共和国成立的时候，在政府的帮助下乔香阁得以重建，之后乔香阁也进行了公私合营，伴随着改革开放的浪潮，乔香阁在之后的发展道路上越走越远。

（二）长寿基因及启示

1. 服务质量好，始终站在顾客立场上的经营理念

乔香阁在建立之初就要求员工们要热情地服务大众、体贴大众，最好可以和消费者交心，可以做朋友，这样才能积累人脉使自己的经营越来越牢固。随着其经营业绩的不断提高，名气变得越来越大，乔香阁不仅吸引很多国人，连外国游客也被其吸引。利用优质服务，乔香阁不仅让更多人了解自己，更将中华民族的传统文化传播于世界各地。

在我国改革开放后，乔香阁适时出击，将自己的业务扩展到海外，在欧洲和南洋都建立了自己的产业，在多年的跨国经营的经验下，乔香阁也吸收了很多外国元素来创新自己的产品，不断迎合消费者，提供其最需要的产品，这也是它能一直在同行竞争中保持不败的原因。

2. 优质的产品，严格的标准

乔香阁在近代市场竞争中的优势就是其产品和服务，而其产品最初的设计大多来自于当时的老板赵桂敏。赵桂敏对于乔香阁可谓异常重要，是她树立了行业标准，而且为了能将乔香阁的服务传承下去，在各方面她都不厌其烦地亲力亲为。比如有顾客前来选购商品，赵桂敏会热情地向他们介绍自家产品，如果顾客不中意的话，她就会自己主动询问顾客的喜好，然后召集团队专门为顾客设计符合他们审美的样式和款式。正是源于乔香阁的服务体系，使赵桂敏的朋友遍布天下，很多外国朋友都会选择从乔香阁来购买礼品带给自己的朋友、家人。

多年来，乔香阁一直在坚持将自己的产品打入国外市场，销售渠道扩大到了德国（汉堡、不来梅、吕贝克）、日本（大阪）、马来西亚（吉隆坡、巴生），获得了人们的认可，其最主要的目的就是希望可以传播我国的文化传统，带领传统产品走向国际。在国际化浪潮不断深化的时期，富有民族特色的中国产品能够走出国门，为我国增添了不少色彩。如今的天津古文化街的乔香阁已然成为了著名的旅游地点，人们都愿意来这里一览我国古文化的魅力和特色。

六、松鹤楼

（一）基本概况

1737 年清朝乾隆年间，一个姓徐的人在苏州玄妙观附近创建了松鹤楼，因为松鹤代表了长寿，希望可以持续经营所以才取名为松鹤楼，主要为人们提供饭菜。到了清朝光绪年间，饭庄的发展达到了顶峰，受到了当时人们的认可。但是到了20世纪初，由于连年战乱，社会环境复杂，饭店经营出现了问题，甚至到了要关门的境地。关键时候天河祥店入股，并将松鹤楼改名为和记松鹤楼，使其得以继续生存下去。新的和记松鹤楼主要经营苏州本地特色菜，并聘请大厨力求菜品的精致，不久之后松鹤楼就从一个小饭庄转型成为当时的大饭店。当时的松鹤楼一改颓势，人才济济，聚集了数位当时苏州知名的大厨，而且为了将饭馆的名气扩大，新的管理者要求饭菜的原料必须新鲜，博取消费者的信任。松鹤楼在不断发展中，创新出了很多名菜，如原汁扒翅、白汁元菜、松鼠鳜鱼、荷叶粉蒸肉、西瓜鸡、巴肺汤和暖锅等都被人们所熟知，而且所有的菜品在后来都成为苏帮菜的代表，出现在我国的传统美食文化中。重新起步的和记松鹤楼由此奠定了其之后发展的根基，而且因为松鹤楼一直位于苏州热闹的商业街旁，使其更加容易成为人们的选择，曾经一度是达官贵人的首选，也给前来苏州旅游的人们留下了深刻的印象。

　　松鹤楼是在清朝的乾隆年间创立的，所以也少不了一些有关皇帝与松鹤楼的轶事，较为经典的是"乾隆大闹松鹤楼"。其中被人们流传较广的版本是这样的：相传乾隆微服私访南方，化名高天赐，闻名来到松鹤楼，突然看到松鹤楼所供奉的神坛里的鲤鱼长得异常好看，便要拿来让大厨烹制后享用，但松鹤楼不肯，乾隆不得不亮出了自己当今圣上的身份。但是对松鹤楼来说，这条鲤鱼是祭品，按照习俗应当置于供奉的神坛之上，但是皇上开口说要食用，谁敢不从？松鹤楼的经营者陷入了两难的境地，恰在此时，一大厨出了一计，因为该条鲤鱼鱼头似鼠，所以可以悄悄找鱼代替，然后经过用心烹制，只要味道足以吸引皇上，外形也就不那么重要了。为了瞒天过海，大厨还给这道菜取了个非常有特色的名字——"松鼠鱼"，鲤鱼改用鳜鱼，并经过精致的刀功改造，然后细心制作，最终将"松鼠鱼"呈递到皇上面前。乾隆食后大加赞赏，早已忘了计较到底是不是那条神鱼。经过这次事件后，"松鼠鱼"也成为了闻名于世的美食。

　　松鹤楼一直存在于我国的社会历史中，在1956年的公私合营中，松鹤楼又凭借着国家政策和自己积攒的人脉获得了再一次的提升。可是在之后的"文化大革命"中，松鹤楼和许多老字号企业一样都受到了损害，也是经历了很长一段时间才成长起来。到目前为止，松鹤楼的总面积达到3295平方米，装修富丽堂皇，可容2000多宾客就餐，精致的餐具也成为一道亮丽的风景线。

　　当然，在百年风雨中成长起来的松鹤楼也创造了属于自己的独特魅力，其文化传统也被代代流传，松鹤楼的菜品作为江南苏州菜的代表，多年来培养了很多优秀厨师。1983年11月，该店名厨刘学家参加了在首都举行的"全国烹饪名师技术表演鉴定大会"，当场表演"早红桔络鸡"的全套操作过程，博得了专家、同行与各界人士的赞赏，满堂喝彩声不断，荣获大会颁发的"全国优秀厨师"的奖状和奖杯。这虽然只是其厨师中小小的一个实例，但却代表了松鹤楼人的奋斗精神与不断上进的态度。作为江苏省的知名饭店，省政府也将松鹤楼作为当地的代表，大力宣传吸引了很多外宾，人们纷纷前来品鉴。松鹤楼的厨师们有很多也被选派到我国的驻外办事处等地，服务我国的外交政要，也将自己在松鹤楼所学厨艺传向海外，受到了当地人的喜欢。总之，松鹤楼的故事对我国同处餐饮行业的从业者来说是值得借鉴的。

（二）长寿基因及启示

1. 特色鲜明，主打苏州菜

闻名已久的松鹤楼饭庄在我国江南地区可谓是久负盛名，人们称它为苏州菜的发源地，历史上苏菜以制作精美、原料健康、配料讲究等闻名于世，而其精髓莫过于"细致"二字。松鹤楼的菜品不仅引领了苏菜的风格，还讲究不断创新，为人们提供最适合他们的食物。"松鼠鱼"就是非常好的一个例子，"松鼠鱼"是在古代"全鱼炙"的方法上改良出来的，又因为乾隆的逸事使这道菜品受到了人们的推崇，吸引了无数食客。因为怕被圣上怪罪，松鹤楼一直瞒着大家说该菜是用鲤鱼烹制的，但其实是用鳜鱼制作，虽然是阴差阳错才选择的鳜鱼，可是人们发现也只有鳜鱼适合制作这道菜肴，因为鳜鱼刺少，而且肉质肥嫩，其次它可以帮助体虚的人进行营养的补充。大厨师傅的刀功也很重要，毕竟需要将其改制成类似于"鼠"的样子，配菜辅以豌豆、笋丝等，是一道不可多得的美味佳肴。松鹤楼的特色菜品使其一直受到消费者的追捧，这也是其成功经营下去的一点很重要的原因。

2. 继承传统，创新服务

松鹤楼多少年来坚持继承传统，创新发展，在这样的理念之下，松鹤楼培养了很多的优秀从业者，就拿孙荣泉来说，孙荣泉是松鹤楼的代表性人物。1957年，孙荣泉和其他服务员在实践中提出"三勤、四快、五心、六满意"的服务工作先进建议，受到人们的好评。根据松鹤楼孙荣泉的故事改编的话剧以及电影也在老百姓心目中留下深刻印象。因为孙荣泉的优异表现，他被派到全国的劳模大会参加会议，并将学习到的知识带回松鹤楼，更好地践行"三勤、四快、五心、六满意"的服务原则，"三勤"是接待顾客勤、送茶水毛巾勤、介绍品种勤；"四快"是招呼开票快、饭菜上得快、桌子收拾快、接受意见快；"五心"是接待顾客热心、介绍食品耐心、收拾桌子细心、听取意见虚心、提醒顾客行李物品当心；"六满意"是顾客上门满意、清洁卫生满意、吃时满意、送别有礼满意、不吃也满意、出门想想也满意。正是由于孙荣泉这样的人的积极奉献和努力，松鹤楼成为苏州的市财贸系统中第一个被评为"五好八满意"先进单位的企业。之后的松鹤楼在教育每位员工时都让他们牢记这个服务理念，将顾客满意度作为自己的考核标准，为了使顾客能在店里感觉到宾至如归，每一位员工都做出最大的努力，成功打造了苏州餐饮行业的服务标准。消费者们在来到松鹤楼后都感叹其服务质量的优秀以及待人态度的真挚。

没有创新就没有进步，所以松鹤楼以不断地创新自身的服务来促进发展。由于现代生活节奏的加快和质量的提高，人们对菜肴的品味色相的要求也逐渐提高。松鹤楼在举办各种宴席时都要求服务员实行分类上菜，还得讲究上菜的顺序，其次类似于汤和面等在盆里盛放的菜肴来说，服务员必须负责对其进行分菜再呈递给消费者。

在百年风雨中成长的松鹤楼正是由于种种的努力和创造，得到人们的认可和青睐，奠定了其发展的基础。我们也相信，松鹤楼会持续发展，越走越远。

七、老美华鞋店

（一）基本概况

1911 年，庞鹤年创建了天津老美华鞋店。1993 年，商务部将"中华老字号"的名称授予老美华，2011 年被国家工商行政管理总局认定为中国驰名商标。现今的天津老美华产业丰富，既涉及服饰、鞋品，还有自己投资建设的百货商店，而最初的老美华是靠做鞋起家。

在中国历史上，近代以前很多女子都会缠足，使自己的脚看起来精致小巧，但是这些缠足的女人却很难买到合适的鞋履，所以为了满足这类需求，庞鹤年就开始筹备生产尖足鞋。一开始的品牌商标是"双塔牌"，在市场中售卖的尖足鞋受到了好评。为了使产品不断适应需求，庞鹤年又按照缠足后放足的脚型，积极改造设计出多款鞋楦，同时开创了画脚样定做鞋的先例，以求人们穿上后感觉到舒适、美观。因为质量优秀还提供定做服务，老美华逐渐做大了自己的生意。在多年的发展中，老美华鞋子经历了多次变革，形成了丰富的产品种类，有各种材质的鞋子，如呢子面的清水毡里的骆驼鞍鞋、棉篓鞋、牛筋底猪皮鞋等等，始终保持着自己的销货个性和良好的服务传统，所传承的中国传统文化也吸引着中老年群体。

改革开放以来，各种时尚和先进因素涌入我国市场和老百姓的生活中，老美华在继承传统经营风格的同时，也在不断改进自己的产品，中西结合为人们提供更精美的鞋履，为中老年消费者准备了190余种舒适合脚、美观大方的便鞋。而且其服务特色也被人们传唱，消费者可以将自己的需求告诉店员，然后备注自己的联系方式和地址，最后店员会将鞋寄送给顾客。这种形式类似于现在的"淘宝"，多年来老美华为海内外顾客寄送鞋履几千余双，很多顾客都和老美华成为了好朋友。时至今日老美华依然保持着这样的服务，为顾客提供便利。

1956年公私合营阶段，老美华也曾改名为长虹鞋店，随后经过多年转折，老美华最终被恢复老字号名称，并持续到今天。在改革开放后老美华顺应时代潮流，开办厂房，提升规模，聘请优质人才为其设计鞋款，一步步地将自己的名号打入消费者心里。在1990年和1993年，老美华分别注册了属于自己的品牌和服务性商标，这使老美华越来越专业，一路前行在制鞋的道路上。随着财富的积累，老美华又开办了很多的分店和分场，将自己的小店彻底变为了规模化的大企业，在全国18个省市拥有31家加盟连锁店。

老美华在自身不断成长的过程中除了获得了"中华老字号"和"中国驰名商标"的美誉，还获得了其他的一些荣誉，如"天津市人最喜欢的消费品""重合同、守信誉""天津市著名商标"和"天津市劳动模范集体"等。

今日的老美华更是借着市场经济的不断发展，焕发了新颜，成为了老字号中的佼佼者，不断地开拓创新，不断地发扬自身独具的中华传统文化，我们相信老美华定会在前进的道路上越走越远。

资料来源：穿新鞋走新路，老美华走遍天下［N］. 天津日报，2006 - 12 - 01.

（二）长寿基因及启示

1. 优质的服务

老美华从创始之初就被老板严格要求，一定要将热情服务的原则贯彻始终。老美华要求店员们要从自身做起，提高自己的素质，将最好的一面传递给大家，严禁自家店员在上班期间聊天、偷懒，遇到顾客前来选购，必须要陪伴在其选购过程中。当然店员的形象也有很多要求，必须着装统一，外表干净，打造出了一种非常精神的形象，传递给大家一种积极向上的价值观。当然服务的提升离不开自己产品质量的提升，老美华所销售的鞋品均为自己制作，面料选用顶尖面料供应商瑞蚨祥的，其次鞋底高度和大小号都有统一且严格的要求，在为顾客介绍产品时，店员们也必须将鞋的细节都告诉消费者，让消费者放心，其成品标准概括起来有以下几点要求，分别是：一正、二要、三不准、四净、五平、六一样、七必须、八一定。这些要求到现在都被老美华所遵从，可以看到其多年的坚持与用心之处。

刚开始的老美华服务标准更加复杂，比如店铺内会摆放茶几和木椅，有消费者前来购物，店员便会将其引入休息处，为顾客沏茶提供点心，然后顾客将自己心仪的款式告诉店员，店员就会将鞋一一拿过来，让其试穿，而且店员们一路保持微笑，为顾客打理衣冠。除此之外，必须保证货品的大小号和样式样样齐全，如果没有满意的鞋款会将顾客的想法记录下来，然后交给工铺为其打造，一段时间后，店员们会将鞋品送到顾客的家中。最为讲究的是，在顾客离去时，如果脸上露出不满意的表情，老板会在一日工作完成后，召唤店员来询问缘由，若是因为服务不好而遭到顾客反感，便会在"留去簿"上记上一笔。到了腊月，"留去簿"上被记录得最多的伙计就会被掌柜辞退。

　　多年来的积累，打造了老美华企业经营的特点，那就是要做消费者的朋友，为消费者排忧解难，将最好的货品提供给消费者，提升其生活质量。同时老美华也在尽自己最大的努力来保证我国的文化传统的传承，希望属于中国人民的文化美可以一直流传下去。也正是由于其对服务和质量的要求，才能使老美华在我国历史上长盛不衰，在新的市场竞争下越走越远。

　　2. 产品多样化，满足不同阶层的差异化需求

　　老板庞鹤年的市场嗅觉灵敏，他看到了市场上缺乏专门为女子缠足而售卖的鞋品，就立马开始从这一点打入市场，再慢慢扩展其他业务，发展壮大。现今的老美华也没有丢弃这样的特点，总是在探寻人们最缺什么，从而来帮助人们满足需求，扩展自身的品牌实力。

　　现代企业管理里面人们崇尚创新，认为创新是一个企业可以不断开拓发展的动力，老美华是因为创新才打入市场，而其也一直依靠创新在不断地发展。就拿近些年来说，老美华聘请了很多设计师，既有年轻的想法多变的设计人员，也有历经时代打磨的老设计师，老少结合为产品创新提供了很多想法，不仅满足了中老年顾客的需求，还有很多年轻人也被其吸引，使老美华成为了"中国风"的代名词。产品不仅在样式和款式上求新，最重要的是，产品的面料也一直在变，从最初的布料、皮料、绸缎已经演化成为了现如今的合成革、牛仔布以及纤维材质。除此之外，功能性也变得越来越广泛，如防滑、避震等都一应俱全。不得不说，老美华的产品已经满足了现如今所有群体的需求，就连婴儿穿的小鞋子，老美华也有涉及。就这样，满足了所有不同阶层的差异化需求，所有顾客都可以在老美华挑选到适合自己的产品。

第五章　品牌

一、狗不理

（一）基本概况

在中国的美食领域，狗不理包子的美誉可谓名传千里，几乎无人不知、无人不晓，是中华美食历史上的匠心之作。作为百年老字号的天津狗不理包子铺也承载了优良的传统文化，富含优秀的民族底蕴。声名远播的狗不理包子也因此成为了天津这座城市的名牌，被海内外的游客津津乐道，深受世界人民的青睐。

早在1858年，清朝咸丰年间就出现了如今闻名遐迩的狗不理包子。河北武清县里的一位农户主，在四十岁时才有了自己的第一个儿子，作为全家人的福气，这个孩子取名为高贵友，以求其可以福缘深厚，日后得贵人相助。在农家百姓间一直流传着"贱名好养活"的说法，所以又给孩子取了个乳名，唤作"狗子"。从小"狗子"就是一个脾气顽固的孩子，发起火来，就连小狗都不愿意去搭理，所以乡亲们就取笑他为"狗不理"。然而长大后的"狗子"成为了一名厨师，在天津以制作包子出名。"狗子"做的包子馅料丰实，外皮紧致，不仅展现出了高超的包子制作技巧，尝一口他做的包子会让人回味无穷，吃了还想吃，还慢慢地形成了其个人特色，没有任何一家包子铺可以比得上，包子的口碑大涨，成为了当时被人们大加赞赏的美食。甚至于当年慈禧太后听闻"狗子"制作的包子好吃有特色，就派人去寻，老佛爷在品尝完包子后，也对包子赞赏有加。至此，因为"狗子"的包子"一登龙门"，所以价格猛然间就被提升了数倍，太后吃包子的故事也被人们传扬开来，吸引了无数顾客前来品尝，生意好不热闹，常常有人因为吃不到包子而懊恼不已，"狗子"高贵友也因此成了当地的名人，受到人们的崇拜和尊敬。后来店铺的生意越来越好，也使高贵友成了大忙人，每天从早到晚几乎不休息，一个人又得收钱还得做包子，这使高贵友疲惫不堪，为了缓解压力，高贵友想出一个新点子来经营店铺，就是将筷子洗干净统一放在店铺内，让顾客们自取，然后又将洗好的碗放在一起，也让顾客们自取，自取后将钱放入碗内拿到他面前，按碗里的钱数依价给客人包子。客人们吃完了美味的包子放下碗筷，就可以直接离店走了。这样的方式也就使得高贵友每天见到顾客都不怎么说话，人们见状，又开玩笑说："狗仔卖包子，一概不理睬。"加上高贵友小时候的外号，人们干脆就将包子铺唤作"狗不理"，而"狗子"的包子也就自然成为了"狗不理包子"。从此以后，狗不理包子伴随着这份传奇色彩变得越来越出名，直至今日成为了我国美食的代表。

随着时光的流逝，天津成为了袁世凯的管辖地，袁世凯为了扩大自身的背景影响，博得当时慈禧太后的好感，就将天津的狗不理包子再次带入皇宫，太后又可以品尝到如此美味，自然对袁世凯加分不少，而且太后又特地为包子题诗，曰："山中走兽云中雁，腹地牛羊海底鲜，不及狗不理香矣，食之长寿也。"由此狗不理的名号又变得异常响亮，迎来了人们再一次追逐的热潮。

从1858年到今日为止，狗不理包子的名号在中国大地上享誉了160多年的历史，在这么多年的过程中也见证了我国历史的变化，可谓是"中国近代史的活化石"。

现今的狗不理包子的知名度可谓家喻户晓，美誉遍布海内外。令人欣喜的是，它还被定为人民大会堂国宴专供食品，这也是我国面食类食品第一个获得这项荣誉的老字号。狗不理的大厨师傅们还受到我国领导人的接见，在中南海和人民大会堂里为前来访问的国际友人现场制作包子，吸引了人们的目光。曾经胡锦涛总书记视察天津之时还亲自参与制作狗不理包子，并赞扬道："小小的狗不理包子，技术含量却很高。"我国的历代国家领导人都对狗不理评价颇高，这也从另一个角度表明了老字号品牌在我国发展中占有重要地位。

资料来源：冯进茂.狗不理：百年老店巧经营［J］.品牌，2006（Z1）；特产品牌之狗不理包子［J］.特产中国，2012.

（二）长寿基因及启示

狗不理包子作为我国传统饮食中最璀璨的一颗明珠，成为了"天津三绝"食品之首。有160多年历史的狗不理包子在其悠长的发展历程中主要以传统的猪肉包、三鲜包、肉皮包为主，在近些年又推陈出新，出现了受人们欢迎的海鲜包、野菜包、全蟹包，现在饭店主要以这六大系列为主，包含了一百多道富有特色的菜品，每一种包子都独具特色，使人目不暇接。其所获奖项也数不胜数，如"商业部优质产品金鼎奖""中国最佳名小吃""国际名小吃"等，人们也赋予它

"津门老字号，中华第一包"的美誉，使其品牌知名度获得很大的提升。这与企业坚持严密的质量保证、诚信的企业经营理念以及看重品牌的影响和作用是分不开的。

1. 打造品牌连锁效应

在一个半世纪的历史变迁过程后，狗不理为了适应市场且使自己可以更好地存在于我国食品行业中，在1992年成立了狗不理集团，其领导层在紧密结合现代企业管理理论以及对我国市场的情况进行分析后，为新的狗不理集团设置了现代的管理模式，制定了企业战略规划，已经为进入到新形势下的市场竞争做好准备。同时为了将老字号的名号传承下去，让更多的人了解富有魅力的狗不理，新的集团公司还投入大规模资金用于品牌建设与宣传，就这样，狗不理集团成为了天津市数一数二的餐饮行业巨头。

狗不理在新的市场竞争形势下没有单一地发展某一领域，而是将重心放在了扩大生产、努力创新上。狗不理在以培育品牌、强化品牌、扩大品牌等相关目的为基础下，为了扩大市场占有率，新的集团公司在建立之初就决定进入商品零售、批发领域。此外，狗不理的速冻食品也迅速出现在人们眼前，更好地满足了人们的生活需求，使人们不必到包子铺去就可以一享美味。其速冻产品包括包子、饺子、面点、肉制品四大系列一百多个品种，在全国各省都有分销商，在各地的超市里轻易可见。随着十多年的发展，狗不理速冻产品远销海内外，方便了生活节奏快的人群的日常生活。另外，狗不理还利用自身品牌优势研制出专门的生产设备以及专用原料，其目的就是将连锁经营的概念引入公司经营体系中，其生产的面粉、酱油、调味品是全国各加盟店所必须选用的原料，包括专业生产设备在内，狗不理将连锁经营店的一切内容努力打造为真正地贴近老字号的样子，这一做法深受消费者喜欢，让人们可以放心地吃到原汁原味的狗不理包子。狗不理商品系列的啤酒、白酒、矿泉水、各式面点、月饼、元宵、粽子、大礼包等都先后被投入市场，成为受广大顾客欢迎的特色美食。

近些年，公司研究决定"狗不理不做包子做品牌"，其具体办法有以下几点：

（1）设立产品原料基地。为保证狗不理产品不同于其他品牌的风味以及遵守"诚信经营，做放心食品"的基本信念，集团公司决定自己养殖并生产所用原料，在相关政府的支持下于蓟县山区建成绿色生态养殖基地，完全避免了污染，使人们可以吃上放心、绿色的食品。

（2）细化产品市场，满足更多消费者。为使自己的产品可以受到更多消费者的喜欢，狗不理对产品进行了细化和延伸。之前的狗不理面向的顾客群体混杂，作为以制作包子为主的餐饮行业很难区分高端与低端消费群体，丢失了一些高端消费者。所以，狗不理开始细分市场设立不同的消费实体，如在酒店提供精品产品，而在快餐店则可以享受平价商品。

（3）结合现代价值体系，建立"星级"服务。狗不理在发展过程中最大程度地迎合消费者价值观，将现今区分服务、硬件质量的星级酒店概念引入，消费者从进店就被热情、贴心的服务包围，饭店的装修华贵、雍容，真正意义上使消费者获得宾至如归的感受。

（4）发展连锁经营，扩大品牌影响力。狗不理在全国各地建立连锁店，并严格要求其店铺形式及菜品要最大程度上贴近老字号的风貌，将最地道的菜品与文化传递给消费者，扩大自身的品牌知名度及影响力。

（5）改善经营劣势，做最好的中华品牌。"老字号不是大爷买卖，再像以前那么服务下去企业招牌再响总有一天也会垮"，曾经的狗不理董事长张彦森这样说道。这就证明狗不理在经营上是存在不好的方面的，所以作为要传承中华传统、做餐饮业领导者的狗不理，在近些年大力改善自身产品、服务质量，以求可以让消费者满意。

2. 建立诚信企业文化

在"弘扬民族品牌"这一方面，狗不理公司一直都在严格要求自己，并且将"诚信为本，品质经营"的经营信条贯彻到实处，而且管理层总结出"做大、做强、做久、健康发展"的发展理念，一直在传承中华美食文化方面不断奋进，其富有诚信的企业文化，使"狗不理"这个知名品牌成为我国老字号餐饮的代表，在我国现今的文化发展道路上成为核心力量，并且使"狗不理包子"的名号享誉四海，受到很多国际友人的青睐，可以说其企业文化是狗不理集团成为国内餐饮企业龙头的秘密武器。

在服务态度上，狗不理摒弃不良的风气，坚持以顾客满意为宗旨，希望将其优秀的服务态度和做事标准传承下来，其深知自己能在百年风雨中屹立不倒的关键就是所积累的人气和知名度，所以这更加坚定了狗不理以消费者需求为中心的发展理念，将质量第一、服务至上、维护企业信誉普及到每个员工的日常工作中。近些年的顾客满意度调查，也充分证实了狗不理的发展成果，不论是在就餐环境、服务体系的建设方面，还是在优质产品、制作技艺的提升方面，都获得了长足发展，可圈可点。

企业在长期发展中会形成属于自己的独特的企业文化。"狗不理"将"诚信为本，品质经营"的经营理念深深刻画在了企业文化之中。这种经营理念或者说是这种价值观体系，可以确定未来的发展目标以及方向。这无形中也成为了一种行为规范，一种精神风貌，一种经营风格，不仅可以唤起企业员工的工作热情和统一意志，更能显示企业的社会身份，使企业充满生机活力。

3. 力求严格质量把关

食品行业的食品质量一直都是人们关心的重点，也是其成败的决定因素。狗不理将消费者视为自己的衣食父母，在制作每一个包子、每一道菜品时都小心翼翼，极其用心，不论是在原料的选购还是在制作的精美性上，都创造了被人难以超越的辉煌。狗不理人坚信其销售的不仅仅是包子、菜品或是服务，其最重要的职责就是更好地传递华夏美食文化，所以不得有一丝丝的松懈。不论如何只有讲求自身质量，才能越走越远。

在 2005 年 2 月 28 日，狗不理依托拍卖成功改制，成为混合所有制集团公司。新公司建立之初就强调要规范狗不理品牌使用权，将质量标准进行创立并普及到各个层面，将狗不理包子的连锁经营店重新规划，以求可以让消费者感到其变化和想要做好的信念，时时刻刻奋斗在传承百年老字号的道路上。改制后的狗不理老店，还重新强调要以消费者为中心，结合现代餐饮理念，提高产品质量和服务质量，让"严密的质量保证"不再是一句空话。虽然狗不理在重新立足发展的过程中，有着多种痼疾不能及时根除，但集团管理层的决心有目共睹。在不断的奋斗下，狗不理现已和全聚德齐名，成为国内外游客来到天津和北京就餐的首选，将其所肩负的传承中国传统文化的职责落到实处。

狗不理这个百年老店依托我国现今的经济优势，每年的营业额都有可观的提升。这也使狗不理的金字招牌不断升值，让狗不理这样优秀的民族品牌得以在国际窗口展示。产品的质量是企业的生存之本，是"狗不理"在食品行业中取得巨大竞争优势的关键。如何对现代企业进行质量管理就显得尤为重要，这一点值得我们深思。我们可以将目光放到全面质量管理上，全面质量管理就是对企业的每一位员工提出要求，持续推进质量改进，持续满足顾客的期望。这种"同心协力"的质量管理有利于提高产品质量。

二、六味斋

（一）基本概况

在我国的低温肉制品加工行业里，六味斋的名号可谓无人不知，无人不晓，六味斋现今也是我国山西省较大的食品加工企业之一。

六味斋的历史可以追溯到 1738 年，在 280 多年的历史中，六味斋以老字号品牌的美誉一直受到消费者的关注和青睐。1738 年，六味斋于清朝乾隆年间正式创立，是闻名我国的中华老字号，以生产酱肉产品为主，因为酱肉等食品是我国老百姓日常生活的必备品，所以其一直受到消费者的信赖，随着其名气的扩大，一度被选为皇室菜品用材。

在 1938 年，北京"天福号"盛荣广师傅在山西太原的达达巷 27 号租下两间瓦房开设名叫"福记六味斋酱肘鸡鸭店"的店铺，这标志着六味斋正式进入山西省。因为六味斋的名气，盛师傅的店铺生意越来越好，逐渐就在太原城里扎了根，人们赞誉其为"六味压三晋、香冠美群芳"。1950 年，六味斋搬迁到柳巷的一座临街木结构小二楼，上下六七十平方米，搬迁新址的六味斋并没有受到搬迁的影响，其生意依然火爆。1956 年，国家出台公私合营的政策，六味斋也积极响应号召，改名为"六味斋酱肉店"，并将店铺销售的形式改为前店后厂，自产自销，六味斋第四代传人宋银如当时作为新人在店铺内帮忙并学习制作技巧。随着经营业绩的逐步提升，六味斋决定扩大规模，并于 1964 年完成店铺的扩建，原本残破的小楼被改建为更为稳固的水泥楼，并新建一层，使原来的建筑变为了三层结构。一楼是售卖酱肉制品的商店，店铺面积 200 多平方米，其后设立储藏间，为了方便人们进出和购买将店铺门口的空地设计为弧形结构，而且这样做还能最大限度地增加沿街店面，吸引更多的顾客。在 1966 年 8 月，由于"文化大革命"，六味斋被打为"四旧"而遭到破坏，多年的老牌匾被烧，店铺内的装饰、陈列和富有文化特色的建筑被砸得粉碎，而"六味斋酱肉店"的名号也被强制改为"太原酱肉店"。

往后几年，六味斋再也没有被人提起过，可是其独特的风味和传承的记忆却并没有消散。1978 年的改革开放如春风吹满中国各地，六味斋也终于迎来了春天，借着这次机会六味斋也重新回到了人们的视野当中，太原人高兴地说道："老字号又回来了。"六味斋重新起步，凭借着其老字号品牌的优势，逐渐地做大做强。2008 年 7 月，政府在对柳巷商业街进行大规模改造的过程中，也扶持六味斋进行重新改建。秉持"修旧如旧"的手法，六味斋的改建基本上属于恢复老字号的古朴风格，三层楼外搭出了两层的挑檐，楼身涂成青砖灰色，檐角也挂上了红灯笼，新的建筑在力求精致美观的基础上将老字号所具备的古韵表现得淋漓尽致，重新制作的黑底金字的大招牌成为点睛之笔。时至今日，六味斋已成为当地消费者选购年货和日常生活食材的最好选择。

随着自身实力的壮大，六味斋先后荣获众多奖项，如"中国商业名牌企业"、"全国顾客满意商品"、"山西省五一劳动奖状"、"山西省结构调整先进企业"、"山西省质量信誉 AAA 级企业"、"全国食品工业科技进步先进企业"、"全国保护消费者杯"、山西省"带动贫困地区建设重点龙头企业"、"山西省食品工业'九五'先进企业"等。作为山西省的特色老字号，"山西标志性名牌产品""山西省著名商标"一类的评选六味斋年年榜上有名。

六味斋的良性发展离不开历代人的努力，最出名的就是阎继红。在 1995 年，阎继红成为六味斋肉制品厂的厂长，她努力整合资源，与员工们积极探讨未来发展，将现代的企业管理思路引入了六味斋，使公司得到长足发展，从而确立了山西省食品制造企业的领先地位。

资料来源：王忆萍.唇齿留香两百年的中华熟食——六味斋[J].老字号品牌营销，2020（1）.

（二）长寿基因及启示

1. 独具一格的企业文化

六味斋在不断的发展和壮大中形成了自己独特的企业文化，即"诚信、求实、合作、创新、服务"，这不仅是企业文化，也是企业的经营理念。正是这种独特的企业文化激励着企业员工，推动着企业的发展。

（1）诚信：从诚信的基点出发来扩展自身的老字号品牌影响力。

（2）求实：将脚踏实地的工作态度普及至企业员工群当中。

（3）合作：认真对待每一位顾客，以求扩大合作机遇。

（4）创新：结合现代企业发展思路，将创新作为企业的核心竞争力之一。

（5）服务：用热情、礼貌的服务吸引消费者，扩大品牌效应。

2. 仁者见仁的美食韵味

"和谐"一词在我国文化传统中占有重要地位，古人曾说："天地之道而美于和"，"天地之美，莫大于和"。六味斋在制作酱肉的过程中将"和谐"一词融入，缔造了"熟而不烂、甘而不浓、咸而不涩、辛而不烈、淡而不薄、香而不厌、肥而不腻、瘦不而柴"的美味酱肉，充分发扬了我国文化的精髓。

六味斋的美食文化很大程度上受到了晋商文化的影响，讲究诚信、勤劳刻苦、不畏艰难等都给予六味斋以充足的发展动力，而六味斋在传播美食的过程中还结合创新的思维，研发出一道道受人们喜欢的菜品。六味斋的名字本身就给人们留下很多的想象，平常我们说的"酸、甜、苦、辣、咸"所有味道都被包含进去，可"六味"的另一味是什么？这就要靠大家来找寻，仁者智者都有自己的看法，有人强调是一种态度，有人则强调是一种文化，可不论是什么，"六味斋"的六味都以自己独特的韵味吸引着人们的目光。

3. 开拓创新的变革精神

随着我国历史和经济的发展，百年老店和品牌已成为各个地方独特的代表吸引了很多的旅游者和消费者。六味斋就是山西的知名老字号，传承了优秀的晋商文化，历经百年风霜能屹立不倒靠的就是传承，而其品牌的创新作为未来发展的动力一直扎根于六味斋的战略思想中。开拓创新是人们在不同的社会阶段中的首要目标，当然作为一种"活的灵魂"，创新的思想已经普及到了各个领域中，六味斋所在的食品行业也只有依靠创新，才能发展壮大。

六味斋在新的市场竞争环境下结合品牌文化，以"传承、创新、诚信、卓越"为主线。正是因为这样的发展规划，六味斋才能成为现在享誉四海的知名老字号。

因为六味斋的技艺高超，所做产品影响巨大，所以成为了国家级非物质文化遗产。在获得如此殊荣之后，六味斋采取了多项保护措施，进行创新，力求可以将优秀的传统更好地传承下去。近些年，六味斋的管理者扩建规模，引入先进设备，参考现代企业管理规范，加入连锁经营模式，既保证了食物的传统特色和质量稳定，也为其提供了优良的生产条件以及不错的销售环境。除此之外，六味斋不断挖掘、整理相关历史资料和实物，对传承人、生产工艺制定、实施保护计划的同时，结合消费者现今的价值观，创新产品种类，最大程度上实施传统结合创新的发展规划。

六味斋在其改制后扩展生产与经营范围，开发了豆制品、速冻面米食品、主食、小杂粮、山西陈醋系列产品 300 多个品种，将除酱肉外的产业做得风生水起，被相关机构授予"中国豆制品行业质量安全示范单位""山西省优质产品"等称号。最重要的是成功研制出无明矾粉条以及麻叶，为我国人民日常生活的饮食健康做出了巨大贡献。创新才能引领发展、引领企业的变革。六味斋不满足于现状，发展了更多品类的产品，在传承传统文化和技艺的同时，实现了新旧相结合的运营方式创新产品，不仅给顾客带来健康的食品，更推动了企业更好的发展。

4. 回报社会的服务理念

不断发展的六味斋一直秉承着优秀的古老传统，全心全意为顾客做优质食品，以期服务社会，对品牌不断加以完善。六味斋一直感恩于企业生存的社会环境，不论是原料的汲取，还是销售率的提升等，都是与社会中的各个环节有直接联系的。所以在自身变得不断强大的同时，企业也懂得回报社会，以求可持续发展。

可以说六味斋现今如此成功，其关键也离不开高度的社会责任理念，六味斋立志于建设成国内最具有活力和影响力的老字号品牌，积极宣传自身文化思想内涵，并加强公司上下的环保意识，杜绝污染和浪费，而且适时地开展各种活动，回馈老顾客。各种各样的做法都说明六味斋在承担社会责任方面已经做得十分到位。

总之，六味斋在不断发展的道路上，一直以"提升品牌价值，创新转型发展"为主题，以"做专做强肉制品、做细做深豆制品、做精做特面米食品"为主线，以顾客需求为中心，以改革和创新为动力，坚持以人为本，以市场为导向，加快产品结构调整和企业技术进步，加强企业管理和市场开发，通过产业化经营、区域化布局、专业化发展、标准化管理、流程化运作，推进企业文化建设和人才队伍建设，注重转变发展方式，注重自主创新，注重科学管理，注重节能减排和节约费用，注重员工全面发展，实现了企业又好又快、更好更快地发展。真如当地老百姓常说的，"杏花村里老白汾，太原城内六味斋"。六味斋在利用自身品牌优势服务本地群众的同时扩大发展，努力经营，在奋斗成为我国食品行业龙头企业的道路上越走越远。现代的企业管理理论认为，一个企业想要获得长足发展，就必须承担起与之对等的社会责任，六味斋将勇于承担责任看作企业发展的要务，而企业能否得到良好发展，承担社会责任是关键。

三、高桥陈醋

（一）基本概况

高桥陈醋的发祥地高桥镇距今已有590余年的历史，而它以"枕山襟海"的得天独厚的地理优势被人们所称道，高桥镇位于辽西走廊东部，是连接东北与华北的枢纽。高桥镇所处地带既有东北土地丰富营养的特色，又有华北水资源甘甜的优势，用这些做原材料所制作的醋、菜、酒及豆制品营养充足，口味天然，高桥陈醋就是这片富饶土地上的代表之作，在我国历史的发展中一直被人们津津乐道。

高桥陈醋的创立是在1428年明朝的万历年间，当时陈景泰白手起家创办了万丰酱园，生产酱油、醋等调味品，这也就是高桥陈醋的前身。在明朝嘉靖年间同为高桥人的陈景泰的后人陈希侯秉承先辈夙愿，在东北开办了高桥醋铺，专门为贵族和皇家提供精制的醋。当时的领导阶级在强化军备的同时，也不忘对自己内政的巩固，先后鼓励农业、商业的发展，在提高农业的过程中，种植和食品加工等行业也逐渐兴起。所以伴随着良好的社会背景，高桥陈醋的品牌影响力也随之扩大，高桥醋铺一直都将生产老百姓放心的产品作为己任，传承先辈的夙愿，自发地研制生产醋的高超技艺，然后对以往的方法进行改进，以求其可以成为闻名全国的优质店号，从采用自然菌造醋到后来的米曲造醋法，高桥醋铺一直都处于在制醋行业的领先地位。高桥陈醋作为辽西三宝之一，以其酸度适中，口味清爽，为当地人们所传扬。

高桥陈醋在历史上被作为统治阶级的"特贡醋"持续了相当长的时间，所以其制作的选材和手法都相当考究。在不断传承古老造醋文化的同时，高桥陈醋的制作者一直都在探寻利用更好的方法来提高醋的味道和品质。现在的高桥陈醋在生物科学技术的帮助下已经研制出了更适合人们食用、口感更好、一定程度上可以提高人体健康的新型产品，当然其一直传承的醋的味道却并没有被抛弃，毫不避讳地说，是我国当代的食醋之王。高桥陈醋利用其窖中置放的醋醅酿造，在窖中埋放固定时间后取出，然后再经由二次转化而成，最大程度上保持了醋品的新鲜，还可以久存不变质，是难得一见的佳酿。

其实最早的高桥陈醋是在我国唐朝出现的。据《锦州府志》山川卷载："'高桥河'，城西南 47 里，源出小虹螺山，东南流，绕高桥城，南汇七里河入海。"高桥河水就是酿制醋品的最佳原料，可当时没有人能将其集成于产业，一直拖到了后来的明朝，高桥陈醋才初具规模。

由于制作高桥陈醋最早的原料里含有丰富维生素和矿物质，科学家们曾经强调，其不仅具有调味的功能，更重要的是高桥陈醋可以起到保健的功效。

作为高桥陈醋的发源地，国家质检总局在 2011 年对高桥镇实施地理标志保护，其保护产地范围一直延续到辽宁省的葫芦岛市。

国家相关政府对高桥陈醋的保护措施，使高桥陈醋的品牌更容易产生影响力。高桥陈醋也借此机会，大力宣传自己的品牌，以求可以使品牌文化深入人心，扩展自己产品在市场中的占有度。这样的措施也使高桥陈醋的经营效果逐年地扩大，更好地为人们提供优质的产品。在高桥陈醋产品的规模化、市场化、品牌化发展的道路上，其一直坚持诚信、灵活地经营，在帮助当地农户提高农业绩效后，还大力强化和保护农民的农产地，既帮助了农民发家致富，又可以使自己享用优质的原料，可谓一举多得。

作为有百年历史的知名品牌，高桥陈醋在近代的发展中也收获了很多荣誉，如 1984 年的辽宁省优质奖，1985 年的国家农牧渔业部优质奖，1985 年至 1990 年蝉联国家银质奖，2003 年通过 ISO9001 国际质量体系认证，2003 年 3 月荣获"中国信赖食品"称号，2004 年的"辽宁省名牌产品""辽宁省著名商标"，2005 年的"优秀菜篮子企业"称号，2006 年的首批商务部中华老字号，首批全国重点保护品牌单位，2008 年的 HACCP 国际食品安全管理体系认证，2008 年和 2009 年的全国重点品牌保护单位、辽宁省名牌产品、辽宁省著名商标等，可谓数不胜数。

资料来源：赵万弟，赵燕. 和谐高桥再创百年——访辽宁高桥陈醋股份有限公司董事长、高桥陈醋掌门人陈天鸿 [J]. 中国食品，2011（10）.

（二）长寿基因及启示

1. 建立地理标志，品牌效应

2011 年高桥陈醋的地理标志保护措施的出台，使人们再一次关注到对于老字号品牌的保护，而且一定程度上也使高桥陈醋的老字号品牌得到新生，很多消费者又开始选择其生产的食醋来调味生活。高桥陈醋的保护工作，是从 2010 年

12 月初开始的，首先在北京通过专家评审，随后在 2010 年 12 月 29 日，国家质检总局发布公告称高桥陈醋地理标志产品保护产地范围为辽宁省葫芦岛市连山区现辖行政区域。

高桥陈醋成功获得地理标志产品保护后，依托品牌效应开始扩展自身规模，先后成立原料种植、采集基地，并加大力度保护水源地，这一举措得到当地百姓的支持，高桥陈醋在建设品牌的同时受到人们的极力支持，使其品牌影响力迅速扩大，促进了高桥陈醋的未来发展。

2. 严格遵守传统，质量至上

醋作为我国人民生活中不可缺少的调味品，受到很多人的喜欢，而高桥陈醋、镇江香醋、山西老陈醋、四川保宁醋等名醋成为人们日常生活选购的前几名。在百年风雨中，高桥陈醋的发展道路并不是一帆风顺的，也面临着竞争者的威胁与环境的影响。在我国刚进入改革开放的时间内，造醋行业兴起，生产厂家较多，而且大家都冠以百年陈醋的招牌，使原本的正牌老字号受到挤压。2005 年，我国相关政府开始整治不符合规定的企业、小作坊，在工商、技术监督等部门的几次联合检查后，终于使市场恢复正常。在合理的竞争规划下，现在的高桥陈醋可谓一帆风顺，销售量屡创新高，销往东北乃至全国各地。大浪淘沙，高桥陈醋可以屹立不倒，所依靠的就是让老百姓放心的可靠质量。

食品行业的经营规律是前期投入大、产出慢，刚刚开始在我国现代市场中发展的高桥醋业在很长的一段时间内都处于艰难之地，投入大于产出，产品滞留。这样的窘境，使好产品得不到人们的关注。但在国家政府以及相关机构的宣传下，高桥陈醋终于迎来春风，在许多消费者品尝产品后，都被其深深吸引，高桥陈醋的名号逐渐在市场中打响，而其严格要求的质量成为人们选购其产品的重要原因。

高桥陈醋的再一次崛起，首要原因就是企业对醋品质量的严格把控，即使在面临窘境的时候，也没有放弃用传统的纯粮酿造醋品，完整地实行造醋程序，绝不缺斤少两。高桥陈醋为了将优秀的品牌理念和老字号传统传承、发扬下去，从 2010 年开始，并购了高桥甜水泉公司、生产虹螺岘干豆腐的一家企业等，整合利用优质的资源打造自身的品牌和产品质量，使人们可以放心地食用其高桥陈醋产品，在不影响企业绩效的前提下，投资农业深加工领域，将造醋产生的废品合理分散，用于种植等行业，提倡环保和可持续发展，并在建昌县汤神庙镇建立大型生态养殖基地，更好地规划企业发展，与生态环境和谐相处。

作为质量的保证，高桥陈醋对外说明其具体制作工艺，除了要符合糊化、糖化、酒化、醋化的四个阶段的制作程序外，首先还要对原料进行原始粉碎并放入传统土制发酵池发酵，发酵好的原料放入铁锅进行蒸烤，然后经过人工翻醅、竹帘淋醋、铁锅熬醋等步骤，严格遵从传统工艺，对醋品进行二次加工，保证纯粮酿造和醋的天然发酵。有百年历史的高桥陈醋依靠其繁复的工艺一直在醋品行业中占据领先地位。

3. 注重社会责任，树立口碑

高桥陈醋除了将产品质量放在首位之外，还一直在肩负其应该承担的社会责任，如认真学习并贯彻执行 GB/T 19001：2008 以及 ISO9001：2008《质量管理体系要求》和 ISO22000－2006《食品安全管理体系适用于食品链中各类组织的要求》的标准。其目的就是在满足环境保护、质量监督的标准外为顾客提供完美的产品体验，经过管理层的认真思考和规划，高桥陈醋严格遵守环境保护和质量保证的准则。现在企业管理中人们对于企业该承担的社会责任的探讨，始终离不开环境的保护，而高桥陈醋所实施的措施就充分满足了这一点。除此之外，作为对承担社会责任的体现，高桥陈醋将"实事求是、真抓实干、与时俱进、再创辉煌"制定为企业宗旨，以"酿造全球放心食品"为质量方针，坚持"发酵工艺传统化，机械设备现代化，品牌设计古典化，企业管理科学化，市场营销国际化"的五项原则，努力让人们熟知其经营目的，这些宣传都在很大程度上帮助高桥陈醋提升自己的品牌影响力，人们也相信并支持高桥陈醋的发展。

总之高桥陈醋在其"政治和谐、效益倍增、企业节约、环境优美、设备精良、机制创新、产品一流"的夙愿下已经开始走向成功。

4. 推动企业发展，改革创新

传统的传承是企业发展的基石，而创新的发扬则是企业发展的动力。高桥陈醋作为一个老字号企业一直都没有停止对造醋技艺的创新，除了对自然菌酿醋技艺的改进外，高桥陈醋还研制出了米曲制醋法，使产出的醋更加味美，也使制醋更有效率。从我国近代开始的锦西高桥酿造厂，再到结合现代企业管理理论后改制的辽宁高桥陈醋股份有限公司等实例，都传递出其对创新和科技的重视。

一个企业的发展需要脚踏实地，从每个细小的环节做起，不仅要保证产品的质量，更重要的是保护消费者的权益。企业的成长同时是对品牌效应的累积。这就需要切实为消费者着想，时刻关注市场，尽可能地把消费者的第一次信任转化为长久的信任。低调务实，代代相传，企业就能聚集巨大能量，变得厚重坚实，就会具有好的口碑，创造品牌价值。

作为老字号，其品牌的独特性是为其带来价值的最根本动因。独特性可以为老字号带来稳定的消费者，因为消费者的特殊需求得到最大程度的满足。然而品牌效应就是所谓的独特性。品牌效应的独特性要求老字号要持之以恒、精益求精。具体来说，持之以恒就是老字号要以自己擅长的事情为主，然后扩大其范围，只要将基础打好，长远的发展是非常可观的；精益求精就是指老字号的传承者通过一代代人的努力，将企业做强、做久。

四、灵源药业

（一）基本概况

泉城一直被誉为千年古城，它的历史十分悠久，而在如此人杰地灵的沃土中自然而然地孕育出了像灵源药业这样的百年老企业。

灵源药业最为出名的应该是灵源万应茶饼，现在是受人们喜爱的保健饮品，它的发明和制作历史已有几百年了。灵源茶饼源自于安海的灵源寺的僧人释大迦。据说大概在 14 世纪的时候，灵源寺的禅师走遍群山，采集了山中很多茶叶和青草药精心研制出了一种"菩提丸"，主要由红茶、鬼针、青蒿、飞扬叶、爵床、野甘草、墨旱莲等 17 种灵药材精心炮制而成。这种药茶可以有效治疗中暑痢疾、感冒发热、腹痛吐泻等病症，这种病症大多为四时不适之症，这种菩提丸的效果非常不错，因此去寺庙求药的百姓络绎不绝，该药丸也被看作是"寺中一宝"。几百年来，灵源寺的僧人们始终按照先师"广施万民，不求图报"的志向和信条，世世代代传承着这个药方。一年又一年过去了，制茶的秘方一代一代地传了下去，而这种药茶的草药种类和用量也在不断进行调整，制作的方法也在随之进行改良。

然而在 1951 年的时候，有位灵源寺的僧人名叫王广雨，他将"菩提丸"改名升级成"灵源万应茶饼"，让茶饼的疏风解表、调胃健脾的功能和效果变得更加显著。在"文革"时期，灵源寺里的和尚被迫要返回俗世，因而将这个药茶的秘方以及制作的流程全部传授给了灵源山下的曾林村、灵水村的村民，村民们借助此药方又创建了茶饼厂。1982 年，这两家厂子合并成为了一个厂，地址设在了曾林村中，最终改名叫作"晋江灵源茶饼厂"，然后进行了大批量的生产，甚至将茶饼销往了国外。

1990 年，茶厂变得更有名气了，改称"泉州市灵源制药厂"，又变成了由国家支持的企业。灵源制药厂抓住时机，生产规模随之扩大，逐渐变成了一家拥有先进生产技术的制药大厂，而灵源茶饼厂的产品"灵源万应茶饼"就变成了该厂的主打产品。完全依照原茶饼的配方，利用半机械化进行生产的万应茶袋泡剂，开水冲一下就能立即饮用，味道不失质感，饮用又十分便捷。因此产品一经面世，就深受消费者的青睐并且取得了极大的成功。

到了 2003 年，曾林村的吴国卿对泉州市灵源制药厂追加了投资，顺利完成了企业的重组改制，然后正式挂牌成立了泉州灵源药业有限公司。灵源万应茶是药茶，陪伴了很多人从小到大的成长过程，大家都十分信任并且喜欢这个产品，因为饮用了灵源万应茶的人很少生病，甚至一些小病不需要去看医生，这样的药茶深深受到广大老百姓的喜爱。曾林村的村民们同时也对灵源万应茶拥有一份难舍的情怀。

2017年9月1日，灵源药业有限公司正式成立了，公司经营范围十分广阔，不但包括茶叶及相关制品，还有片剂、颗粒剂、茶剂、散剂、硬胶囊剂以及中药饮片等，品类十分丰富，生产技术也十分多样，包括净制、切制、炮制（即炒、蒸、煮、煅），销售渠道也多样化，分为批发、零售等。

灵源药业有限公司成为了中国首批的"中华老字号"的名企之一，灵源药业是有着650多年深厚历史的药茶企业，这个药茶就是著名的"灵源万应茶"。早在2008年，灵源万应茶就被列入了"国家非物质文化遗产名录"。灵源药业生产的产品十分丰富，覆盖面广，主要涵盖呼吸、儿科、消化等方面的辅助用药，还包括降糖、降压等领域，可以说灵源药业有限公司是一家大型的中西药综合的现代化药企。

灵源万应茶的功效十分多，以清热解毒、利湿消肿为主，同时又能芳香化浊、开胃消食、消暑利湿，在理气、健胃补脾方面也有不错的效果，还可以祛痰利湿、除烦止渴、醒目提神，真可谓是百宝茶。这样具有多种疗效又十分可口的饮品很难不受到消费者的喜爱。根据现代的药理，也可以说明灵源万应茶具有很不错的抗菌消炎的功能，而且在进行抗炎、解热、解毒、降脂调胃、祛痰止咳，增强免疫力等方面，灵源万应茶具有切实的疗效。这种茶饮适用病症很广，适宜饮用的人群也很广，可以时常饮用，或者是作为饭后休闲的饮品饮用，不仅能很好地调节人体的胃肠平衡，还可以益精提神、消除疲劳、提高免疫力、预防疾病，是大家居家旅行必备的好茶，四季应该经常备上。现在的灵源万应茶已经变成了一种受大众喜爱的保健饮品，不仅是一种居家良药，也成为了人们走亲访友或是馈赠亲友的绝佳礼品。万应茶的包装也很传统，古朴传统的元素体现出其深厚的文化底蕴和文化价值。同时也将灵源药业的文化内涵展示给每一位顾客，展示给世界。

现今的灵源药业已经研制出了很多种不同的散剂、药片等中西药，也开发出了多种具有保健功能和效果的大众食品。然而灵源药业的这些药品和食品面向消费者的渠道主要是药店和商场超市等。除此之外，为了更好地适应互联网时代的销售模式，灵源药业正在筹建一个电商团队以更好地发展线上的销售事业。

我们都清楚地看到，灵源药业如何在保持自身特色的基础上进行合理的创新发展。这样成功的案例值得我们学习。灵源药业为大家提供了更多的健康的产品，将"灵源万应茶"打造成为一款享誉中国甚至全球的老字号经典的药茶品牌，并且切实地发挥了龙头企业的重要作用，承担了更多的企业的社会责任，力求为全世界人类的健康做出更大的贡献。

为了造福更广大的人民群众，灵泉药业公司经过多年的开发和研制，始终遵循原秘方并利用现代的科技以及设备，成功生产出了食品级的"灵源万应茶"，不仅使得作为"中华老字号"的产品得到了很好的创新发展，还使成果福泽万民，有益于人们的身体健康。这就是具有深厚文化底蕴的产品和现代企业文化以及现代企业精神的完美结合，是一个非常生动的实例。

资料来源：吴晓川. 万应茶·灵源寺［J］. 福建文学, 2009（3）.

（二）长寿基因及启示

1. 创新驱动，加快企业发展

老字号品牌进行创新一定要注重时效性和层次性。在面对市场环境的飞速变化的时候，企业要想进行创新，必须要有很强的时效性。过去存在这一种情况，是因为企业组织结构具有复杂性的特点，企业面对市场的反应具有很强的滞后性，因此企业进行决策的速度一般难以满足企业市场进行激烈竞争的时间要求，从而导致了企业拥有很好的创新设想并且进行了规划和设计，但是在决策层之后，由于内部存在掣肘关系，或是反应迟钝、怕负责任等原因导致计划搁浅，最终做出的决策反而是无效的。这时的市场早已有了企业原本计划生产的产品，创造的新需求变成了无效的需求。除此之外，我们说的创新，重点在于创造，所以时效性绝对是企业进行创新的十分重要的因素，同时也是企业在进行创新决策时必须要考虑的问题。再者是层次性，我们现代企业的组织结构呈现出多层次性，企业的决策层四周常常还围绕着一层到多层的组织，创新行为可以在企业的不同层次的组织中产生。因此，创新也随之表现出了与企业的组织结构相对应的多层次性的特征。

为了使品牌利益能够最大化，通常企业应该全力回避采用垂直扩张的方法。因为这个概念本身就存在不小的矛盾，企业的品牌资产几乎是建立在对于企业品牌的形象以及对价值的判断上，垂直扩张这种行为就会很大程度上破坏这些特性。一般情况下，企业在进行市场调查和拓展时，都会遇到品牌延伸的诱惑，但是企业决定要不要进行品牌延伸，以及如何进行品牌延伸，如何合理有效地进行品牌延伸是企业管理者最应该思考的问题。品牌延伸其实属于品牌策略。品牌延伸可以分为品牌水平的延伸以及品牌垂直的延伸两种。

2. 坚持理念，明确企业使命

纵观这600多年，灵源药业始终秉承着"广施万民，不求图报"的志向，边传承边发展，最终生产出了很多深受消费者喜爱和支持的良药。灵源药业的企业祖训就是以解除世人的病痛为宗旨，以注重道义、信誉制药为原则，因此在择药上十分精细、选料一定要佳品。

灵源药业的经营理念是要诚信诚心，同心同行。作为二十二代传承的老企业，要兼顾守本与创新，树立企业责任，明确企业使命，是企业能否得以很好发展的关键所在。企业坚持以人为本的理念，将技术创新作为企业发展的战略，不断引进世界先进的生产设备，成功构架了多元化的产品体系。现在具有了很多有名而且深受消费者喜爱的产品，除了主打产品灵源万应茶，还有"维甜美降糖茶"以及"降压袋泡茶"等十分具有特色的药食同源的系列茶饮，此外还有以"冰硼散""蛇胆川贝散""阿司匹林维C咀嚼片""铝碳酸镁颗粒"等为代表的几十个产品类别。尤其是灵源药业生产的冰硼散，凭借十分优异的质量，连续三年取得了世界优秀产品金像奖的好成绩。

五、柳泉居

（一）基本概况

1567 年创始于明朝隆庆年间的柳泉居在北京城里可谓无人不知、无人不晓，它也是北京城内知名的八大家之一，作为盛誉颇高的中华老字号，其已经存在了将近450 年。老北京的护国寺西口路东是柳泉居的发祥地，当时的柳泉居以黄酒馆的身份受到老百姓的青睐。老北京的黄酒有四种类型，分别为绍兴黄酒、北京黄酒、山东黄酒、山西黄酒，作为老北京黄酒的代表，柳泉居声望非常高。

柳泉居一开始是由几个山东人投资建立的，整个店号由前半部的三间门脸的店堂和后半部的院子构成。根据学者的考古资料，柳泉居的院子里长着一棵粗壮的柳树，正对柳树下有一口泉眼井，井水清莹甜润，所以老板使用其来制作黄酒，酿制出的黄酒可谓酒香丰满，令人回味无穷，由此获得了"玉泉佳酿"的美誉。柳泉居为了促进自己黄酒的销售，积极探寻民间美味来制作陪伴美酒的下酒菜，清朝的《陋闻曼志》就对其有所描述，说道："故都酒店以'柳泉居'最著，所制色美而味醇，若至此酒店，更设有肴品如糟鱼、松花、醉蟹、肉干、蔬菜、下酒干鲜果品悉备。"随着名气的扩大，柳泉居成了清朝北京城的"京城名三居"，和三合居、仙露居一道被人们传颂。历尽沧桑后，1935 年的"京城名三居"只有柳泉居幸存下来。

一开始的柳泉居没有名字，而"柳泉居"这三个字，据传是来自明朝的奸相严嵩的手笔。明朝嘉靖年间，世宗皇帝宠信奸臣严嵩，更是大放豪言说道："世上没有杀他的刀、斩他的剑。"到了明朝的穆宗年间，穆宗皇帝决意要铲除奸臣严嵩。可是先皇曾说过要保护严嵩，所以穆宗皇帝不能将其处死，万般无奈之下，只得解除严嵩的官职，并没收其家产，将银碗送给他，逼他乞讨。作为曾经的奸臣，他名声早已臭遍大街，没人愿意施舍于他。一天，被四溢的香气吸引，落魄的严嵩在这家小酒馆门前停了下来，饥寒交迫的严嵩祈求老板施舍他酒喝。严嵩的银饭碗被老板发现，虽然素未谋面，可严嵩的故事老板也多少听说过，据传严嵩写得一手好字，老板便说："给你酒喝可以，你得给我这小店题几个字。"严嵩大笔一挥，便写下了"柳泉居"。在严嵩死后，"柳泉居"成了这个奸臣书法家的绝笔，老板便将其作为店名，在京城名声大噪。

1949 年，柳泉居将店铺迁到了新街口南大街 217 号，并一直持续到现在。柳泉居作为老北京城内以鲁菜特色来制作京味菜闻名的饭庄，在近些年吸引了很多顾客的目光。历尽漫长的成长岁月，柳泉居坚持"集南北烹饪技艺之长，取京城人口味习俗之好"，创新发展了一套属于自己特色的京味菜，成了受人们欢迎的知名饭店。柳泉居的菜主要结合了宫廷、山东、清真三大菜系特色，利用扒、爆、炒、煨等手法，将一道道菜品呈现在人们眼前，金盅鸡、凤尾银耳、玲珑鲍鱼等作为招牌菜闻名遐迩。作为一个接地气的饭店，柳泉居的菜品范围非常之广，无论是腰缠万贯的"大客"，还是小门小户的食客，都能在柳泉居内享受到令自己满意的菜品，而且服务员们也一视同仁，对每位宾客都热情招待。在柳泉居内，不论什么身份的顾客都可以喝到飘香四溢的黄酒，吃到放心美味的饭菜。

柳泉居的菜可谓丰富且各具特色，食材范围广，刀工精美，造型诱人，且烹饪技巧以爆、炒、熘、烧、焖等最为出名。被人们推崇的名菜有荷花燕菜、云片鲍鱼、果料鱼骨、金丝海蟹、火爆腰花等，而且其拔丝菜为招牌特色，拔丝莲子、拔丝苹果、拔丝鲜奶等，样样齐全。柳泉居的工艺面点也非常出名，而且有各种地方特色，如北京的豆沙包和山东的烤馒头、银丝卷等。据说有人评价柳泉居的烤馒头为北京城内第一，烤馒头的外表焦黄酥脆，内里雪白绵软，掰开热气腾腾，一股诱人的麦香，光看描述就已经令人味蕾大开。当然为了更好地发展自身，近些年来柳泉居也广纳其他菜品，先后制作出了炒鳝糊、油条八宝饭等菜品，也受到人们的好评。而且柳泉居还发明了"木瓜北京黄"这个药酒，对有风寒腰腿疼的顾客有治疗之效。

历史悠久的老字号柳泉居，也承载了深厚的文化特色与历史传统。我国历史上的知名作家老舍先生就以柳泉居为材结合当时时代背景创作出《四世同堂》《正红旗下》等名著。1980 年 2 月 14 日，老舍的夫人胡清女士还为《人民日报》撰写文章来介绍柳泉居，其中写道："万没想到，打倒四人帮后，看到久已湮没的'柳泉居'饭庄重新开张,实在值得我向它致喜致贺。"可以看出,柳泉居也曾历尽风波,我国著名的书画家贾松阳先生也为其题写了"柳泉居"的三字牌匾,除此之外,还有溥杰先生也曾赞其"琼楼胜景""即寿而康",总之,这些名人为柳泉居的传承文化特色的职责也出力不少,更加使柳泉居的名号得到传扬,吸引了众多的顾客。

随着历史的发展,当今社会的市场机制与前大相径庭,老字号柳泉居在新时代经济发展的引领下,努力改革经营战略、不断提高自身实力,以求在大浪淘沙的新形势下可以分一杯羹。作为以餐饮为主的企业,柳泉居鼓励菜品创新,让古老的中国特色菜焕发新颜,并适应现代人的生活品位及需求。如今的柳泉居饭庄可以说是朝气蓬勃,在传承古色古香的中华菜品文化基础上结合新世纪企业管理理论,向着我国餐饮行业首要地位前进着。

资料来源:文亭,东库.京城老字号——柳泉居[J].城建档案,2002(1);许志绮.北京老字号城西道有柳泉居[J].北京工商管理,2002(4).

(二) 长寿基因及启示

1. 深厚长远的文化情怀

曾有古诗词赞美柳泉居道:"刘伶不比渴相如,豪饮惟求酒满壶。去去且寻谋一醉,城西道有柳泉居。"恰好这首古诗的题目也为《柳泉居》,可以看出柳泉居的历史文化丰厚,代表着人们的一种情怀与念旧。

柳泉居饭庄的文化历史可谓异常丰富,从一开始以柳树泉眼酿酒的故事到明朝严嵩乞讨银碗的故事,到其成为"京城名三居",然后再到"文化大革命"等历史事件的发生,其经历的风波与奇特故事比比皆是,但这些故事之中却蕴含了我国历史文化发展的轨迹以及文化传统的演变。百年的发展并没有使其破败,柳泉居一直在坚持"讲诚信,做好菜",也正是这样的历史传承,才博得了人们包括历史名人的青睐,如溥杰先生、老舍先生等人都曾对柳泉居赞誉有加,为其留下的名言佳句与墨宝都曾使柳泉居名声大噪,也让其成为名正言顺的京城名菜的代表,更使其所蕴含的文化历史变得更加丰富浓厚。

老字号柳泉居与名人的文化情结也富有传奇色彩,被人们津津乐道,就以老舍先生的故事而言,当年最初的柳泉居在北京城护国寺西口路东,而老舍先生儿时所住的小杨家胡同,就与柳泉居所在地一街之隔。老舍先生从小在这附近长大,其生活价值观多半被当时的老北京城的生活所影响,在写《四世同堂》的时候,老舍先生参考的时代背景与环境特色就是以柳泉居为准,还有其自传体小说《正红旗下》的叙事背景也完全参考当时的柳泉居风貌。

当然除了名人大家,柳泉居在百姓心目中的地位也不低,19世纪30年代,柳泉居的客人中包括了曾经京城内的王子王孙和社会记者等。知名的记者王柱宇，就是柳泉居非常忠实的顾客之一，他到这里不仅是为了平常柳泉居的名菜，更重要的是看中柳泉居的文化背景，其每每借饮酒为名采访，并解释说道："醉翁之意不在酒，在于社会新闻也。"因为，来柳泉居的很多文友食客，大部分都是闲暇之余相约清酌，从而酒酣，继而诗兴大发，甚至低唱几句皮黄，尽兴方归，而且《实报》里王柱宇的专栏《柱宇谈话》深受人们的喜欢，而其中大部分的奇人趣事都来自柳泉居；并且其文笔风格也非常接地气，可以说柳泉居也功不可没。

2. 美味诱人的地道菜肴

柳泉居的美味菜肴当然属于其核心的竞争力，多少年来其美味的菜肴被人们传颂赞扬。作为制作烹饪京味菜的翘楚，柳泉居以菜品鲜、嫩、酥、脆为特色。柳泉居饭庄的菜品中包含传统的鲁菜与京菜，还有其借鉴其他饭店而研制的其他中华美食，现在最吸引人的还有柳泉居精心研制的创新菜，中西结合的方式深受现代人们的喜欢。

最能代表其近些年的菜品经营思路的当数柳泉居的"蟹宴"，柳泉居的师傅寻遍全国，用螃蟹搭配多种辅料，制作出几十道与螃蟹有关的热菜、冷荤和面点。其中最为独特的就是冷荤食品中的大彩拼——荷塘秋蟹，它是选用优质香菇，雕刻成蟹形，仿佛是一只只在荷塘之中栩栩如生的大螃蟹，为宴席增添了大自然的灵气和活泼气氛，另外成套的银制蟹形餐具和用黄色的餐巾叠制成的蟹形装饰花，更将整个台面衬托得生动、高雅、辉煌、美不胜收。

3. 享誉京城的独门手艺

将柳泉居的豆沙包作为其发展成功要素毫不夸张，柳泉居的豆沙包早已"享誉京城"，知名的豆沙包慢慢咬下，齿尖划破绵软、略带弹牙的包面，舌尖触及到豆沙，细腻如丝般的润滑轻抚味蕾，不禁让人陶醉其中。柳泉居的豆沙包品种丰富，有绿豆沙、红豆沙、松仁豆沙、芝麻豆沙、莲蓉、枣泥豆沙、木糖醇等二十余种，大厨们在豆沙包上点上各型红点以区分不同的品种，虽然外表简单，但透着古朴的风韵，吸引着人们的眼球。而且近些年，为了应对市场的发展，柳泉居开发出了60元、42元的豆沙包礼盒，以方便人们访亲送礼。

北京的老百姓按习俗来说每年都要准备年货，作为"京城顶级豆沙包"的柳泉居豆沙包深受大家的欢迎，因为豆沙包属于蒸货，所以人们愿意选择其作为过节的食材，每每到临近过年的时刻，柳泉居的门外就排起了长队，人们都是前来选购豆沙包的。到现在为止虽然柳泉居的连锁产业在北京城内已经扩展到20多家，但这还不能满足人们的需求，每天贩卖的豆沙包数量远远不够。柳泉居的豆沙包制作过程相当讲究，首先，其豆沙馅必须选用颗粒饱满、富有光泽的"天津红"，这种红小豆种植在黄沙土中，豆皮薄，出沙多，糅出的豆馅格外香甜而细腻。其次，豆馅的烹制手法相当独到，如果经验不足很容易出现差错，所以柳泉居要求面点师傅的手艺得过关，而且其亲自掌握糗馅时间，为了保证其独特的口感，一锅炒制的豆馅不能超过40斤，再恰到时机地加入特定比例的绵白糖、桂花等调料。最后，出锅的豆馅随着红小豆特有的香气渐渐溢出，豆沙干稠适度，达到不粘锅、不粘铲的程度，在专人炒制后晾凉就可以用来包制豆包。当然豆包的皮料也得相当考究，柳泉居的面皮口感弹牙，与豆沙馅的香甜配合得"天衣无缝"，据柳泉居的高级面点师介绍，其制作面皮时会选用多种面粉，而且严格按照比例添加，否则就出不来应有的独特口感。

总之，柳泉居的豆包用料讲究，做工精细，薄皮大馅，外皮白软，绵而不糟，内馅细糯，甜而不腻，香香、甜甜、软软的豆包成为北京的又一道亮丽风景线。

六、三凤桥

（一）基本概况

"好肉出在骨头边"是无锡老百姓日常生活中经常挂在嘴边的一句话，"肉骨头"这三个字在无锡人的生活中被用来指代酱排骨，酱排骨、清水油面筋、泥人是无锡最有名的三样东西。三凤桥就是无锡酱排骨的代表。

有140多年历史的三凤桥酱排骨作为无锡人的"肉骨头"出现在每家每户的餐桌上，是无锡人不可多得的餐品。1875年清朝光绪年间，无锡酱排骨被制作出来，当时无锡的莫盛兴饭馆生意特别好，是当地人请客吃饭的最佳去处，但饭馆做菜剩下了大堆的背脊和胸肋骨，为了不浪费，大厨师傅们就按照古法随意加了些调味料，然后将骨头一直熬煮到快烂了为止，没想到出锅以后的骨头味道极其鲜美，所以当时的莫盛兴饭馆就将其当作下酒菜出售给人们，大获好评。

在经历多年风雨后，无锡的酱排骨一直都没有被人们遗忘。1927年，三凤桥肉庄的前身"慎馀肉庄"在当地开始营业，而其主要经营的就是被人们津津乐道的酱排骨。时至今日，酱排骨已成为无锡的招牌美食，在改革开放后经济一片大好的情势下，无锡酱排骨以其独特的魅力吸引着万千游人来到此处品尝，也为无锡这座城市带来了经济的增长。

大家说起无锡的酱排骨都爱以"三凤桥酱排骨"唤称，具有百年历史的三凤桥酱排骨可想而知有着深厚的文化内涵。大概在1930年前后，我国著名戏剧家周贻白就在品尝完三凤桥酱排骨的滋味后，为其题诗，赞道："三凤桥边肉骨头，朵颐足快老饕流。味同鸡肋堪咀嚼，莫负樽中绿蚁浮。"

至于人们为什么将无锡的酱排骨唤作"三凤桥酱排骨"，在此还有一段故事。曾经的无锡城里有个石桥，而在石桥上一直都有个破石臼在那里，多年间也无人清理，历经风雨，石臼被腐坏的树叶以及各种垃圾填满，里里外外还长满了青苔。一天，一位游客来到这里游玩，在石桥上稍作休息，目光却被石臼吸引，经过一阵仔细观察和认真评鉴后，游人大叹："有缘千里来相会，宝贝滚到眼前来。"

石桥旁边正好有一对老夫妇经营的豆腐店，游人二话不说直接进去就开始打问石臼是属于何人家的，当天正好老头看店，老头一看这人不是来买豆腐的就随口一说："这还是我太公那一辈丢在那里的哪。"说完就准备打发人走，可没承想，这个游人当即掏出两块银子递给老头，然后说道："好好好！我出五百两纹银买你家这个破石臼，今天先付十两作定金，十天后我带足银子来取货。"老头一看便被惊着了，一个破石臼哪值这么些钱，就将其当作傻子，心里取笑："有钱不赚白不赚。"便将银子收好，点头答应。

老太太回来后，老头把今天发生的事讲了一遍，两人合计着既然卖给人东西，那么就该好好地把这破石臼给收拾一遍，再卖给人家。夫妇俩说干就干，第二天，两位老人费了百般力气把石臼里贮藏的垃圾清理掉，然后又用洗帚把石臼里里外外刷了个干干净净，为了不受外面的风雨影响还特意请了几个正值壮年的年轻人将石臼给抬回家中。

十天之期终于来到，天刚刚亮，上次的游人便带着说好的银两来此取货，见到老头后赶忙问："石臼呢？"老头高兴地说："客人别急，石臼在房里，我已把它洗干净了。"游人一听，大惊失色，拔腿就跑到了老头的房间里，在看完石臼后，连身叹气说道："这破石臼我不买了，那十两定金也还给我吧。"夫妇俩摸不着头脑，连声询问，到底怎么回事。

此刻游人也没办法，只能将其原委告知老夫妇，其实石臼并不值钱，石臼里的东西才是最值钱的宝贝。游人本就对民间逸事比较感兴趣，俗语说"千年难逢天开眼"，相传曾经天上真的开了道缝。当时的天空五彩斑斓，云朵翻涌，此时三只仙凤从缝里出来，飞到人间游玩，为了掩人耳目就幻化成三只小鸟，谁曾想来到此处就把破石臼当作巢穴，露宿了一晚，而这个破石臼里也就存下了很多的神鸟羽毛。神鸟仙凤的羽毛可谓至宝，可以净化一切东西，而且还会让各种食材焕发极其鲜美的味道。可现在本来是无价之宝的垃圾已被老夫妇倒入河中，已不知被水流带到了什么地方。

没办法夫妇俩将定金归还，老头也感到极其失落，便关了门面，准备歇息一天，心里还在感叹没想到煮熟的鸭子飞了，老太太见他如此，便上街买了点骨头和酒，准备给老头解解闷。

刚一回来，老太太便开始准备制作骨头，可看着铁锅都脏了，便拿起扫帚将铁锅刷干净，赶忙煮起了骨头。可是在煮骨头的过程中，锅里散发出让人难以把持的香味，香味飘散到大街上，吸引了很多人过来观看，老太太也感觉惊奇，可也没多想，估计是今天的骨头好吧。当骨头出锅后，香气四溢，老头都忍不住从房间里跑过来，尝了一块就感觉像是天上美味，老头也好奇，平常老太婆做饭也不是这个味道啊。连忙问："老太婆，你用啥佐料烧的呀？"老太太尝了一口也感觉非常惊奇。两人回想了半天才明白，原来煮肉以前，用那把刷过破石臼的扫帚刷过锅，估计是把神鸟羽毛的灵气带了进去。

两人吃完饭后，特意将肉汤留了下来，往后凡是煮肉，就往里添点这"神鸟羽毛汤"，出锅后的骨头味道别提多鲜美了。随后，夫妇二人干脆关了豆腐店开起了酱排骨肉店，随着名气越来越旺，店铺也得到扩张，成了文中一开始提到的莫盛兴饭馆，而后人们则将传统保留下来，也将这段神奇的故事继续传播给大众，将其酱排骨称为"三凤桥酱排骨"。

资料来源：金效其．无锡肉骨头［J］．烹调知识，1995（12）．

（二）长寿基因及启示

1. 百年老店传历史

无锡人的骄傲就是其被称作"无锡三宝"的无锡酱排骨、清水油面筋和无锡泥人。其中又以三凤桥酱排骨最为出名，作为老字号的它，一直在无锡人心中占有重要地位。"中华老字号"的美名是国家商务部授予三凤桥的，而三凤桥也是无锡唯一一家"中华老字号"，在百年风雨中，"三凤桥"可以屹立不倒，靠的就是其"顶级酱排骨"的金字招牌。

人文、商业、本土特色经过融合后就形成了所谓的老字号，这三点也是身为老字号的特点。我国的老字号承载了很多的文化传统和特色，是中国文化不可分割的一部分，其重要性也不言而喻。在国家近些年大力实施保护政策保护老字号店铺的同时，我国的消费者也在不遗余力地支持其发展，而且人们对其产品的信赖也比一般的品牌要多得多，所以三凤桥的酱排骨能有今天的实力，其老字号招牌的作用也是非常大的，人们相信其作为老字号所生产产品的质量。除了吸引本地消费者购买外，三凤桥还存在一群固定的外地消费者，所以其市场占有率并不比其他的老字号差，可以说三凤桥在宣传其老字号招牌的同时也在不断地完善自身的品牌管理，否则不会让人们对其念念不忘。可以毫不夸张地说，三凤桥酱排骨的历史传承和独特的手艺是其面对现代市场竞争的核心竞争力，这种特点对于其自身的发展至关重要，为其提供了良好的口碑。

2. 坚守品质树品牌

作为品质的保证，三凤桥一直在为人们制作美食的同时严格把控制作过程，杜绝假冒伪劣和缺斤少两现象的发生，从选料到烹制的每一道工序都渗入了三凤桥人的心血。为消费者提供放心、可靠的产品一直都是老字号三凤桥的传统。

正因为三凤桥对品质的坚守，才使三凤桥的名号被人们熟知，才使三凤桥得以一直经营，被评为"中华老字号"。在现代市场竞争中，很多的食品行业从业者为了获得暴利铤而走险，不但使用不新鲜的食材，而且添加非法用料使菜品看起来美观，这很大程度上影响了消费者的健康。但三凤桥的酱排骨却是真材实料，一分价钱一分货，这样的诚信经营的态度贯穿于三凤桥整个品牌的上下，从管理者到员工，大家都将为消费者提供优质食品和热情服务为己任，得到了人们的信赖和认可。

20世纪90年代，我国迎来了经济发展的热潮，各个地方都在如火如荼地兴建，从城市的各种设施的建设到服务的完善，人们都在为提升自己所在城市的生活水平而忙碌起来，那个时代最火的行业莫过于房地产了。无锡这个城市也不例外，在政府的规划下，三凤桥将进行重新改建，计划首先将三凤桥原有的店铺拆除，然后原来店址的东侧将建造一座28层的三凤大厦，在政府的积极主张下，各种准备工作已经就绪。可是三凤桥的经营团队却认为现在进行改扩建无异于盲目扩展，因为当时的三凤桥酱排骨的经营绩效虽然很可观，可是改扩建的费用太高，会造成公司的入不敷出，而且由于无锡的本地人口数量不算多，大部分外来人口流动性较大，不利于在新时代刚刚起步的三凤桥积累顾客，所以经过与政府的多次讨论，终于得以保存三凤桥的原有店址，人们可以继续在其熟悉的老字号里品尝酱排骨。后来的事实证明，三凤桥的选择是对的，没过几年亚洲经济危机的影响传至我国，很多盲目扩张的企业被迫倒闭。从这个例子就可以看出三凤桥对自身的严格要求，那就是要稳扎稳打，努力经营自身，千万别好高骛远。从另一个角度来说，正是因为其对自身品质的要求，才使三凤桥没被冲昏头脑。

相同的例子也发生在了1995年，当时的相关政府为了提升无锡这个城市的发展水平，大力支持三凤桥公司改制上市，可作为一个刚刚在新时代稳定下来的企业，对于上市的了解还知之甚少，三凤桥拒绝了政府的提议。直到1997年，在经过对市场的考察和判断后，凭借积累的经验，三凤桥才决定开始进行改制计划，一直持续到2004年，三凤桥的改制才算正式成功。可以看出，其基于对品质严格要求而实行的稳步发展战略的规划相当成功，避免了很多的经营风险。

3. 创新发展拓市场

稳扎稳打的三凤桥在坚守品质的同时为了更好地发展壮大，也进行了很多的改变。

2004 年，为了适应市场的规则和增强自身品牌市场占有率，三凤桥投资 2000 多万元建立了软包装生产基地，而其目的就是将酱排骨等产品通过便携的包装传到全国各地。近几年，三凤桥又投入数千万元升级厂房、设备，利用科学技术，使自身的企业运营更具效率与品质。随着三凤桥经营战略的创新，越来越多真空包装的三凤桥酱排骨出现在超市、火车、飞机和饭店内，人们也对这个闻名已久的老字号产生了更大的兴趣。

随着我国的经济发展和城市建设，西式餐饮、港式茶餐厅、日韩料理等外国餐饮也在我国餐饮市场上占据了一席之地，我们的老字号想要继续稳步发展，除了传承优秀的传统之外，还需创新菜品与花样。曾经在无锡拥有美誉的"第一副食品商店"和"三阳南北货商店"等老字号，在大卖场、连锁超市等现代商业冲击下濒临破产，其最主要的原因就是没能及时迎合市场，改变老式的贩卖传统。然而三凤桥的屹立不倒，就是因为其开拓创新，不断地满足当前人们的需求。

三凤桥除了售卖其闻名四海的酱排骨外，在近些年还积极扩展餐饮范围，吸收融合了大江南北的菜品，聘请知名厨师在其饭店为人制作各路美食，而且还结合时代发展，开发了商务快餐等迎合现代人生活节奏的餐饮形式，受到人们的关注。

三凤桥酱排骨进行了创新发展，对顾客需求进行深度挖掘，最终取得了成功。

七、潘高寿

（一）基本概况

潘高寿始建于清光绪十六年，作为广药集团核心品牌，主要生产止咳化痰中成药，是我国知名的老字号制药品牌。1890 年，潘百世、潘应世兄弟作为地地道道的广东人，在本地的高第街开设了潘高寿的前身药铺，名为"长春洞"。1920 年前后潘氏兄弟先后去世，产业便交由潘百世之子潘逸流和潘应世之子潘楚持打理。辛亥革命后，西医慢慢在国内兴起，百姓们对西药的追捧也使得传统的中药开始经营困难，导致很多中小型的中药店相继破产关门，长春洞药铺的生意也逐渐陷入困境。此时，长春洞新的掌门人潘郁生也马上意识到不能只靠传统的药来维持店铺运营，必须有所创新，随即便组织人手研制新药，力求可以让中药铺生意恢复往昔风采。

南方的天气湿热又闷，而且冷暖天气变化多端，人们容易患上伤风咳嗽等疾病。可是当时现存的治疗药物单一，疗效也不佳，于是潘郁生根据地域的特性，经过耐心钻研，他将具有润肺镇咳作用的川贝母和有祛痰作用的桔梗与枇杷叶一起熬炼，而且为了防止药物发苦而难以下咽，他特地在药液中加上香料和糖浆，将汤剂改为糖浆剂，结合西药制剂方法将苯甲酸等加入其中，使其可以保质、持久。终于在大家的努力下，研制出现今知名的产品——潘高寿川贝枇杷露。

党的十一届三中全会后，全国迎来新的一波建设热潮，潘高寿的企业规模也随之扩大。首先建立了其专属的制药车间，利用科学技术改造了厂房设备，将以土炉明火制药的模式升级为以蒸汽加热制药的模式，使工人们的工作量得到减小，也使厂房环境更加洁净，提高了生产效率。之后的潘高寿又不断地引入新科技，如改装原酊水糖浆灌装机为半自动化，使分装这个工序节约了大量时间。总之，潘高寿借着我国经济一片大好的形势，发展规模越来越大。

随着我国进入到现代市场竞争环境中，此时的潘高寿药厂遇到了另一个挑战，因为长期生产单一酊水糖浆制剂川贝枇杷露，潘高寿又陷入了困境。因为新的市场环境下，市场准入规则还没有完全建立，使得很多的厂家进入了止咳药的竞争中，这对潘高寿无疑是一种打击。曾经让潘高寿引以为傲的止咳糖浆出现滞销，人们纷纷传言"琵琶断弦"，可以看出，此时的潘高寿可谓一筹莫展。

为了应对市场现状的转变，潘高寿又开始了新的一轮创新。经过管理层研究，潘高寿决定分别针对小孩、老人等不同对象，热咳、寒咳等不同症状，研制不同类型和档次的潘高寿川贝枇杷露，扩展产品范围，于是其先后将祛风镇咳、除痰散结的蛇胆川贝液和润肺止咳、祛痰定喘的蛇胆川贝枇杷膏等产品打入市场。获得一众好评，然后潘高寿又借此机会加紧开发工作，研制出了鼻咽清毒剂、升血调元汤、炎热清等新产品，在短短几年的时间内分别将20多个新产品创立出来，大大提高了其市场占有率，使企业不再仅生产止咳药剂，扩展了药物制品的结构，呈现出多元化的趋势。

为了传承古老传统，潘高寿还将老字号产品川贝枇杷露重新开发，在原材料的配比和制作上力求更加完美，如针对川贝的特性，将传统的水煮法改为酒提法，制成川贝流浸膏，使有效成分充分释出，然后以半制品的形式加入药液，使止咳疗效更加显著。这也造就了潘高寿的产品永远不会过时的特点，使其老字号名誉得以传承下去。

现在的潘高寿已成为现代化、科技化、专业化的大型制药企业，将原有的手工作坊式生产模式彻底颠覆，使生产管理变得更有效率。在最近的全国企业绩效排行中，潘高寿在中国中药工业企业50强之内已占有一席之地。其多元化发展的战略模式也受到其他制药企业的纷纷效仿，就目前来说，潘高寿的药品有糖浆、煎膏、胶囊、颗粒、合剂五大剂型，100 多个品种，而且各个种类的药品畅销四海。

现在的社会鼓励科技进步为第一生产力，潘高寿也一直在践行，其制药、营销与科研同步发展，软、硬件都在提升。首先投资近 1.2 亿元全面更新改造位于番禺东升工业区的 5 万多平方米的现代化生产基地，其次与国家级科研所汉方中药研究开发有限公司以及广州拜迪生物医药有限公司合作，共同构建产、研科技平台，强化科研开发能力，不断提升产品的科技含量，随后大力引进高科技人才，在引进科学方式管理企业的同时研制新型药物，在当今经济大发展的环境下，潘高寿终于焕发出了新的光彩。

资料来源：春妮. 百年老字号潘高寿：传承品牌，驾驭未来 [J]. 名人传记（财富人物），2014（3）.

（二）长寿基因及启示

1. 借差异化实施品牌扩张

潘高寿不同于其他老字号的一点就是将品牌、商标、产品名称三者融合，使其品牌知名度更高，是其发展的优点。

因为潘高寿的技术和宣传优势，使其在全国同类药品竞争中占有价格优势，而且在我国药品市场中其同类产品较少，这使潘高寿可以更好地实施其经营战略和品牌扩张。

其具体的品牌扩张思路是以整合营销为主要模式，将产品销往全国各地，在此过程中最大程度上考虑现代人们的价值观，改善品牌包装和宣传语，将富有艺术感的设计思路融入老字号的文化内涵中，创新了其品牌的发展。

潘高寿主要经营的就是止咳系列药品，在近些年里又扩展领域到妇女、儿童系列用药及治疗肝炎、肾炎、胆囊炎等多种疾病的药物范围内，现在为止有五大剂型包含 100 多个产品。鉴于现在的公司状况和环境情况，潘高寿的领导层决定利用差异化战略来帮助企业发展，为了将独一无二的品牌特色传递给消费者，并且使消费者能接受，公司聘请优秀的广告策划者，然后大家一起苦思冥想，最终将"止咳专家"的名号赋予自身产品，并大力宣传，在其新的治疗咳嗽的药品上冠以这样的品牌形象。

2. 以品质树立企业品牌基础

作为一个老字号企业，而且是经营有关人们日常生活的药品的企业，潘高寿的产品质量在其经营过程中占有举足轻重的地位。生产药品一定要小心翼翼，万一出现纰漏，面临的后果是非常严重的，所以真材实料成了潘高寿药品的首要保证。此外，潘高寿也借鉴先进的科技，不断地更新生产设备使其产品可以最大程度上满足人们对质量的要求。2004年初，潘高寿引进德国调整全自动液体灌装生产线，填补了国内先进制药设备的一项空白。而且潘高寿还不断地提升其药品的治疗效果，推出了川贝GAP药材种植基地，引入指纹图谱技术进行中药质量控制。在最新的一项产品推出后，受到了很多人的推崇，因为潘高寿最新的产品在质量的保证下还满足了人们服用的方便性，使人们在方便携带的前提下，任何时刻都可以使用。

总之潘高寿在以市场、消费为基础的前提下，在材料的选择、原料的配方、科技的创新等方面不断寻求差异化，以求其产品可以保持行业的领先。

3. 百年诚信，助品牌屹立不倒

潘高寿的百年荣誉源于其治疗咳嗽的药品，也是其一直以来的竞争优势，从其建立的时候开始，潘高寿就一直在寻求其产品的有效性和科学性，为使自身的品牌得以发展，使自己的文化得以传承，潘高寿也的的确确做到了。历经百年风霜潘高寿一直坚持着自己的信念，终于在当今这个时代确立了其百年老字号的地位，人们在市场上也对其品牌有了更深的了解和认识，"止咳化痰找潘高寿"不仅是一句广告语，更成了人们日常生活中的常用语。

潘高寿一直在广东止咳市场中保持着最高的市场占有率。曾经的潘高寿为了扩展品牌影响，让产品走向全国，也进行了刻苦的努力，在保证产品本身的高品质外，还大力地搞好服务工作，聘请了止咳领域的专家为人们进行诊疗以扩展自身品牌影响力。除此之外，潘高寿将自身的诚信文化传统通过报纸等媒体扩散到全国各地，使消费者心目中形成一个定位，那就是"治咳百年，真材实料"。正是因为人们了解到了潘高寿百年品牌的魅力，所以在其将产品扩展到全国的过程中受到了人们的欢迎。

潘高寿的名号既有希望自身可以持续经营的夙愿，更重要的是其名号"高寿"对抱着信赖其"良药济世"的病人来说，是一种很大的精神慰藉。所以潘高寿也利用这一优势大力建设自身的品牌，使其品牌在成长过程中获得了人们的好评。

人们对潘高寿品牌的信赖程度是其在成长中最关注的一点，而潘高寿的"治咳百年，真材实料"的企业定位也是在此基础上确立的，因为经过多年的发展，潘高寿深知有稳定的顾客，才能有稳定的收入。所以对潘高寿来讲非常注重品牌诚信的建设。

潘高寿主要面向我国南方市场，正好与同仁堂分别掌管南方和北方的市场，其品牌文化也长期受到南方传统文化的影响，但这种影响从很大程度上帮助了其自身的发展，使这个老字号企业处处充满细腻的思想。可在现代市场竞争中，区域品牌往往会被动于全国品牌，很容易受全国性品牌的"市场渗透"，没有真正的竞争力。可以说正是这样的原因，才使潘高寿将品牌战略瞄准全国。虽然很难在短时间内将产品打造成为全国性商品，但是在深刻了解全国市场的基础上，潘高寿还是尽自己最大的努力将区域品牌在全国范围内打响，以分散局限性的风险。

"老字号是财富而不是包袱"，"老品牌需要不断刷新"，这是潘高寿现在的董事长魏大华经常挂在嘴边的话，可以看出潘高寿在其发展中并没有犯一些老字号经常出现的问题，如倚老卖老，不求创新。在潘高寿领导层的规划下，企业变老为新，保证了品牌的鲜活度。总之创新这一概念一直都指引着我国老字号的发展，而潘高寿也更是如此，在不断为品牌注入新的活力后，使其跟上了时代变化的步伐。

对品牌的创新归根结底也是对品牌的建设，虽然我国的老字号很多，而且中成药企业也不少，但是潘高寿一直在探寻市场的规律，以此来判断生产产品的趋向，然后再根据更具体的情况来进行合适的创新。

潘高寿的品牌创新还表现在其与其他企业的合作上，通过合作来集思广益进行新产品的开发，在潘高寿与美国 SUNSWEET 公司合作上，我们就可以看出。前几年潘高寿从美国引进西梅生产西梅精华素，来满足人们面对新形势下的保健需求，这使其品牌变得更加现代化，也从一定程度上帮助了其扩展品牌影响。

总之，潘高寿在建设自身诚信品牌的方面，引入了多种手段，而创新作为其中最突出的一项，成功地帮助潘高寿树立了自身的形象，我们会看到这个百年老字号在发展的道路上越走越远。其实从根本上来讲，潘高寿"止咳专家"的品牌形象推广是借用了现代管理理论中的"概念营销"这一手段。在市场上，"概念营销"这一方法造就了很多的产品的成功，而潘高寿正是灵活运用了这一概念，使其"治咳百年，真材实料"的口号可以深入到每一位消费者的心中。

八、冠生园

（一）基本情况

1915 年，冠生园由冼冠生正式创办。冠生园是中国食品工业中非常著名的企业，距今已经有 105 年的历史，是一家百年老字号名企。冠生园的企业发展史要追溯到 1903 年，冼柄生在他 16 岁的时候孤身一人来到上海当学徒，以叫卖蜜饯、干果、瓜子等零食起家。在经过很多坎坷和磨难后，他不怕苦不怕累，靠着自己的勤劳双手，终于开了一家食品小店，并改名冼冠生。冼冠生是广东人，他在上海开的小商店的名字就是现在大名鼎鼎的冠生园，这家小店主要以销售糖果、蜜饯以及各种各样的糕点为主。1933 年，冼冠生带领企业其他部门的负责人去了日本，目的是参观学习，不仅学习他们先进的技术，还要学习他们优秀的生产经营理念，取其精华，化为己用。通过参观学习，以及自己积累的经验，他从中得到了启发，在他的指导下，冠生园陆续研发出了杏华软糖、鱼皮花生等受消费者青睐的产品。这些新奇的小零食在当时的中国是首创，好玩有趣又好吃的零食很容易地赢得了广大消费者的喜爱，不仅限于国内，甚至还销往了东南亚的各个国家和地区。令人欣喜的是，2002 年冠生园旗下的"大白兔"还与零售销售巨头沃尔玛签署了协议，进行合作并成为其糖果供应商。

冠生园的继续壮大还要归功于冼冠生的商业头脑。冠生园十分注重宣传，通过诚信经营，大力宣传，冠生园成为了上海极具盛名的企业，又在南京、武汉等地陆陆续续开了十几家分店。如今的冠生园公司是一个中外合资企业，是由光明食品集团与国际跨国公司中信资本共同投资的，分别占股 55% 和 45%。冠生园的总部在上海市中心，生产基地也主要集中在上海。冠生园除了自身是中国驰名商标以外，更是拥有像"大白兔"这样的中国家喻户晓的品牌。大白兔的牛奶味醇正浓厚，且健康有营养、老少皆宜等优点获得了一大批消费者的喜爱与支持。此外，还有佛手牌鸡精、酱油以及调味品等有名的产品。1956 年进行公私合营，冠生园蜂蜜成立了，到如今 65 年过去了，冠生园蜂蜜在经历了大风大浪后依然坚挺，牢牢占有它的市场份额，在蜂蜜产品的领域屹立不倒。在中国蜂蜜的市场上占有极大份额，而上海市场销售的蜂蜜产品中，冠生园蜂蜜一直保持着一半以上的占有率。为了打造更加优质的产品，冠生园集团不满足于现状，特地成立了科研机构，并且是市级的科研技术中心，取得了国家实验室检验资质的认可，通过技术科研人员的不断努力和创新，到目前为止冠生园拥有很多的技术发明专利。

资料来源：韩健. 冼冠生早年事迹述略 [J]. 佛山科学技术学院学报（社会科学版），2017（1）；陈正卿. 创建冠生园的食品大王冼冠生 [J]. 上海档案，1998（1）.

（二）长寿基因及启示

1. 质量为王，技术作为支撑

冠生园之所以能够取得巨大的成功，离不开其对质量的严格把控，冠生园一直将质量看作是产品的生命。冠生园注重细节，无论是从原料的初始采购，还是最终的生产，每一道环节都严格按照质量标准体系的要求来做。冠生园蜂蜜是精选天然的蜂蜜，经过了五重加工精制而成的一种纯天然食品，保证无人工添加剂。此外，冠生园公司的质量检查小组还会进行抽查，通过实验室中的各种精密仪器，对原料的多项物理化学指标进行仔细全面的检测，并且对每一批样品出具报告存档，这样就能够确保产品的质量是优质的、安全可靠的。冠生园为了能够更好地生产符合消费者需求的精良产品，成立了自己的技术中心，冠生园的检测中心拥有国家级的实验室，不论是糖果、面制品的生产设备，还是冷冻食品的生产流水线等，目前均已经达到了国内领先、世界一流的水平。

2. 诚信经营，注重品牌建设

冠生园自身是中国驰名商标，还拥有多个上海市的著名商标。在一百多年的发展史上，冠生园十分"洁身自好"，不做有损品牌的事情，诚信经营，质量取胜，冠生园的产品获得了消费者的喜爱与称赞。以小见大，冠生园从一家小店发展到如今的集团公司，给了现在的所有企业以启迪。

首先，企业要力求自创品牌。我国的知识产权方面的专家同意这样的观点，即商标的专用权其实是企业进行竞争的重要利器。如果企业想使自身的信誉不被损害，就要力求拥有独立的企业字号，即我们所说的商标专用权。然后，企业在创立自己的品牌之后，保证自己的产品质量，才能维护自己的信誉，才能获得更多消费者的喜爱，赢得市场不断地壮大。

3. 团队力量，发展企业文化

冠生园十分重视企业的文化建设，企业文化能够在很大程度上彰显企业的个性，并且引领着企业发展的方向。随着冠生园集团公司的持续发展，它的企业文化的内涵也随之增加。冠生园用企业文化来鼓励企业的员工一直保持热情和斗志，进而推动企业经济的发展。冠生园的全体员工遵循着"忠诚、热情、团结、进取"的企业文化，在进行科学管理的基础上不断地巩固自己独具一格的企业文化，培养出一大批忠于企业、以企业利益为先的技术、市场以及管理方面的人才，并且以此确定了核心竞争能力与市场的竞争优势。冠生园的成功也被作为MBA 的经典案例被各大高校学习和分析。

第三篇

长寿基因：领导与人才

企业的领导与企业的兴衰有着密不可分的关系，一个强大的领导者往往能塑造并传播一种前景，为企业的发展指明方向。领导不仅仅是企业发展的领头人，其自身更要具备高水平的素质与美好的品德，古人常言："将者，智、信、仁、勇、严也。"当企业陷入困境时，领导者应能以其杰出的经营管理能力来推动企业的变革，力挽狂澜，带领企业摆脱困境走上正轨。本篇所提到的乐仁堂制药、天津耳朵眼炸糕、赖汤圆、鼎丰真这几家企业，正是因为拥有杰出的领导者，才让企业得到了长足的发展。

企业间的竞争说到底还是人才之间的竞争，一个企业所拥有的人才的数量和质量直接关系到企业的兴衰。在现代企业管理下，盘活人才，实施人才经营战略管理是十分重要的工作。老字号企业经过百年沉淀，拥有优秀的企业文化、独具特色的产品，当前最需要的就是通过人才让企业焕发活力。随着知识经济的发展和技术进步，百年企业也要更上一层楼，只有做好人才的开发与管理工作，才能让百年企业永远立于不败之地！

第六章　领袖

一、乐仁堂制药

（一）基本概况

提起中国传统医药行业著名的老字号，就不得不说说天津市乐仁堂制药厂了。乐仁堂是中国传统医药行业 22 家重点企业之一，目前隶属于天津中新医药集团有限公司。乐仁堂的主要经营范围包括片剂、颗粒剂、胶囊、糖浆剂、合剂等 150 多种产品。其中，独家产品 36 种，中药保护品种 6 种，国家基本药物目录 19 种，国家医疗保险目录在录 67 种。[①] 天津乐仁堂制药厂一直秉承"炮制虽繁必不敢省人工，品味虽贵必不敢减物力"，坚持"乐在当世，仁及子孙"的理念，用优质的产品回报社会。

虽说天津乐仁堂与北京同仁堂原本属于一脉，但两家药铺在产品、经营模式、生产方式上又各有特点。1930 年，闻名清史的乐仁堂传人乐佑申先生集 9 万银圆，在寸土寸金的天津梨栈（今和平路）开设乐仁堂总店，担任经理，并在集秀贯锦的估衣街设立分店（1935 年迁至东马路）。

20 世纪 30 年代，乐佑申在太原、石家庄、保定、开封等地先后投资设立了 8 个分厂、一个制药厂、一个鹿囿，总资产约 55.4 万元。乐仁堂在技术方面不断创新，改变剂型、改进提取方法，让药物更易于服用的同时也提高了药品疗效。乐仁堂药厂开创了中成药先河，率先采用萃取工艺制取浓缩水蜜丸，为乐仁堂的

---

①　中新药业天津乐仁堂制药［EB/OL］. https：//wenku. baidu. com/view/48f3e9d476eeaeaad1f33010. html，2015 – 05 – 10.

发展指明了方向。①

乐仁堂以药品质量为立足之本，在药品的制作流程和管理上力求严谨。乐仁堂的产品由总行集中加工，各分行负责销售，且药品的生产流程也受到严格的监管。这些药品不仅满足京津地区的需求而且在其他地区也十分受欢迎。除了生产和经营高端中成药和中药材，乐仁堂还满足了人们对廉价药品的迫切需求。公司以满足百姓用药需求为发展愿景，赢得了社会各界用户的信赖和欢迎。

乐仁堂有着优越的地理位置，药品疗效好，服务热情周到，生意越来越红火。20 世纪，已经繁荣了三十多年的乐仁堂在党和政府的政策扶持下，再次发展起来。1979 年 5 月，为了缓解货源紧张问题，满足供应，乐仁堂恢复了前店后厂的经营模式。20 世纪 70 年代末，乐仁堂生产的中成药多达 63 种，生产药丸数量超过 29 万粒。20 世纪 90 年代初，又增加了 30 种畅销药物。② 1990 年，乐仁堂重新装修了店面，为顾客带来了更好的购药体验。

乐仁堂销售额连年递增，利润大幅度上升，以信誉和质量赢得了顾客，取得了良好的社会效益和经济效益。

资料来源：徐亚静. 中新药业：将创新进行到底［N］. 中国医药报，2013 - 06 - 06；常怀仁. 常怀仁心有善术，乐为天下谋健康——中新药业天津乐仁堂制药厂［J］. 环渤海经济瞭望，2014（8）.

（二）长寿基因及启示

1. 善于包装宣传的营销技法

1930 年 4 月 28 日，乐仁堂两家店同时开业。乐仁堂邀请了傅连成班剧团及荀慧生、关大元等著名演员到天津演出，并在《大公报》《天风报》等各大报纸刊登广告，气势磅礴，震撼全城。

2. 独具特色的经营之道

乐佑申先生留学法国，主修商科，对企业管理有自己的见解。他结合自己所学，改革乐仁堂的生产经营模式，带领乐仁堂摆脱前店后厂的经营方式，并成为早期中成药制造企业。从此，乐仁堂一直秉承真诚、诚信经营的方针，在药材使用和人员使用等方面独树一帜。

（1）乐佑申采用大环套小环的方法，雇佣关系亲密的家人或朋友。乐佑申用这种方式让员工自我约束，假如职工在工作或语言上有过失，会牵扯到亲友，

---

① 天津乐仁堂中成药/中药材 - 品牌故事［EB/OL］. http：//control. blog. sina. com. cn/myblog/html source/blog_ notopen. php？uid = 1770537492&version = 7&x，2012 - 10 - 20.

② 明清民国时期北京中药堂号的历史沿革［EB/OL］. http：//news. guoxue. com/article. php？articleid = 15182，2008.

轻者受责，重者被开除，因此职工都会自觉遵守规矩。

（2）乐仁堂重视提高员工福利。乐佑申改善伙计们的伙食，提高待遇。乐仁堂后勤工作人员的工资是在固定工资的基础上，根据每日的销售额，按标准发放提成，由专人负责按月汇总结算。售货员的工资，根据每个人的售货量进行统一结算和提成，每月统一发放，乐仁堂伙计的工资不比同仁堂、达仁堂少，从而大大提高了职工工作的积极性。

3. 分工负责，服务质量上乘

（1）内柜内需配备两名年纪较大、经验丰富的员工对所抓的药进行检查，加盖本人印章后才能打包计算价格，交给客户。

（2）外柜有一个人负责接待。每一位光临本店的顾客，无论什么身份，都给予热情的接待，并提供药品咨询。

（3）乐仁堂设有参茸专柜，专职人员负责管理。有欲购买者，由内检柜陪到后柜客厅，由专业技术人员逐一放药进行介绍。

（4）善于用人。在乐仁堂药店工作的每个人都必须了解一些药理学知识，如阴阳、解毒、十八反等基础知识。一些有丰富的中医知识的老员工，被称为"药斗子"。乐仁堂热情周到的服务深受客户欢迎。为了吸引顾客，乐仁堂在太原开业时，所有柜台的店员都很严谨。他们精力充沛，谈吐流利，有丰富的商业经验。乐佑申为人平易近人，关心员工。乐佑申从不给任何人真正的权力，无论哪个部门或个人都只能遵守其制定的管理办法及店铺规章制度。

4. 注重质量，保持良好信誉

（1）乐仁堂的良好口碑传遍了大街小巷，这与乐佑申对药品质量的严格把关是分不开的。乐仁堂的主要经营模式是前店后厂，有药物室、北刀室、南刀室（料品室、酒窖附药店）和精品料品室，由各部门有经验的人员管理和负责。药房负责丸、粉、膏、丹、药酒等成品药的制作。药材室主要为精品药材的配制及库房销售储备牛黄、麝香、灵芝、羚羊角、燕窝、珍珠、藏红花等名贵药材。北刀房负责切各种片剂和水丸。南刀坊邀请了南方的工匠，他们用自己带来的先进工具切割精美的饮片，如明天麻、元胡索、半夏等。乐仁堂的药品选用正宗药材炮制，经过精细加工，成品薄如纸，光洁润泽。每斤药材的原料只出三两的成品，其余的损失退给原料，用于分配各种药材。乐仁堂药店的工作人员牢记先人的教诲："炮制虽繁必不敢省人工，品味虽贵必不敢减物力。"

（2）高质量的产品。乐仁堂用优质原料制造药酒，生产工艺严格。这款酒来自于京东的精酿谷物酒，每年的订购量达数千斤。秋天之后，它将被船运到京东。为了确认是否是纯正的标准酒，服务员先将酒倒在茶碗里一小会儿，然后用火进行测试，确认是否符合标准。用精酿谷物酒制成的药酒，加以纯正的药材，经过铜器蒸煮和各种加工，装瓶出售，香气扑鼻，疗效显著。

（3）不断创新。乐仁堂积极改进药品提取和制作技艺，生产出独一无二的产品，既使药物易于服用，又提高了疗效，让乐仁堂迅速成为同行业中的佼佼者。

二、天津耳朵眼炸糕

（一）基本概况

天津耳朵眼炸糕餐饮有限公司是一家专业生产炸糕食品的企业。其炸糕被誉为"天津三绝"之一，与狗不理包子、十八街麻花一同享誉海内外。

耳朵眼炸糕老字号由其创始人刘万春创建于清光绪十八年（1892年），至今已有128年的历史，耳朵眼炸糕选料精、制作细，风味独特，物美价廉，在炸糕同行中品质较好，赢得"炸糕刘"的美誉。由于该店位于天津北大关东侧一条狭长的"耳朵眼胡同"旁，广大食客传颂"耳朵眼那儿的炸糕真好"，传久了，便谐称刘记炸糕为"耳朵眼炸糕"。美誉不胫而走，生意持续兴隆。以前炸糕店靠近估衣街和针市街上的染料庄、当铺、银号、布铺、鞋帽店，每当富户或百姓人家办喜寿事之时，就会提前预约购买炸糕，借"糕"字谐音"高"字，取步步高、发财之吉意。炸糕美好的寓意让耳朵眼炸糕店生意蒸蒸日上，炸糕店逐渐显露了名声。

改革开放以后，耳朵眼炸糕得到了迅速的发展。1978年，天津市饮食公司正式命名其为"耳朵眼炸糕店"。1983年，全国政协副主席、工商联主席胡子昂先生欣然命笔为耳朵眼炸糕店题写了店名。1989年，耳朵眼炸糕店被商务部评为优质食品并获得金鼎奖，1997年被中国烹饪协会命名为"中华名小吃"。随着品牌战略的实施，耳朵眼炸糕形成了系列品牌化、生产机械化和营销网络化。耳朵眼炸糕店致力于扩大规模和提高实力，集小吃、快餐、餐饮、住宿、食品行业于一体，逐渐发展成了大型综合企业。

耳朵眼炸糕是天津市政府招待外宾和国家领导人的指定食品。刘少奇、朱德、彭德怀、金日成、西哈努克等诸多领导人、贵宾品尝后都对其评价极高。1987年，耳朵眼炸糕在天津群星杯食品大赛中荣获特等奖，1989年被商务部认定为优质食品，荣获金鼎奖①，1997年被中国烹饪协会命名为"中华名小吃"。

（二）长寿基因及启示

刘万春作为耳朵眼炸糕的创始人，制作的炸糕色香味俱全，做工细、味道

---

① 耳朵眼炸糕［EB/OL］. http：//fun. hudong. com，2010－01－20.

好、口感妙，物美价廉，名气越来越大。但是仅凭卖炸糕这一条路是没办法让耳朵眼炸糕店走向大天地的。

宝轩集团在2012年8月决定收购耳朵眼炸糕。总裁范国忠不仅看中了耳朵眼炸糕的商业价值，还源于其对老字号的情怀，看好老字号所拥有的爆发力。

收购完成后，范国忠为耳朵眼制定了"三步走"发展战略，即创办清真宴头等舱——耳朵眼会馆（高端）、炸糕小铺子（即食外带）、早餐（快餐）三个品类，做出差异化。此外，为了将"小产品"做出"大市场"，迫在眉睫的是形成产业化、规模化和标准化。公司先后在天津市西青区购置了两块土地，总面积近100亩，用于食品加工的生产。同时，还购置了现代化的设备生产炸糕，组建技术研发团队，除了将炸糕进行规模化生产，更拓展了炸糕的产品种类。

范国忠想打造一个"经典"，让价值驱动价格。范国忠认为，高端餐饮市场需求依然很大，虽然政务宴没有了，但商务宴却越来越多。要抓住高端人群的真正需求，就要做品质深挖，做工匠餐饮。无论哪个行业，提升价值的根本是品质的沉淀。耳朵眼会馆除了做零点，也做品质宴席、定制服务，抢占高端宴席市场，最终把耳朵眼推向"大市场"。

提高顾客转化率也是耳朵眼的一项重要工作，在耳朵眼旗下的各个餐厅，总能让人眼前一亮，范国忠把从全世界购置来的古董家私呈现在顾客眼前，提高餐厅的视觉品位，营造良好的文化氛围，让顾客不仅能饱口福，也能饱眼福。

在耳朵眼，每位基层员工都是品牌的宣导员，每位员工都把耳朵眼当作自己的家。逢年过节范国忠总是会去各家店看看，为员工送上节日礼物，他相信真心才能换衷心。在店里的"文化宣传园"，总能看到"英雄榜"。这些"英雄"是店内普通的基层员工，他用身边的人来激励基层员工，使团队氛围始终是积极向上的，并传递给顾客。

好的管理者不仅会运营公司，更会鼓舞人心，炸糕软、糯、甜，范国忠把这份软糯甜送到了顾客手里，也送到了员工心里。

三、赖汤圆

（一）基本概况

赖汤圆创建于1894年，是成都著名小吃。赖汤圆外皮洁白软糯，香甜油重，营养丰富，迄今已有百年历史，一直保持了老字号名优小吃的质量。从1984年起，老板赖源鑫就开始在街边卖煮汤圆。他制作的汤圆煮时不烂皮、不露馅、不粘汤，不粘筷子，不粘牙齿，不粘嘴，光滑香甜，成为成都最著名的小吃，因此以他的姓来为汤圆命名。

起初，赖汤圆只是一个可以容纳几十人的小餐馆，在改革开放之后，百废俱兴，餐饮业也开始了市场化，为了使汤圆也有可能实现商业化生产，在保证质量的前提下，赖汤圆开始摆脱传统的商业模式，用走向市场的经营思路。因此，赖汤圆有限公司开始生产和销售以"赖"为品牌核心的 10 多种汤圆芯，包括豆沙、番茄、巧克力、黑芝麻、玫瑰等，"赖汤圆"的商业化生产迈出了第一步。1998年赖汤圆被商务部授予"中华老字号"称号。从最初沿街叫卖到如今年销售额超过 2000 万元且有一定规模的商业化生产企业，这是赖汤圆管理理念和管理策略的成功实践，也是赖汤圆企业的成功。

如今，赖汤圆已经经营了 120 多年，生意依旧火爆，汤圆芯经常供不应求，年销量 300 万公斤，甚至远销海外，深受人们喜爱。1990 年 12 月，赖汤圆又被成都市人民政府命名为"成都名小吃"。

（二）长寿基因及启示

1. 创始人的个人素质

一个企业的成功在很大程度上取决于创始人的个人素质，作为赖汤圆的创始人，赖源鑫有着大多数成功企业创始人所拥有的优良品质。

（1）勤奋。赖源鑫，生于清光绪二十六年（1900 年）二月十九日，四川资阳县东峰乡三元村人。打小便成了孤儿，无依无靠，生活穷苦。小时候经历了其他人所没有的苦难，有一次差点被"放河灯"（一种古老的酷刑）。只有懂得了生活的艰辛，才会更加努力。他每天很早就起床，非常勤奋。

（2）诚实。赖源鑫举目无亲，靠给别人打零工生存，日日住在阴冷潮湿的城隍庙里，生活十分艰难。有一次一户富裕人家的老太爷去世了，赖源鑫为死者换衣服，主人看他可怜，就把死者的旧衣服送给了赖源鑫，他将衣服带回城隍庙，但他在衣服口袋里发现了一枚祖母绿戒指。第二天，他把戒指还给了失主。失主觉得他很诚实，就给了他两法币。

（3）有眼光，善于思考，能抓住机会。当时城隍庙里住了几十个无家可归、吃了上顿没下顿的下力人，赖源鑫打起了算盘，他谋划着去卖汤圆。他在东门城墙附近租了一所老房子，买了一副担子、一个砂锅、一袋米粉和白糖油，做起了汤圆生意。

赖源鑫刚开始经营汤圆生意，主要以干苦力活的人为对象，他在一个"早"字上下功夫，天不亮就把担子挑出门。一到地儿，他就扯起嗓门大喊："卖热乎汤圆,又大又香的汤圆!"因为他本人就姓赖,人们就干脆叫他"赖汤圆",慢慢有了名气。那些挑夫走卒早晨去下苦力前要先填饱肚子,赖汤圆不仅卖得早,汤圆又大又好吃,价格也便宜,所以生意很好。

(4)注重宣传。为了保住品牌,赖源鑫和刘双全商量,干脆做个亏本生意,把汤圆的品质提上去,用质量传名声。刘双全和店里的工作人员反复试验,好吃的汤圆要用鸡油包,一碗汤圆最好有多种口味,让顾客能尝个鲜。既然打定了主意,就不要怕花钱。"鸡油四色饺"是改良后的新名称。赖源鑫在华兴中街附近的鸡鸭鱼市场包下了宰杀后的鸡油。每天派伙计收购。他把鸡油作为汤圆的主要原料。四色汤圆是冰橙皮、枣泥、玫瑰、附油桃仁,一碗四色,细腻灵动,香甜美味,每一碗都配有一盘甜芝麻酱来开胃。改良的汤圆新品种推出后,深受成都食客的青睐,吸引来了络绎不绝的食客。等着吃汤圆排成的长龙成了赖汤圆的活广告,外地人都来品尝,从此,赖汤圆名扬天府。

(5)善于创新。初期,赖汤圆以鸡油汤圆而闻名。之后有了更多的品种,如黑芝麻、红豆沙、芋蓉、椰丝等十余种馅心,其外形也各有不同,美味又具创意。赖汤圆店还提供白糖、芝麻酱等作为味碟,供客人蘸食,许多食客慕名而来,生意兴隆,一时间赖汤圆名满蓉城。现在的赖汤圆,依然是汤圆界的翘楚,成功的秘诀源于赖源鑫。

2. 创始人订立的三条规矩

赖汤圆店历久不衰,得益于创始人订立的三条规矩:一是把利润看薄一点,二是对顾客好,三是质量要比别人好。赖汤圆店的粉磨得很细,糖和芝麻炒的功夫深,做出来的汤圆回味无穷。加之赖源鑫对客人热情相待,大家都喜欢到赖家铺子吃汤圆。

3. 赖源鑫的三个战略

赖汤圆店能够实现商业化还得益于三个战略:

(1)"工商联合",实现规模化生产。汤圆上市售卖后,以其品质优良、干净卫生、携带方便、价格合理等特点深受消费者喜爱。"赖"牌汤圆采用水墨吊浆工艺,但这种工艺生产出来的汤圆含水量大,容易变质,如果要烘干就需要烘干设备,而当时赖汤圆还没有这么大的投资能力。因此,在当时,赖汤圆无法同时向市场供应汤圆芯和汤圆粉。为了解决这个问题,赖汤圆与面粉厂建立了合作关系,制定了汤圆粉的生产工艺要求和技术指标,利用面粉厂的先进设备,生产出高品质的"赖"牌袋装水磨粉。汤圆芯、汤圆粉的配套生产,开创了赖汤圆店商业化生产的新局面。"赖"牌汤圆芯、汤圆粉开辟了巨大的市场,"赖"牌加工生产也走上了规模化、专业化的道路,实现了从手工加工到机械化生产的转变。

（2）"商商联合"，拓宽销售渠道。工商联合后，产品的产量提高了，赖汤圆把发展的重点放在了外地市场。他们采用分红、批量供货等形式，在省内外几个城市设立专门销售点，建立营销网络。同时还参加各类食品展览会，积极开展促销活动，努力扩大产品的市场份额。

如早在 1986 年末，赖汤圆店就与北京华厦贸易公司联合在北京王府井大街举办了为期两个月的"成都名特汤圆芯、汤圆粉展览会"。"赖"牌汤圆芯、汤圆粉在首都市场一露面，就以其"细、稠、白、甜、香、酥、润"的特色与北京的汤团形成了鲜明的对比，赢得了消费者的喜爱，成了那年首都市场上的抢手货。目前，"赖汤圆"线上销售战略也在有序进行着，其汤圆芯、汤圆粉不仅在市内畅销，还销往乌鲁木齐、兰州、重庆、武汉、青岛、昆明等国内 20 多个大中城市，并有部分产品远销国外。

（3）"农商联合"，寻求优势互补。在"赖汤圆"实行大规模食品化生产的过程中，汤圆粉的保质和产量是发展中面临的问题。经过探讨，1995 年，赖汤圆决定建造一座自己的汤圆粉加工基地，生产高质量的汤圆粉。基地与农民一起发展立体农业、高效农业，一起探索种植优质水稻的新技术，保证了汤圆粉原料的供应，带动了当地经济的发展。①

四、鼎丰真

（一）基本概况

长春鼎丰真，创于清末，成于民国。自先贤开鼎丰真之宝号，茶、饼、糕点一应俱全，种类渐丰，招牌日盛。究竟其盛者，有其三：真品，真味，真诚也。真品者，用真料，做真正好食，真味者，美味传四海，入人心；真诚者，待客用真诚，用真情。

信为先，品为本。一言九鼎，天下皆丰。此乃鼎丰真之训诫也。

"鼎丰真"是长春鼎丰真食品有限公司的注册商标。1911 年，王信瑞在长春市商圈大四路交汇处创办了鼎丰真大型作坊。"鼎"是一种古老的炊具，它有三足，象征着生意兴隆；"丰"是丰收的象征；"真"字标志着真诚、以诚为本的经营理念。长春鼎丰真正宗糕点已有 60 多年的历史，风味独特，驰名中外。其

---

① 王玲．"挑"出来的大市场——记"赖汤圆"的商品化生产之路 [J]．中国商办工业，2002（5）．

中最著名的有沙琪玛、冰蓼花等。王信瑞制作的鼎丰真糕点注重品质、信誉、品牌效应。在材料的选择上，从不放过每一个加工过程。不仅要注意口味，还要注意造型。东北沦陷时期，王信瑞因健康状况不佳，将管理权交给了继任者。但继任者的管理不善导致了罢工，工厂陷入了萧条。

鼎丰真有了新的发展是在1948年之后。1956年实行公私合营，鼎丰真的发展走上了快车道。鼎丰真食品店共三层，营业面积1100平方米，实现了半机械化生产，年产量达1130吨，产量翻了十番。

特别是改革开放以后，鼎丰真得到了长足发展。20世纪80年代，在政府的支持下，营业面积2400多平方米，现有员工近200人。鼎丰真销售的糕点达100余种，且前景光明，备受欢迎，尤其是奶油蛋糕、芙蓉蛋饼与八大件、京式月饼更是人人说好。2004年，鼎丰真实行股份制改革，在继承传统工艺和文化的基础上，职工入股进行了股份制改造，百年鼎丰真向现代企业制度开始迈进，重组成立了长春市鼎丰真食品有限公司。

鼎丰真人用勤劳的双手和聪明的头脑，用美味的面点和正直的品格，创造了百年品牌的璀璨夺目，"货真价实"的理念深入人心。鼎丰真被商务部评为首批"中华老字号"企业，公司董事长宋亚坤荣获第三届"吉林优秀女企业家"荣誉称号。

（二）长寿基因及启示

1. 自觉传承文化

鼎丰真在吉林特别是长春家喻户晓。鼎丰真始建于1911年，老板王信瑞善良、勤奋、热情。刚开始创业的时候，他经常帮助有需要的人，比如被客栈拒绝的生病的老人。糕点坊之所以生意兴隆是因为王信瑞的善良和在业界的良好口碑。注重质量和信誉的鼎丰真糕点，一时间火遍长春。

现代社会物欲横流，很多商家都被金钱蒙蔽了双眼。然而鼎丰真在赚取利益的同时，永远不忘作为一家老字号企业所承担的责任。企业是一把双刃剑。如果不能很好地控制，就会朝着反方向发展，最终对社会和经济发展造成负面影响。鼎丰真历经百年沉淀，深知自己的责任所在。

2. 企业的传承

鼎丰真承载的不仅是几代人历经的风雨阳光、酸甜苦辣，更是经过公私合营、改革开放的时代变迁。不管是否在风暴的激荡中，它的曲折与沉浮已成为时代变迁的重要缩影和经济发展的独特视角。

首先，是体制上的转变。鼎丰真注册成立鼎丰真食品有限责任公司，制定了公司的章程，设立了股东大会、董事会、监事会，从根本上改变了鼎丰真的经营模式。根据现代企业的特点，公司实行总经理高级管理人员聘任制度。董事会从市场中选拔鼎丰真总经理候选人，总经理候选人应拿出一定数额的个人财产作为风险抵押金来管理鼎丰真，与企业签订合同，明确考核指标。

其次，人才的选拔和培养。鼎丰真改制后，把许多在企业陷入困境时流失的老技术人员请回来，把他们当作企业的主人参与到企业的发展中。同时，每年招聘相关专业的年轻高校毕业生，分配到各个岗位上，鼎丰真的高水平员工比例逐年增加。

最后，鼎丰真以市场为导向进行了制度和模式的改变。鼎丰真根据现代人的饮食习惯，开发了西式糕点、西式面包、西式蛋糕等系列食品，以及无糖、木糖醇、低糖、粗纤维等系列食品。鼎丰真投资 2000 多万元，收购了原吉林省实验宾馆；此外，还收购了长春市禽蛋总公司公司和长春冰果厂，投资 5000 万元将冰果厂建成生产基地，并充分利用了长春鸡蛋公司。鼎丰真拥有 6000 吨冷库的库容和铁路编组站的运输能力，速冻产品产量逐年增加。目前，鼎丰真旗舰店已成为重庆路的一大亮点。

3. 鼎丰真重视诚信建设与创新

百年鼎丰，见证历史，记录历史，也创造历史。鼎丰真与时代共兴衰。经过几代人的辛勤劳动和努力，他们用自己的勤劳和智慧让"鼎丰真"成为了真正的金字招牌。凭借着"信为先，品为本，一言九鼎，天下皆丰"的训诫和坚韧不屈的精神创造了鼎丰真的百年业绩。

从无到有，经过几代人曲折的探索，在近百年的发展中，鼎丰真立足于"商惟真"，始终不渝地践行着"鼎丰真"三个字的丰富内涵。伴随着坚持和创新，在新时期的发展中，鼎丰真越做越大，越做越好。进入 20 世纪八九十年代后，鼎丰真开始在月饼市场占据大量的市场份额，成为长春市的商业领跑者。当中秋节来临的时候，人们都喜欢去鼎丰真买月饼，与家人分享这一份甜美。

鼎丰真生产的月饼从不加防腐剂，不提前生产好囤货，就算在中秋节也是如此，边做边卖。在长春，如果想吃新鲜出炉的热月饼，你只能去鼎丰真。

2004 年以来，鼎丰真积极推进现代企业制度改革，为企业注入新活力，在传承传统文化的基础上又加入现代元素，让鼎丰真这个百年老企业重新迸发发展活力。

百年鼎丰真见证着历史，记录着历史，也创造着历史。鼎丰真的成功，说明企业来自社会，也必须回馈社会。鼎丰真以身作则，号召全省其他老字号企业在承担自身社会责任的同时，也承担起弘扬优秀传统文化的责任。100 多年来，鼎丰真不仅为客户创造了价值，为员工创造了福利，为社会创造了财富，更是为行业树立了标杆，为国家赢得了荣誉，为子孙后代传承了文化。

第七章　人才

一、福源馆

（一）基本概况

福源馆坐落在吉林繁华的河南街上，主营茶水糕点。采用前店后厂的生产模式，始建于1628年，距今有近400年的历史。崇祯元年（1628年），一位名叫"茶水张"的老人在松花江的码头附近开了一家小杂食铺，卖茶叶、油茶、米条和其他糕点。由于所处地理位置优越，食客络绎不绝，生意兴隆，始立字号"埠源馆"。

康熙二十一年，相传康熙东下吉林。有一天乘龙舟郊游，中午，侍从端上了上佳的埠源馆糕点。圣祖惊喜："此饼工艺精湛，香味四溢，实为珍品。"圣祖即兴挥毫，写下《松花江放船歌》，埠源馆因此名声大震。

雍正六年，埠源馆已有百年之久。当时，民间流传着这样一种说法："埠源馆，宴神仙，神仙宴后懒为仙。"

乾隆十九年，乾隆皇帝携太后和大臣到吉林祭祖。据说，由于长途跋涉，许多祭品已经发霉了。乾隆下令"所需贡品由埠源馆提供"。

道光三十年，有个叫"俊六"的人，是京城里的富商，看中了埠源馆，然后投资扩大经营。为了招财进宝，埠源馆改名为"福源馆"并扩大前店后厂的规模，生产各种各样的糕点，同时售卖香肠、火腿、泡菜、茶、瓜果、山宝和人参鹿角等，开创了订单售卖、上门服务等生意形式，后又在吉林开设了两家分店。

"中秋月亮圆又圆，福源馆月饼香又香。"福源馆月饼制作工艺精湛，品种繁多，配方独特，用料考究，质量上乘，口味香甜。每年的中秋节前夕，关东皇宫内外，从普通百姓到皇室家庭，都专程到福源馆购买月饼。这个传统一直延续到今天。

东北沦陷时期，日本人垄断了糕点、糖果、酱油、酒业、粮油等工业，一度被切断原料供应的福源馆多次濒临破产。在国民党时期，由于掠夺和苛捐杂税的加剧，老百姓的生活更加困难。福源馆被劫掠，勉强维持生计，百年老店名存实亡。中华人民共和国成立初期，国家对民族工商业实行公私合营，吉林许多食品企业与国有食品企业合并。因为福源馆是一个历史悠久的企业，国家允许其独立运作，这不仅反映了党和政府对福源馆的特别关注，也反映了这个三百多岁的老品牌在人民心目中的重要性。

"文化大革命"期间，福源馆遭受了巨大的损失，不仅生产和经营不能正常进行，甚至它的名字也受到了侮辱。20 世纪 90 年代末，福源馆受到经济改革和管理不善的影响。资不抵债，陷入了困境。直到 1999 年，杰出的女企业家宋亚坤掌管福源馆，才使其重新焕发了生命力。

1993 年，福源馆被国内贸易部认定为"中华老字号"食品企业。福源馆经过数百年的发展，已成为一个集多元化经营为一体的大型企业集团。近年来，福源馆发生了巨大的变化，生产经营规模和品牌认知度有了飞跃式的发展。福源馆是中国食品烘焙行业的知名企业，是吉林省食品行业的骨干，是弘扬民族传统技术的榜样，是烘焙食品行业的摇篮和基地。

福源馆以传承中国传统饮食文化、振兴民族食品产业为己任，致力于打造国内领先的工商食品企业。公司占地面积 15000 平方米，年生产能力 3000 吨。产品种类齐全，已成为吉林市最大的食品企业。福源馆拥有国家、省、市名牌产品 16 种，荣获"全国十佳糕点店""中国名点""中国名饼""民族特色饼"等荣誉称号。2004 年，"福源馆"商标被国家工商行政管理总局认定为"中国驰名商标"。福源馆形成了独特的核心竞争力，成为吉林地区最大的现代食品产业集团。

资料来源：张喜荣，何晶. 中华老字号的新出路 [J]. 东方企业文化，2013（15）：121 - 122；传承三百年经典，铸造诚信品牌 [J]. 农业工程技术（农产品加工业），2014（8）.

（二）长寿基因及启示

1. 个性化的服务

福源馆根据客户需求，在现有品种的基础上提供个性化服务。据说，1983 年，一位居住在秘鲁的华侨，通过中国外交部要求购买吉林市福源馆制作的传统月饼。为了满足海外华人的愿望，工人们连夜做了四种月饼送到北京。福源馆的传说再次被讲述。数百年来，福源馆一直为人们带来团圆、吉祥、幸福和健康的美好祝福。2001 年以来，福源馆先后荣获"中国名饼""中国名饼""吉林名饼""吉林名品"等荣誉称号。今天的福源月饼已遍布祖国各地，并远销东南亚各国。福源馆未来的目标是创造一个新的 300 年。

2. 连锁扩张策略

福源馆实现战略发展规划的目标之一就是扩大经营规模，集团通过采购、生产、配送、销售、管理服务方向的标准化，商业流、物流、信息流的集中网络化，从而达到良好的规模效益。

为了使福源馆在速冻食品生产方面可以与快餐连锁经营，集团计划在长春地区建设万吨级冷冻食品储运基地，充分利用吉林省的资源优势，重点发展元宵、水饺、甜玉米、野生蔬菜、水产品等食品的深加工与细加工，形成范围经济，促进相关产业的发展，增加就业，农副产品的储运、市场营销和传播也为集团物流中心管理奠定基础。

3. 百年老店的文化魅力

福源馆位于吉林省吉林市最繁华的商业区，福源馆的领导者们有超前的眼光，发展的同时也不忘为未来打下良好的基础。福源馆将拆除吉林福源馆现有建筑，重建最具特色、规模最大的"福源馆美食城"和"明清仿古一条街"。

目前，该计划的前期规划和初步设计由清华大学中央工艺美术学院进行设计，已形成了初步方案。福源馆在原有基础上扩张成一个集餐饮、休闲、旅游、观光、传统文化和现代生活方式的主题花园，成为吉林市的一个标志景点，与城市的旅游文化经营接轨。

福源馆的成功给我们启示是：食品企业要有其丰富的文化和内涵、独特的工艺和技术、完整的社会美誉度和知晓度、代表性的产品和服务，才能在激烈的市场竞争中做大做强。

二、培罗蒙

（一）基本概况

许昌达先生于 1928 年在四川路开设了"许昌达西服店"，经过两次搬迁，在 1935 年正式改名为"培罗蒙"。

培罗蒙成功的秘诀就是把产品质量和人才作为企业的基础。许达昌不惜重金聘请了当时被誉为上海西服行业"四大名旦"的王府、沈学海、鲍海海、庄志龙，并配备一流的技术人员，精英汇集。在材料的选择上，所有面料都是进口名牌产品，做工采用量体裁衣，毛壳、光壳两次试样。织物熨烫冷却时间超过 24 小时，辅助材料热缩水缩两次，一套西装的缝制需要大约 60 个小时，做到面料高档、做工讲究、质量上乘、久不走样。

经过几代人的努力，培罗蒙制定了一套严格的工艺流程、操作程序及检验标准。通过操作要求上的推、归、拔、结、沉和西服内因制作上的胖、窝、圆、服、顺，最后达到外观上的平、直、登、挺，加上刀工、手工、车工、烫工的四功到家，培罗蒙服装给人以美的享受，深受人们喜爱，企业不断发展壮大。

在保持西服特色的前提下，公司也开始向其他附加产业发展，如 T 恤、内衣、衬衫、皮鞋等也为顾客喜爱。

培罗蒙在"文化大革命"时期被认为带有"洋气"，遭到了厄运，西装只有在有特殊用途时才能缝制，几经磨难，改革开放后培罗蒙终于重获新生。1980年，培罗蒙重新启用了"培罗蒙"的招牌。它结合中国人的穿着习惯和民族风格，借鉴国外西服的流行款式，由培罗蒙特级技师陆成法师傅设计、制作了肩胛薄、衬头软、胸脯小、腰身直的海派西服。

"剪裁工巧，瞻视端严"，这是原佛教协会会长赵朴初对培罗蒙的题词。作为一家有 92 年历史的公司，和许多老字号一样，培罗蒙的成功要归功于它独特的技术。公司以西服、大衣为代表，工艺精湛，用料新颖，风格独特，享誉海内外。在服装行业集团化、高科技化的今天，大量的行业厂家更追求设计轻视工艺，培罗蒙仍然保持着自己传统工艺的特点。

量体制衣是培罗蒙的独家绝活，根据客户要求，量身定制服装，尤其是有特殊要求的客户，只要经过量体定制，就能满足客户的要求，制作出的西服既美观又得体。培罗蒙的另一个绝活是制作各种礼服。礼服制作有严格的技术标准和操作程序，做工之精致令人叹服。

资料来源：阮清华．"中华西服"培罗蒙［J］．国际市场，2010（6）：52－54；金建华．追求卓越绩效创新民族品牌——上海培罗蒙西服公司案例［J］．上海质量，2012（8）：40－43.

（二）长寿基因及启示

1. 传承"三高"理念，确立做精做强做大战略

"高质量、高品位、高水平"一直是培罗蒙的经营理念。创始人许达昌对商店的选址、人才选拔、提供的服务等都有具体的要求。"培罗蒙"这三个字有其独特的含义："培"代表着高超的缝纫技术，"罗"代表着服装，"蒙"代表着服务客户，总义是"以精湛的服装缝纫技艺，竭诚为客户服务"。中华人民共和国成立后，公司迈着大步前进，服务对象由少数人走向大众，生产重心由西装转向中山装。虽然服务对象发生了变化，产品结构也发生了变化，但培罗蒙始终坚持初衷，以质量赢得客户的信任。培罗蒙博采众长，取国外西服设计之精华，弃其糟粕，对西服加以创新，使培罗蒙服装自成一体，首创"海派"服装，在西服行业中大放异彩。

培罗蒙在改革开放后面临着前所未有的挑战。在探索企业发展道路的过程中，公司领导坚信发展必须依靠质量、服务和客户的信任。在新的形势下，企业要生存和发展，必须转变观念，发展原有的经营理念，适应市场，满足客户的需求。培罗蒙在保持原有传统西服制作特色的同时，大胆进行技术改造，积极引进新技术、新设备。同时以客户为中心，不断开发适销对路的新产品，使品牌经受住了市场的考验，公司也得到了新的发展。经过上述三个阶段的探索，该公司的高级管理层总结企业的成功经验，总结为公司新的核心价值——"素质符合市场，优质的服务，实现双赢的局面"。

培罗蒙的缝制工艺在 2007 年被列为"上海市非物质文化遗产"名录，培罗蒙抓住机遇，进一步保护和推广中国民族品牌，通过 SWOT 分析，最终确定了"精定制、强链、大批发"的发展战略。

2. 技术创新，提升定制能级

以传统手工制衣起家的培罗蒙，坚持"做精细定制"的发展战略，"个性化"的理念吸引了大量的海外客户。同时，培罗蒙不断提升服务水平，以精准的服务、超价值的服务为目标，增加高级定制的附加值，高级定制业务成为培罗蒙新的利润增长点。技术创新对企业的发展非常重要，培罗蒙投入了大量的人力和物质资源以及金钱，改革创新，建立了企业创新的技术管理和质量管理创新机制，成立了"技术研发中心"——东华大学博士后流动站的科学研究基地，开展学术论坛定期讨论高级服装生产、技术开发、技术创新，并将其有效地应用于生产实践当中。

公司还设立了"培罗蒙科技创新基金"，设计了一系列信息化生产运营系统，大大提高了服装的生产效率，同时也让服装更加美观、合身。

3. 博采众长，不断丰富内涵

不断推出新产品，广泛采用新技术、新工艺，不断提高技术水平才是一家百年老字号企业该走的发展之路。为此，公司瞄准标杆企业的先进技术，积极引进和采用先进技术与标准，不断提高科研开发能力，缩小与国际品牌的差距，最终超越标杆企业。培罗蒙积极与国外顶级品牌交流合作，博采众长，不断创新，让多项制作工艺及标准优于国家标准。

"卓越"两个字是培罗蒙一直坚守和追求的目标。通过争创上海市质量管理奖，培罗蒙人深刻认识到，质量理念是培罗蒙质量管理的新视角。只有不断创新，不断提高，不断超越自我，才能不断创造新的价值。

三、同盛祥羊肉泡馍

（一）基本概况

同盛祥饭庄是西安历史较悠久的酒楼之一，始建于1920年，至今已有百年发展史。今天，同盛祥饭庄是西部旅游集团西银公司下属企业之一，是中国的老字号、著名餐厅、国家特级饭庄、AAAAA级中国绿色饭店。

同盛祥饭庄主要经营牛羊肉泡馍、炒菜、涮涮锅等。同盛祥饭庄牛羊肉泡馍汤的浇头讲究，工艺精湛，烹调方法独特，以"料重而醇厚，肉汤浓，肉质滑，香气四溢，爽口"而闻名于世。在中华人民共和国成立初期，同盛祥招待过许多外宾，深得外国友人称赞。近年来，同盛祥也招待了许多党和国家领导人以及中外名人。1983年，同盛祥牛羊肉成为国宴上的一道菜肴。1989年，同盛祥牛羊肉泡馍荣获"金鼎奖"，这是全国地方特色餐饮行业的最高奖项。1997年，同盛祥牛羊肉泡馍被中国烹饪协会授予"中华名小吃"称号。2008年6月，同盛祥牛羊肉泡馍的制作技艺被列入国家非物质文化遗产名录。

同盛祥饭庄位于古城西安钟楼广场，占地4000平方米，一层为小吃店，二层、三层为大型宴会厅，四层为西餐厅。同盛祥主要有牛羊肉泡馍、清真菜肴、各种特色小吃，同时有商务宴、政务宴、婚宴、寿宴、团圆宴等不同类型、不同档次的清真宴。2007年9月，四楼贵宾部重新装修，以伊斯兰风格为主，结合古代"丝绸之路"的历史和文化背景，7个豪华包间以"丝绸之路"的主要地名命名，有突出的民族特色和浓厚的文化气息。

同盛祥饭庄始终坚持传承清真烹饪技艺，积极开发清真菜肴。四楼贵宾部开发的具有浓郁西域清真风格的长安西域宴、盛祥聚贤宴、全牛宴等精品系列菜肴，已成为丝绸之路饮食文化中心的一朵绚丽的奇葩。

面对同盛祥百年的金字招牌、各级领导对同盛祥清真老字号的支持与关怀以及广大群众对同盛祥长久以来的厚爱，新一代的同盛祥人没有故步自封，而是在西安饮食股份有限公司等上级部门的正确领导下积极拓展经营，率先发展。2009年5月1日，同盛祥饭庄高新店开始正式营业，该店位于西安高新区科技路34号，营业面积约2000平方米，可同时容纳500人就餐，同盛祥高新店的开业标志着同盛祥在对外扩张发展上迈出了坚实的一步。①

"提起长安城，常忆羊羹名"，这是古人对陕西菜的情怀，而"羊羹美味尝，唯属同盛祥"，是对同盛祥的真诚赞美。这样的名声，不是一两天就能形成的，百年来同盛祥美食、味重、肉汤浓、肉津滑、香气溢满，沁人心脾，闻名天下。

清真美食与历史文化彼此融合、交相辉映，每个包间都有历史，每道菜肴都有典故。贵宾在置身于典雅包间，欣赏钟鼓楼风景、聆听暮鼓晨钟、品尝精品佳肴的同时，体会到清真饮食历史文化的千年一味。

多年来，同盛祥在历次全国烹饪大赛中都取得了优异的成绩，并以 50 余道菜肴荣获金奖和"中国名小吃"称号。2006 年，在"第二届中国食品饮料博览会"上，同盛祥的绿荫牛展、五环牛尾被列为 2008 年奥运会推荐菜谱。近年来，同盛祥接待了许多党和国家领导人，以及一些大陆、香港和台湾的艺术家。2008 年 7 月，同盛祥牛羊肉泡馍大师马贵军赴北戴河为中央领导人制作非物质文化遗产名菜——牛羊肉泡馍。同年 8 月，国际奥委会主席罗格的女儿卡罗来娜·罗格和国际奥委会主席的儿媳萨贝娜·罗格来到同盛祥，在享用美食之后，连声称赞。

资料来源：同盛祥"泡"金字招牌［J］.中国企业报，2005；张媛.西安有个"同盛祥"［J］.西部大开发，2009（1）：66.

（二）长寿基因及启示

1. 薪火相传创业谱

同盛祥经历了几代人的艰苦奋斗，代代相传，沉淀了独一无二的企业文化，现在的同盛祥进一步发掘老字号的深厚底蕴，收集同盛祥的老照片、民间传说、牛羊肉泡馍的典故和其他历史材料，整理制作了"同盛祥泡馍昔日制作技艺图"等，编写了"同盛祥章回小说"，举办"同盛祥杯吃泡馍掰泡馍比赛"。2008 年 6 月，同盛祥牛羊肉泡馍制作工艺被列入国家非物质文化遗产名录，极大地提升了企业形象，保护了同盛祥悠久的历史。

同盛祥泡馍有水围城、口汤、干泡、单走、小炒等品种，很受顾客欢迎。在菜系品种创新中，同盛祥饭庄推陈出新，有香辣羊棒骨、红油花肚、芝麻里脊等；在创新宴席种类上，把做精、做细、做大当作责任，在"精""全""特""雅"上下狠功夫，分类分档推出一批视觉新颖、受消费者欢迎的宴席，如盛祥聚贤宴、长安西域宴、丝路花语宴等，满足了更多客户求新的口味。2007 年，同盛祥饭庄接待各地顾客 26 万人，经营额达 2500 万元。

---

① 刘帆."中华老字号"品牌文化研究［J］.武汉商学院学报，2007（3）：5－10.

2. 特色经营提品位

同盛祥通过对新原料的探索、口味的改造和新方法的组合来提高菜肴的附加值。同盛祥饭庄致力于提高食品质量、服务质量和环境质量，以其独特的服务方式吸引消费者，全店推行营养点菜师挂牌服务制，扩大店堂销售，结合标准化的烹饪菜肴，仔细研究如何缩短制作菜肴的过程和时间，努力达到及时、准确迅速地提供菜肴和服务。在过去的八年里，这家餐厅培养了七名国家烹饪大师。从2007 年开始，他们实施了烹饪大师监督制度，加强了对菜肴质量的全过程控制，确保了食品质量的可靠。

同盛祥把带有"陕西十大怪"和"陕西名胜古迹"模式的泡馍进行多样化售卖，如现场制作、讲述典故等，逐渐形成同盛祥专有的个性化服务模式，成为西安宴席的一大经典。

3. 创新

卓越的品质为同盛祥创下了"世界第一碗""不二碗"的标志。同盛祥饭庄在继承优秀的统一性的前提下，无论是在食物的内容上，还是在管理制度上，都在积极地发展和创新。从食物种类上看，十多年来，同盛祥饭庄开发引进了数百种具有民族特色的清真菜肴，满足了不同消费者的需求，提高了市场占有率。同盛祥饭庄采取"合理改选菜单"或"增加健康饮食"的策略，以"互补"的原料，大力推广粗粮养生汤中的面包保健食品，得到消费者的普遍认可。同盛祥饭庄还致力于探索传统名优食品，开发高档菜品，提高产品的技术含量和附加值及服务。此外，还开发出了汤中鲍鱼、汤中鱼翅等一批高档泡馍类产品，不断的创新让同盛祥进一步向更大的市场迈进。

同盛祥能从小的食品作坊发展成为国家特级饭庄、AAAAA 级中国绿色饭店，说明一个企业发展壮大必须要有艰苦创业思想，经营上要有自己的特色，不断进行创新，烹饪符合大众口味的菜肴。

四、鸿宾楼

（一）基本概况

鸿宾楼饭庄始建于 1853 年（清咸丰三年），原址天津，是著名的清真酒家。1955年，鸿宾楼应周总理之邀入京，其独特的菜肴被称为"京城清真餐饮第一楼"。

由于西单地区改造，1988 年，鸿宾楼迁至新址西城区展览馆路 11 号，并改制成立了北京鸿宾楼餐饮有限责任公司。鸿宾楼是北京最著名的天津风味清真餐厅，也是北京市旅游局指定的特级餐厅、北京市先进企业。北京市为鸿宾楼颁发的锦旗上写着："聚会天下鸿宾满楼，誉载京华脍炙人口。"这是对鸿宾楼最好的评价。

今天的鸿宾楼营业面积约750平方米。一楼的餐厅装饰华丽，楼上的芙蓉厅、兰厅、竹厅古朴典雅。宴会厅体现了独特的伊斯兰风情，雅座更是高雅别致，能同时接待四百余人就餐。

50年前，当时的堂头王守谦在胸前口袋里兜着两双象牙筷子，保护着鸿宾楼的招牌，把鸿宾楼从天津迁到了北京。如今，斗转星移，鸿宾楼在京城已经兴盛了半个世纪，成为京城老老少少公认的老字号。鸿宾楼已经有166个年头了，属于名副其实的百年老店。当时鸿宾楼是由几位沾边儿宫廷的"干系"和津门"地富"联手创建。原址在天津旭街，现在叫和平路。渤海产品丰富，加上天津名厨也多，所以美食众多，名店多。当年著名的天津酒楼有"八大成"、清真"九大楼"之称。其中，鸿宾楼就靠着全羊席和河海双鲜成了"九大楼"之首。

鸿宾楼来到北京的原因是当时北京没有高档清真餐厅。周总理在天津读书时就熟悉这些老餐馆。在政府部门的规划和指导下，全国各地的老餐馆和著名餐馆陆续来到北京，如湖南的曲园酒楼、四川的峨眉酒楼等。

鸿宾楼是以《礼记》中的"鸿来宾"定名，其特色是风味独特的天津清真菜肴，其独特之处在于所有的菜肴都不外露一个"羊"字。如"羊眼"代表"明开暗合"；烤羊肉的鼻尖是"望峰坡"；羊耳朵为"迎风扇"，这是一种遵循伊斯兰教规和穆斯林生活习俗的饮食文化传统，使物品有美名。郭沫若生前经常在此宴请贵宾，并留下了一首藏头诗："鸿宾来时风送暖，宾朋满座劝加餐。楼头赤帜红于火，好汉从来不畏难。"四句诗的头一个字，组成了"鸿宾楼好"，可见其名不虚传。①

资料来源：鸿宾楼：清真餐饮第一楼［J］. 中国商报，2007（4）：54－55；中华老字号——鸿宾楼［J］. 时代经贸，2016（4）：79－85.

（二）长寿基因及启示

1. 一流的管理

一个企业能历经几百年的风雨洗礼，传承至今，与其优秀的创始者和源源不断的优秀人才是密不可分的。

（1）传承经典，开拓创新。鸿宾楼在50年里搬迁了4次，其中，在西长安街运营时间最长。1998年西单地区改造，鸿宾楼由长安街迁至展览路。同年，

---

① 案例改编自：鸿宾楼海异山珍不世镬. https://www.sohu.com/a/240207069_778659. 2018.7.9.

鸿宾楼股份改制成立鸿宾楼餐饮有限公司。但不管鸿宾楼搬迁了几次，店里的全羊席、烹双鲜、笃法制菜"清真三绝"都没走样。

全羊席是鸿宾楼最出名的宴席。鸿宾楼开业之初，门口挂着两块铜匾之一就是大菜全羊席。到光绪年间，鸿宾楼的全羊席就被业界认可。据说慈禧太后在出宫巡游时点名要品尝全羊席。后来，在慈禧六十大寿那日，宫内以鸿宾楼的全羊席为慈禧贺寿。进入新世纪后，鸿宾楼不仅继承了传统，还根据现代人饮食口味的变化对全羊席进行了改良，研究出更符合大众口味的美食：用慢炖的方法让菜更好吃，烹饪出的菜肴不仅色泽金黄，外观美观，而且口味独特；做菜时只加少许油，不加芡也不加汤。鸿宾楼名厨吸取津门火、炖、烤三种烹调法的精髓，结合京菜的口味特点，发展出这种烹调方法。

（2）严把质量关。为了能够使鸿宾楼的肉灌制品走进千家万户，马玉森严格把关产品质量。生肉直接关系到产品的品质，他经常亲自检查质量，坚持从市政府指定的屠宰单位进货。生产车间严格按照食品卫生法的要求定期消毒。鸿宾楼肉灌制品被哈尔滨市政府肉类办公室管理处批准为定点生产企业，被国家宗教事务局推荐为质量信誉度高、产品质量好的优质产品。一流的企业管理创造一流的效益。目前，鸿宾楼肉灌制品已进入奋斗副食、革新等七大市场，风靡哈尔滨。

2. 优秀厨师的顶级技艺

鸿宾酒家不仅以其菜肴而闻名，而且以其技术实力而闻名。特二级厨师马永海、王继德、特三级厨师蒋学仁等，深得老一代名厨真传，保持和发扬了天津特有的正宗清真鸿宾楼风味。马永海在日本亚太地区参加一个烹饪表演时，被授予"中国烹饪大师"的称号。他还曾担任北京亚运会清真餐厅的主厨。鸿宾楼厨师擅长油炸、烧制、焖煮、烹调、炖制等烹调技艺，尤其擅长制作牛羊肉菜肴和"全羊席"，驰名中外。厨师选料严格，食品加工技艺精妙，菜肴质地酥、脆、嫩、软，味道突出咸、清、香。

3. 管理者善于包装，巧妙宣传

"鸿雁来时风送暖，宾朋满座劝加餐。楼台赤帜红于火，好汉从来不畏难。"这是大文学家郭沫若先生于 1963 年到鸿宾楼赴宴时，即席所题的藏头诗，赞誉"鸿宾楼好"，现仍悬挂于客厅之内。①

鸿宾楼的成功在于传承经典、开拓创新，经营者严把质量关，管理者善于包装，巧妙宣传。只有这样，一个企业才能历经几百年的风雨洗礼而不倒，走向康庄大道。

---

① 案例改编自：鸿宾楼海异山珍不世馐. https：//www.sohu.com/a/240207069_778659.2018.7.9.

五、同春园饭店

（一）基本概况

同春园饭店是在老字号饭店基础上发展起来的。在北京众多的餐馆中，具有老字号特色的餐馆并不多见。同春园原是江苏省著名的餐馆，是 1930 年开业的"八大春"之一。同春园宾馆位于长安街西北侧，电报局大楼西侧。开业当天，著名书法家、北平电灯公司总经理冯恕先生应邀来到同春花园。冯大师题字：杏花村内酒泉香，长安街上八大春。从此，同春园享誉北平。

到 1936 年，财气两旺的同春园扩建了一墙之隔的东院，形成了东西两个四合院共 25 间房的大饭店。同春园的庭院面积扩大到 800 平方米。新扩建的东院宽敞美观，专门用来布置各种宴会，或到西单商场请名角唱上几段增添趣味。著名京剧大师梅兰芳的六十大寿就在同春园举行。大师肖长华收徒也在这儿摆宴。20 世纪 50 年代，著名京剧大师谭富英只要在长安大剧院表演，就要去同春园吃饭。有人说餐饮业是社会和政治的晴雨表。确实。长安街上的八大春因社会动荡、民变，十多年的时间相继倒闭。据《吃在西城》一书记载，"日本傀儡统治时期，内忧外患，战争连绵不断，物价飞涨，人民生活水平下降，整个社会消费水平下降，餐饮业处于半停滞状态。国民党统治时期，饮食业逐渐衰落。到 1946 年，只剩同春园苟延残喘"。①

1954 年拓宽长安街，将同春园移至西单路口西南角。1999 年，为庆祝中华人民共和国成立 50 周年，西单路进行了大规模的改造，并将同春园搬到了十月大厦。在新的选址中，同春园呈现出全新的面貌，从过去单一的商务餐饮扩展到拥有客房、会议中心、会议接待、商务宴请及自助餐、婚宴、生日会等的多功能餐饮餐厅。

因与北京师范大学隔路相对，来吃饭的主顾除了早年在西单就偏爱苏菜而追老字号的老人外，还有不少是周边的文人一族，专食爱点"八大春"风光、鼎盛时的老菜。为满足这些食客，同春园这些年一是创新，二是挖掘恢复传统菜。老菜新吃，新菜不离老味儿。

同春园饭店先后被评为"全国著名中餐厅""中华老字号""守信企业""全

---

① 陈炜．湘绣"中华老字号"在特殊历史时期文化变迁的品牌发展研究［J］．中国包装，2014，34（11）：38－41.

国绿色餐饮企业""A 级食品卫生单位"等；并加入"中国烹饪协会""北京老字号协会"，成为团体会员。

（二）长寿基因及启示

1. 名厨的支撑

正是有了厨师的实力，餐厅才有了良好的发展。这家餐厅刚开业的时候，就聚集了许多烹饪专家。它在京城开业后，引起了人们的注意，成为江苏风味的名店，享有良好的声誉。同春园菜品品质优良，厨师团队实力雄厚，最初的主厨都是王府贵族家的厨子，同春园总厨荣获 2005 年全国"金厨奖"荣誉称号。在过去几年的美食大赛、北京烹饪大赛中，同春园屡获金奖和各种大奖。新老客人争相品尝同春园美食。一些客人为了尝一口同春园的佳肴，专程从外地赶来，包括一些公众人物，如著名演员王铁成先生，著名的画家、书法家启功先生等。

2. 特色美味菜肴是饭庄的财神

同春园最具特色的菜肴有松鼠鱼、鲫鱼、烤鳜鱼、黄鳝、狮子头蟹粉、蟹壳糕、萝卜片糕、炸春饼、核桃酥等。

同春园饭店现有营业面积 9678 平方米，其中 1113 平方米主要用于餐饮。同春园做的江菜、鱼、虾、蟹等菜肴最美味。同春园以烧、炒、煮、溜、炒、炖烹饪技巧为主，菜味鲜、淡、微甜，制作出的菜肴不失原有的风味，酥而不烂，不失其形。尤其是鱼的制作方法最为丰富，有干烧鲱鱼、红烧中段、干烧鱼头和鱼尾、砂锅鱼头和鱼尾、糖醋瓦鱼、烧划水、五香叉烧等名菜。

然而当提到名菜时，不得不提的就是同春园的水晶肴肉，又称水晶肴蹄，三百多年来一直在名菜之列。同春园的烹鳝鱼也是名菜之一，所用的鳝鱼非活不杀，非鲜不烹。同春园选用鳝鱼的背肉，用刀切成两寸的小块，再用火腿丝、竹笋、香菜和胡椒爆炒。做菜时，用勺子在中间挖一个窝。上菜时，油会噼啪作响，香气满桌，再佐以趣闻典故，美味更在名菜外。

3. 饱含文化底蕴

酒店的长期经营中也有一些有趣的故事。娄师白先生在《居京琐记》中曾讲过一件有趣的事，中华人民共和国成立前，娄师白陪齐大师到同春园吃饭。一次会客，下了黄包车，因为急于搀扶白石老师，长衫不小心被划了一道口子。为了寻开心，齐大师为娄老先生画了一幅《补裂图》，并在画中题词："步履相趋上酒楼，六街灯火夕阳收。归来为醉闲情在，为画娄家补裂图。"这些闲篇逸事，描述了当时社会名流闻香下马，齐聚同春园的火爆景象。①

---

① 刘巨钦，田雯霞．老字号企业品牌文化创新研究［J］．商业研究，2012（5）：64－68．

早在 20 世纪三四十年代，一些名人就频频光顾同春园，不少文人墨客留下墨香。江苏菜系在京城餐馆中独树一帜，经常吸引名人光顾。梅兰芳的六十大寿、肖长华的宴会都在这里举行。名家书画为同春园增姿添色，梅兰芳的书法、王学涛的绘画《鸡》、祁良玉的《菊花》、孙巨生的《猫》、娄师白的《牡丹》，都成为了老字号的文化瑰宝。

4. 塑造品牌形象，信誉第一

同春园酒楼一直十分重视食品的质量，拥有一支技术精湛的厨师队伍。近年来，同春园在相关的烹饪比赛中多次获奖，为餐厅增添了荣誉。以 1988 年西城区餐饮系统与北京家禽业有限公司联合举办的"花都杯"鸡肉烹饪大赛为例，同春园厨师李斌制作的"火腿炸鸡卷"荣获"最佳奖"。

同春园饭店的成功给我们几点启示：一个是饭店的成功离不开名厨的支撑；二是注重创新，使老菜、新菜相得益彰；三是塑造品牌形象，信誉第一。

六、果仁张

（一）基本概况

果仁张是中国的老字号，生产坚果产品的历史已超过 160 年，它是天津著名的特产之一。果仁张出产的各种坚果味道鲜美，色泽自然，香气四溢，甘甜而不油腻，脆嫩可口，贮存时间长而不绵。品种繁多，有琥珀花生仁、琥珀核桃仁、虎皮花生仁、纯香花生仁、乳香瓜子仁、五香松仁等优质产品。现在果仁张已成为国内外知名品牌，深受世界各地消费者的喜爱。

张氏祖上两代是宫廷名厨，果仁张创始人张明纯做的蜜供甜而不腻、色泽纯正、清滑爽口，深受同治皇帝和慈禧太后的喜爱，御赐"蜜供张"。1949 年以后，张惠山生产的纯香花生仁、琥珀核桃仁、虎皮花生仁等品种在天津食品饮料商优质品种展上荣获优质奖。1956 年，张惠山任公私合营企业市场部经理。改革开放后，张惠山后代张翼峰和他的妻子陈敬继承了父亲的事业，先后恢复了祖传的各种炒货和豆类产品，如花生仁、核桃仁、杏仁、腰果仁、瓜子仁、松仁和蚕豆、绿豆等油炸食品的精制产品。同时，张翼峰和他的妻子结合现代技术开发出多种挂霜系列产品，推出了海藻、椰子、荔枝花生仁等品种。第四代继承人陈敬，在花生仁的基础上开发出一系列玉豆、绿豆，并命名为翡翠凉果、鲜绿果、香酥球、可可奶球等。

1985 年，天津南市美食街建成。在市政府的支持下，开设了果仁张食品部，包括前店和后厂。为了满足市场的需求，他们在南开区南江路租了一个商业网点，配套房屋数百平方米，成立了一家工厂。果仁张在 1992 年由于国家改革开放政策，建立有限责任公司与外国合资企业，享受两年免税三年减税政策，再加上自己的努力，通过滚雪球，一年稳定发展的步骤，使产品远销国外，销量上升了 30 多倍，纳税八百余万捐赠 80 多万元，在天津市建立了花园式生产基地，占地面积 1.1 万余平方米。

1991 年 12 月 9 日，美籍华人周俊杰先生在天津塘沽开发区投资成立了中外合资企业——果仁张（天津）食品有限公司。从此，它走上了稳步发展的道路。

经过 7 年的努力，1998 年公司在友谊南路梅江片区新建厂房 3400 多平方米，现有员工近 100 人。其中，技术人员占 16.8%。建立了一支高素质的技术队伍，吸纳了 40 多名下岗职工，形成了集办公、生产、运输、销售为一体的现代化企业规模，生产效率大大提高。增加设备，建设生产线，进行现场工艺测试，改变原手工车间生产形式，实现机械化与手工选配相结合的生产工艺，保证了产品质量，提高了产品档次和附加值。目前果仁张已形成四大类 50 多个品种，在天津市购物中心设有销售点。产品行销全国 20 多个省、市、自治区，少量产品销往日本、美国、英国、加拿大、俄罗斯、马来西亚等 10 多个国家。多年来，经济效益逐年提高，果仁张的声誉得到了社会各界的认可。以人为本的优质服务，让别人更方便满意；价格实惠，计量准确，客户信心常保；和谐的企业才有市场。

（二）长寿基因及启示

1. 独特的工艺和绝活

老果仁张的招牌是油炸货、油炸筋等，后来最终使它出名的是炸果仁。其特点是品种繁多，脆而不软。老果仁张讲究二十四节气有二十四色，如南瓜色、米色、冰糖色等。什么季节要掌握多少火力和时间，要把炒好的果仁儿变成什么颜色统统都有明确的规定，炒出的果仁儿之间色差不是很大，没有绝活是做不到这一点的。它的技能为它赢得了声誉。

2. 严格的质量控制

如今的果仁张制品凝结了四代人的艰辛智慧，制作技艺和配料十分严格。要求果仁籽粒饱满并合乎规格，根据季节变化掌握油质和油温，针对果仁制品不同色泽和味道调制配料，工艺手法有推、翻、搰、抄、拨、托、提、压、转、挤、拢、点、撩等。[①] 每个生产环节都特别重视产品的质量和工艺保障。

---

① 郑祎. 文化传承视野下的中华老字号品牌形象设计研究［J］. 浙江社会科学，2016（5）.

果仁张至今已有160多年的历史，一路成长经历许多坎坷，给我们重要的启示。一个食品企业的成长与壮大，一是在工艺上坚持继承与创新；二是开发符合人们口味的食品。

七、宝庆银楼

（一）基本概况

南京宝庆首饰总公司是一家专业生产经营金银首饰的企业。公司前身为"宝庆银楼"，创建于清嘉庆年间，原名为"南京鸿记浙江方宝庆银楼"。民国时期，它的地址是南京市中正路中央商场对面。宝庆银楼已有200多年的历史，它是中国最古老、最负盛名的银楼。

19世纪以后，宝庆集中了江浙两省的著名工匠，两帮相左，技艺高超。1929年，宝庆银鼎荣获"西湖博览会"特等奖。

中华人民共和国成立后，一批艺术家留了下来，使宝庆的手工技艺一脉相承，薪火相传。

宝庆在1984年恢复了老字号招牌，是改革开放后第一个恢复名誉的百年老店。企业开始规划发展蓝图，计划品牌的实施战略，吸收新的管理理念，引进国外先进技术和设备，企业综合实力在江苏省的产业中快速增长，被认定为江苏省名牌商标。1990年，宝庆被国务院两部委联合命名为"国家二级企业"。

进入21世纪，宝庆抓住机遇，迎接挑战，谋求发展，制定中长期发展规划，在本地发展与对外扩张的同时，自主经营，加入同步发展的链条。目前，公司已在南京、江苏、安徽、山东等地开设近百家品牌店，具有一定规模的经营网络已经形成，经济实力得到迅速提高。

自1994年以来，宝庆品牌产品被评为南京市、江苏省名牌产品和著名商标，"宝庆"商标被认定为江苏省著名商标。"宝庆"珠宝被认定为江苏省著名品牌，1998年，宝庆品牌的无形资产价值达到3.2亿元，是中国珠宝玉石首饰行业和中国黄金首饰行业的知名品牌。

（二）长寿原因及启示

1. 科学的人才管理体系，营造和谐氛围

（1）激励机制。宝庆提出了"让想做的人有机会，能做的人有岗位，能做的人有地位"的口号。充满激情地调动员工在同一个平台上的积极性和创造力，实现奖励，是物质变精神的辩证统一。

（2）劳动关系和谐。宝庆公司严格遵守《劳动法》规定，依法与每个员工签订合同，积极提高员工收入，保障员工福利和女性员工权利，切身关怀员工利益，宝庆公正暖心的做法赢得了员工的拥护。

2. 诚信经营，以优质产品和服务赢得市场

宝庆以诚信待客，不搞价格欺诈，不搞价格垄断，不搞虚假打折；对合作伙伴诚实守信，认真履行合同，信守承诺，诚信经营，多次被评为"南京市文明守信企业""全国珠宝行业放心示范店"。宝庆以客户为中心，追求卓越品质。宝庆严格把控生产环节，提高产品质量，做顾客放心的好产品。

3. 自主创新

宝庆银楼通过开发新产品提升产品竞争力。宝庆"市级技术中心"拥有一支优秀的技术骨干队伍，其中有一位"全国技术能手"。技术中心每年设计开发近100种新产品，每年有10多种新产品获得知识产权专利。与此同时，宝庆银楼还研制和改造了精密铸造设备。近年来，宝庆先后被市政府授予"南京市百强成长型科技工业企业"和"南京市技术创新管理先进企业"称号。

4. 质量赢得信誉、品牌促进发展

质量是品牌发展的核心要素，品牌是推动企业又好又快发展的强大力量。宝庆银楼之所以能保持行业领先地位，是质量管理和品牌建设的结果。从两个方面进行分析，一方面，银楼以客户为中心，追求卓越的品质。2000年，宝庆在国内同行业中率先通过ISO9001国际质量体系认证，在设计、开发、生产、检验及售前、售后服务中严格把关，近8年来，在各级产品质量抽检中均取得合格成绩。另一方面，宝庆对消费者诚信，不搞价格欺诈，不搞价格垄断，不搞虚假打折，让消费者真正了解宝庆产品，放心购买，放心使用。特别是在售后服务体系建设方面，2002年宝庆的售后服务内容被纳入江苏省地方标准，规范了江苏省珠宝行业的"三包"规定，促进了珠宝市场的健康发展，曾荣获"南京市质量信得过产品""全国珠宝行业放心示范店"等荣誉。宝庆品牌产品连续7次被评为江苏省名牌产品。①"宝庆"商标连续4年被认定为江苏省著名商标。2006年，宝庆被商务部授予"中华老字号"称号，金银工艺被列入第二批国家级非物质文化遗产名录。这些品牌建设的成就又为宝庆加速实现下一个发展规划提供了充足的动力。多年来消费者对宝庆产品及品牌的认可和支持是最大的肯定。宝庆银楼作为一个民族品牌，能够保持相当的发展势头，赢得信誉，赢得市场，这离不

---

① 杨博. 基于品牌文化的中华老字号传承与创新研究［D］. 昆明：云南财经大学硕士学位论文，2014.

开长期积累的客户关怀，严格的质量把关的服务理念。

　　宝庆银楼坚持以市场为导向，以品牌为龙头，不断增强市场竞争能力，经济效益呈大幅增长，综合实力居省内首饰行业前列。宝庆银楼坚持以科技进步为先导，不断吸纳先进技术和设备，满足多工艺多品种生产。公司坚持以良好的企业形象、优质产品和诚信服务获得市场，被中国形象认定委员会授予"中国企业最佳形象"称号，荣获江苏省"消费者买得放心，用得称心"产品称号。我国加入WTO后，宝庆银楼继续以创新求实的精神，为广大消费者提供高品质、高品位的精美饰品，进一步发展壮大了宝庆事业。

　　一个以悠久的历史为底蕴、以优质的产品为根基、以周到的服务为保障、以顾客的信赖为支柱的古老而又年轻的企业正展现在世人面前，这就是宝庆银楼向人们树立起来的具有鲜明个性的品牌形象，这个品牌还将不断提升扩张。宝庆始终以经济建设为中心，牢固树立科学发展观，与时俱进，让老字号宝刀不老，焕发青春活力，走出一条有自己特色的发展之路。

第四篇

长寿基因：精细化管理与竞争

　　精细化管理与竞争是企业取得成功的关键，也是企业生存、发展、获取利润的保证。企业商业模式的每一环节都是一个理性的利润方程，只有输入合理的要素才能得出正确结果。然而企业的竞争模式则是影响企业市场地位的重要因素，它能帮助企业争夺市场、占领行业优势，以获得更高的市场回报。制定正确的战略以应对危机是企业成长过程中的一门必修课，关乎企业的前途命运。由于环境的变化对企业的管理模式选择有着重大的影响，本篇对22家百年长寿企业的商业模式、竞争模式以及危机与战略进行一些探讨。可以看到，有的企业靠传统模式保证产品质量，如吴裕泰、老同昌、壹条龙饭庄等；有的靠模式创新来打造品牌，如恒源祥；有的依靠扩大销售额获取高额利润，如天福号等。通过分析这些不同企业的长寿基因，可以给现代企业一些有益的借鉴和有益启示。

第八章　管理模式

一、香港利丰集团

（一）基本概况

利丰贸易公司成立于1906年，是香港利丰集团的前身，主要从事出口贸易，对打破外国洋行的垄断有一定的促进作用。经过发展，凭借香港港口的地理优势，成立了分公司，即利丰有限公司。广州总部在1945年也迁去了香港。约1970年，利丰对公司业务进行了重组，学习借鉴科学有效的管理方法，并根据自身的优劣势制定经营策略。经过几年的发展就在香港联交所上市。为了重点培养公司具有竞争优势的业务，利丰重新进行了股权的分配调整，并在1989年转变为私有制，管理层成为公司股权的拥有者，在零售和对外出口方面集中了公司的大部分业务。在1992年，利丰有限公司和利亚零售有限公司分别在香港联交所和香港创业板上市。1995年，利丰收购了"天祥"后，扩大了经营规模以便更好地为跨国客户提供一站式经销服务。历经百年发展，我们在世界各地都可以发现利丰集团或出口，或零售，或批发的产品。利丰员工数量近两万名，每年在中国的采购金额多达150亿元。

从一个传统贸易商成功晋升为一家现代跨国商贸集团，离不开利丰集团自身的努力。香港利丰集团在市场运作中重视供应链管理的优化与协调，使其变得更加专业化，竞争力也相对提升。

资料来源：薛馨. 利丰集团海外并购的整合分析——基于全球价值链理论的研究［D］. 广州：广东财经大学硕士学位论文，2017.

（二）长寿基因及启示

1. 层次分明的供应链模式，实现一体化管理

利丰集团旗下的利丰贸易主要对接供应链上游的外国零售商，主要从事发展中国家及中国内地家具、手工艺品、玩具等的采购，然后再销售给欧美零售商。2008 年利丰贸易的营业额接近百亿美元，而且增长势头良好。利丰贸易重视各个业务环节，每一种业务环节都有统一的要求，保证每项任务都能够有条不紊地进行。利丰还有自己的信息服务系统，不仅可以协助每项流程的操作，还能让管理层随时掌握每项工作的进展情况。这种流程设计，使企业实现一体化的管理。

利丰经销主要对供应链中游的业务负责，为生产商开拓市场，为零售商进行批发和相关的生产加工活动，还解决生产商和零售商之间存在的各种问题，为全球品牌打造"一站式"服务。利丰经销网络销售渠道非常广泛，服务范围涉及亚太的多个国家和地区，拥有几十个物流中心。

利丰零售则负责供应链的下游，与零售店进行对接，在中国香港、中国台湾以及东南亚地区都可以找到利丰建立的零售网点。旗下拥有 200 余家零售店，日均服务客户 40 万人次，年营业总额超过了 40 亿港元。

2. 快速准确的信息管理，掌握市场动态

对市场信息的采集和利用是利丰经销得以成功的基础。除了解销售数据之外，市场人员还会从销售点直接收集一手的市场数据，并且利用 ERP 系统来辅助信息处理，让供货商和销售人员能够快速准确地获取产品的最新信息，尽量减少他们在供货及市场趋势预测过程中的偏差。

利丰贸易没有自己的工厂，其优势就在于充分掌握了客户需求信息、各个生产基地的生产信息，以及世界其他国家对进出口贸易的要求，能够整合优势资源，寻找能力比较强的供货商和生产商并与之建立伙伴关系。

利丰零售旗下的 OK 便利店都建立了统一的信息管理系统，通过此系统可以实现供货商与零售店的实时沟通，方便了双方对产品信息的了解，以便更好地制订生产和配送计划，提高补货速度，加快货品流转。

3. 优化库存管理，避免不必要的损失

库存不仅会造成资金积压，还有可能导致库存商品不得不低价销售。为了减少库存、增加效率，降低企业损失，利丰零售旗下的 OK 便利店根据不同产品的实际情况分门别类，然后让生产商将缺少的产品直接运送到店铺或者总储存站，然后再统一配送，从而节省了运输、仓储和装卸的费用。

二、吴裕泰茶庄

（一）基本概况

吴裕泰茶栈是吴裕泰茶庄的曾用名，创建于 1887 年，至今已建立一百多年。现在的北京吴裕泰茶业股份有限公司坐落在北京市东城区。到目前为止，在全国各地开设了 200 多家连锁店，包括北京、天津等，而且可以自己加工制作茶叶并配有送货服务，有过亿元的年销售额，被称为"中华老字号"。

吴裕泰对我国的茶文化情有独钟，为了继承和发扬中华茶文化，吴裕泰专门创建了研究茶文化的平台。在 2006 年中国茶行业百强企业中，吴裕泰居第 17 位。吴裕泰由吴锡清创立，由于家族富裕，京城的多家茶庄都由吴锡清设立。这些茶庄生意兴隆，并且有一定的规模，需求量很多。为了解决茶叶进货的问题，吴裕泰茶栈由此诞生。吴氏茶庄的茶叶来自安徽、浙江、福建等，并在产地有专门的人制作茉莉花茶，到达北京后，根据茉莉花茶的质量制作不同档次的茶叶。当时不管是官员还是平民，都非常喜爱吴氏茶庄的茶叶。公私合营后，变为"吴裕泰茶庄"。因为其独有的特点，吸引了社会各界人士。

资料来源：张晓鹏. 百年老店"吴裕泰"的信息化之路 [J]. 信息与电脑，2002（10）：12－16.

（二）长寿基因及启示

1. 完整的供应链模式为产品品质保驾护航

吴裕泰的核心竞争力是质量。它的每道生产工序的检验标准都非常严格。吴裕泰的上游供应链集中了优秀的茶叶生产基地，不仅和供应商组成了战略联盟，还建立了自己的茶叶基地，以便更好地保障原材料的质量。除此之外，对于原材料的采购，都要求购货商把样品茶叶送到公司检验。只有检验合格的原材料，方可购买。

在供应链的中下游，吴裕泰实行的是"连锁＋管理创新＋信息化管理＋物流配送"的模式。吴裕泰的连锁经营做到了店面形象、服务、产品、价格的统一，并调整了物流中心的配送模式，实现了为连锁店直接配送。加盟连锁店实行统一的信息化管理，总部可以对连锁店的经营状况进行实时监控。除此之外，吴裕泰紧跟时代，在互联网背景下，对其销售模式也进行了创新，积极建立公司网络销售渠道，并通过 B2C 的模式完成一步式服务。吴裕泰重视客户的需求，一切为客户着想，致力于满足顾客的所有需求，并且设有投诉电话，保证在 24～72 小时内解决问题，设有会员并在节假日享受购物优惠。吴裕泰的物流系统非常发达，无论是谁、在哪儿，只要打个电话，就提供邮寄服务。即使生病住院，公司也会立即派人把茶送到病床前。

2. 严格的加盟店管理模式，提升品牌影响力

为保证各个加盟店产品的质量，吴裕泰对加盟店进行严格的审查流程和严格的甄选机制，对所有的加盟店进行层层把关，并要求其缴纳保证金，若出现质量问题就会将其扣掉，为捍卫吴裕泰百年老字号招牌打下了坚实基础。加盟店的规模造就了吴裕泰的辉煌，企业规模进一步扩大，增强了企业品牌的影响力，使吴裕泰走上辉煌之路。吴裕泰通过科学借鉴实践经验，再经过认真思考，其发展方向也渐渐清晰起来。

三、天福号

（一）基本概况

天福号在清乾隆三年（1738 年）创立，已经发展了 280 余年，是著名的中华老字号品牌，其北京天福号食品有限公司，凭借诚信合作、德行天下的经营理念，获得大众的好评，成为熟肉制品企业的典范。天福号曾凭借清宫御膳必备的佳肴——酱肘子，在京城得到很高的美誉。其制作技艺还被纳为国家非物质文化遗产名录。

天福号注重品质，从原料选购到工艺制造再到品控体系和冷链物流都要严格把控。天福号把天然的香辛料作为产品的原材料，并拥有自己特定的原料基地和供应商联盟，口味健康独特，形成了"时间经典系列""草本养生系列""经典酱肉系列"等 9 个系列 70 余款产品共同发展的格局，赢得了顾客的良好口碑。

历经 280 多年的发展，天福号形成了自己独具特色的制作工艺，丰富了酱道文化的内涵，在中华美食文化中贡献了自己的历史文化价值。天福号对未来的发展充满信心，以"做精北京，做强华北，发展全国的目的"创新经营模式，推出了"白领厨房"系列，并成立了"特色肉类制品专卖"的复合型专业店模式，逐步打造"多元化经营模式"的战略布局，增强了天福号的酱艺能力，提高了声誉，让顾客拥有美味的生活、健康的身体、和谐的家庭。

资料来源：天福号：传承、突破、发展 [J]．时代经贸，2010（6）：82 - 85；李娟．天福号：摆脱单一渠道依赖症 [N]．中国经营报，2011 - 02 - 19.

（二）长寿基因及启示

1. 上游模式："全程品控"，保证质量

天福号的原料从进入、生产、配送一直到销售都进行严格的监控，以确保产品的每一个环节都合格。其原料都来自行业影响力较大和品牌信誉好的大型企业，以保证质量标准和口感要求。同时，这些企业和天福号直接对接，减少了中间商带来的问题。天福号有自己的质量检验流程，所有的材料都要配带产品检验书，并对其进行质检。质检人员先进行外部检查，判断原料的质量和外形，然后再测试原料的 pH 值、新鲜度、水分和瘦肉精等，以确保原料符合质量要求。最后成品的包装只使用绿色包装企业提供的包装，以用于成品销售。

2. 中下游模式：打造佳品，铸就百年品牌

天福号的餐厅业务有强大的技术支持。因为经济的发展和生活方式的转变，影响着人们的饮食习惯。天福号根据顾客生活习惯的转变，进行了技术创新，生产了各类产品，以独特的模式传递给消费者，满足消费者的需求。

在供应链的下游，天福号采用直营店和电子商务的模式。不仅扩大了销售范围、获得高额利润，也扩大了产品知名度。此外，天福号与超市进行战略合作，使其产品遍布全国各地。天福号还设立了产品中心，为顾客提供餐桌产品、旅游特产、礼盒礼箱，并通过现代物流将产品快速送到消费者身边，满足人们的日常生活需要，即使远在他乡也能随时品尝到天福号的酱肘子。

天福号凭借其"诚信协和，有德乃昌"的经营理念，体现了天福号人的诚信和品德，百年传承，不仅凝聚了天福号的精神，也蕴含着中华民族的饮食文化。天福号的文化展厅是一个很好的宣传平台。这也将是这个老字号能够在现代并在未来流传下去的最佳方式。

四、钟水饺店

（一）基本概况

钟少白在光绪十九年（1893 年）创立了钟水饺，属于四川地方特色小吃，形成了"荔枝巷钟水饺"的招牌。钟水饺因为风味独特，成为成都著名小吃。与北方水饺不同的是，钟水饺只有猪肉馅，没有菜馅儿，还有特质的配套红油，咸甜适中，风味独特。

钟水饺的文化精神是上下一心、团结奋进、求更好、讲奉献；其服务宗旨是真实诚信、顾客至上、服务第一；经营策略是多元发展、扩大经营、追求时尚、永创一流。

钟水饺获得了"中华老字号""中华名小吃""中国名点""全国绿色餐饮企业"等多项荣誉证书。

（二）长寿基因及启示

1. 上游模式：完善的采购体系，保证原材料质量

新鲜和选料的精准造就了水饺的美味，因此钟水饺对采购环节要求很高。钟水饺能够流传至今，除了其制作工艺，关键还要靠合理的选材。水饺的口味是由面粉的质量和饺子馅决定的。如果面粉质量达不到标准，就不能达到适合的薄度。因此，为了实现这种标准，钟水饺建立了一套完善的采购体系和严格的质量检测系统，以保证食品的绿色安全。尤其在食品安全日益受重视的背景下，选材的环保安全成为重中之重。加之钟水饺在11年前出现金黄色葡萄球菌超标的问题，就特别重视此类问题。因此，钟水饺严格把关供应商的质量，并采取了一些策略。例如，与有资质的供应商建立战略合作伙伴关系，从而获得可靠安全的原材料；要求供应商必须为每批原材料提供质量检测报告和食品安全报告，并由权威的第三方认证，例如食品安全控制体系（HACCP）认证。

2. 中下游模式：连锁经营，打造品牌形象

钟水饺的经营模式是"直营＋连锁"，不仅扩大了市场份额，还促进了企业的发展。连锁加盟的方式，使得各个连锁店统一管理、自负盈亏。一方面，各个连锁店的形象由总店统一设计，利于宣传；另一方面，总店提供技术支持，传授水饺制作工艺，并签订合同。但是申请连锁店的条件非常严格，钟水饺有自己的加盟店考核和引导方案，对于符合条件的，总店会进行培训和选址，而且还建立连锁店的退出政策，及时淘汰一些不合格的店面。钟水饺的连锁加盟店实现了顾客能第一时间品尝到鲜美水饺的愿望。统一管理，传授技艺，并教授选材的方法，使得在其他地区的人们都能品尝到美味的饺子。钟水饺店还在店内配有特色菜肴和别类主食，这一方式满足了不同消费者的需求。

为了扩大品牌影响力，钟水饺与中央电视台、四川餐饮公司、中国美食网及我要美食网都建立了战略合作关系，以对钟水饺进行品牌推广。在这些媒体上做广告，让更多人了解到这一百年老字号，为企业的发展赢得了广阔的市场空间。

五、大明眼镜

（一）基本概况

创立于1937年的北京大明眼镜，已经有83年的发展历史，被称为"中华老字号"，因为其能准确地验配，拥有精良的技术、专业能力而闻名。大明眼镜拥有西方先进的配镜技术，可以配各种类型的眼镜。中华人民共和国成立后，通过参加公私合营，并入了其他几家眼镜店，并改为大明眼镜公司。"文革"时期又被改为北京眼镜店，1979年恢复其老字号。

大明眼镜的镜架品种齐全，镜片多种多样，其镜片磨制技术水平也比较高。公司成立以后便吸引了各界有需求的人士，"大明眼镜公司"的字号正是由郭沫若同志题写的。大明眼镜诚信经营，获得了百姓的认可。

北京大明眼镜的创新从未间断，20世纪70年代末，大明眼镜陆续引进了几种检测仪器，提高了产品和服务质量。在眼镜零售行业里，大明最先提供高档眼镜并设有精品厅，最早引进世界眼镜品牌，最先进行连锁经营，最早推广隐形眼镜，等等，以上都充分体现了大明的能力和开拓创新。

资料来源：傅维．得人心赢市场——北京眼镜市场扫描［J］．中国眼镜科技杂志，2008（11）：16－19．

（二）长寿基因及启示

1. 供应链上游：联合国际品牌，打造高端产品

大明眼镜的成功离不开中国的市场环境。改革开放后，中国出现了各种国际品牌的时尚眼镜和隐形眼镜的高端市场，利润丰厚，给大明眼镜带来了契机。随着中国经济的发展，人们生活方式的转变，健康成为人们的追求，保护眼睛的产品成为人们的一种需求，眼镜也成为一种必选产品。另外，再加上各种特殊市场的需要，综合的因素给大明带来了巨大的市场。

大明把握了时机，代理了许多国际品牌，一方面使更多制造商改善工艺，使之符合国际标准，促进了国内眼镜业的发展；另一方面开拓了国内高端市场，赢得了更高利润率。通过代理国外品牌，大明眼镜扩大了自己的市场，增加了客户，赢得了利润。此外，大明的原材料来自海内外，采购国内原材料可以满足国内市场需求，采购国外原材料在国内加工可以在降低成本获得较高利润，同时在一定程度上也满足了高端客户的需求。

2. 中下游模式：连锁经营，加强品牌推广

大明眼镜根据市场的变化改变了运营模式，以加盟连锁的形式实行统一管理，完善售后服务。为保证连锁店质量，大明规范管理业务，通过了ISO9001质量体系认证，制定了各种质量管理文件，便于各连锁店实现标准化、规范化服务，成为了人们可信赖的眼镜店。

大明对连锁店的诚信经营特别重视。大明的产品保真、质量好，始终坚持"质量第一"的宗旨。为确保质量，大明对各环节实施全程监控，只经销质量上乘并且通过质量检验的产品。为了保证验光质量，大明还加强对店内工作人员的培训，并且定期进行产品抽检，所以被评为"北京市商业优质服务十佳企业"。

六、老同昌

（一）基本概况

老同昌茶庄是徐州市老同昌茶叶有限公司的前身，在 1927 年建立，具有 93 年的历史，是中华老字号之一。经营的茶叶品种繁多，档次齐全，年销售额超过 4000 万元，在全省行业中名列前茅。老同昌茶叶有限公司的业务涉及茶叶的生产与销售，光固定资产就达 1200 多万元，年销售茶叶 160 吨，成为鲁南地区较具影响力的茶叶公司之一。

老同昌茶庄追求产品品质，制定的价格合理，计量的方式准确，提供的服务也周到。为了保证茶叶质量，老同昌选取质量上乘的茶坯和优花，并且对员工制定了六不准原则：不准吃有刺激性气味的食品；不准浓施粉黛；不准留长指甲；不准将有潮气的雨具和有异味的物品带进柜台、仓库；不准同一柜台出售其他商品；不准在柜台分装茶叶。此外，还有严格的茶叶管理监督制度，要求职工每半年体检一次。为了更好地服务顾客，坚持为老人、残疾人送货上门，赢得了客户的信赖。

老同昌有多个荣誉称号：消费者满意单位，计量、质量信得过单位，文明诚信私营企业，三星级卷烟零售诚信客户，四星级卷烟零售诚信客户。"百年老字号，齐鲁老同昌"是该公司一如既往以优质产品赢得市场的决心，而"寒夜客来茶当酒，一片热心老同昌"更是该公司长久以来对客户的服务承诺。

（二）长寿基因及启示

1. 确定最佳进货渠道，严把质量关

老同昌的进货渠道非常严格。茶庄会让财会人员和零售部门的负责人根据库存情况和市场行情，制订进货计划和渠道。进货时都要考察生产商的原料情况和制作工艺，并对样品进行检验，只有符合要求的茶叶才可以签订正式的购货合同。此外，为了减少茶叶代加工厂带来的风险，他们会先收取 20 万押金，并配有专业的人员对生产的每个环节进行监督，降低质量问题。老同昌对进货渠道的严格把关，而且老同昌建立了自己的茶叶种植基地，以保证获得可靠的茶叶，这样就从源头上保证了茶叶的质量。

2. 科学管理，打造坚实后盾

老同昌要求财会人员要掌握库存的进销数据，然后和其他部门共同制订业务计划，保证资金得到合理的利用。往来账也有专门的人员进行记录，督促货款回笼，杜绝悬账悬案。茶庄的经营离不开银行的临时贷款。为了保证茶庄信誉，得到银行的帮助和指导，财会人员会向银行及时地汇报其经营状况；保证每天轧清往来账项，并及时还清银行贷款，取得了银行的充分信任。这成为老同昌坚实的后盾。

老同昌在管理方面注重科学方法，重视培养和选拔人才，并对员工进行定期培训和考核，提拔优秀员工。这一系列措施提高了员工学习的动力，职业素养也不断地提高，同时还制定了科学的规章制度，用于规范员工行为。

七、恒源祥

（一）基本概况

1927 年，恒源祥在中国上海创立，业务范围包括服装、绒线、家纺等。其中绒线、羊毛衫最受客户的欢迎，它们的销售量在同行业中始终保持第一。恒源祥每年要消耗巨大的羊毛量，每年的使用量高达一万吨以上，在中国甚至世界的羊毛使用量排名中位居前列。中国进入市场经济后，恒源祥开始进行品牌经营和特许经营。经过多年的发展，其加盟工厂、经销商不断增多，销售网点不断扩大。

恒源祥的品牌管理战略非常成功，被称为中国的"可口可乐"。恒源祥在近百个老字号的排名中位居第二，获得的称号有"中国十大公众喜爱商标""亚洲品牌500强"。恒源祥还拥有6项世界纪录：绒线最粗、线球最大、线针最长、羊毛最细，并且还获得了纯羊毛标志，通过了ISO9002认证。2008年的奥运会，恒源祥作为奥运会的赞助商，成为奥委会的合作伙伴。

资料来源：刘瑞旗. 践行社会责任，推动社会发展 [J] . 上海质量，2016（1）：26 – 29.

（二）长寿基因及启示

1. 特许经营，双向虚拟，建立品牌价值链

恒源祥是一家品牌运营商，没有自己的工厂和渠道，它的经营方式是特许经营。恒源祥虽然有自己的子公司，但是它们只是对品牌进行塑造和维护，并不生产产品。恒源祥的经营方式是发展上下游加盟工厂和销售网点，这些网点和工厂遍布全国各地。恒源祥集团负责发布指令，它们负责执行，这种模式叫作"双向互拟"。虽然恒源祥集团的员工不超200人，但是上下游的工厂和网点中从事恒源祥事业的员工高达五万人。

恒源祥不是采用资本的方式扩大规模，而是通过自己的品牌调动加盟工厂和销售网点为自己服务，形成了一个庞大的企业联合体。在这个联合体内，集团主要负责品牌的运营，居于主导地位；而加盟工厂和销售网点主要负责产品的运营，属于从属地位，并与集团的理念、模式保持一致，服从集团管理。以上可以发现，恒源祥的发展策略是寻找战略合作伙伴，利用品牌效应促进发展，不用自己花钱买地建工厂。恒源祥坚信品牌的力量，努力打造自己的品牌价值链去实现企业的价值。

2. 立体作战，进行品牌运营

"空战"：恒源祥的广告有三不原则，一不出现地区，二不出现产业，三不出现产品。恒源祥遵循了品牌的原理和战略，它的广告词是"恒源祥，羊羊羊"，这六个字简单可重复，在消费者心中打下了深深的烙印，为恒源祥赢得了巨大的市场空间。

"地面战"：恒源祥的终端网点有上万家。恒源祥与工厂合作的经营模式，使其在短短的七年内发展了近万个销售网点。这些销售网点就像"永不停播的活广告"，树立了恒源祥的品牌形象，让恒源祥在国内市场的发展越来越快。

"创意战"：抢占第一。根据品牌原理，排名第一的品牌往往会被消费者牢记，而排名第二的消费者永远记不住。所以"'寻找第一的资源'是恒源祥一贯的追求"。恒源祥占据了多个第一：第一个使用五秒短时段广告、第一家为北京奥运会提供礼仪正装的运营商、第一家国内纺织业的奥运会赞助商。这些领先行业的成果，使得恒源祥的品牌越做越大。

八、壹条龙饭庄

（一）基本概况

壹条龙饭庄在清乾隆五十年成立，至今已经有230多年的历史，以传统的涮肉为主，清真炒菜为辅，是京城经营清真菜肴的老字号饭庄。壹条龙饭庄在创立之初名叫"南恒顺羊肉馆"，当时只是一个卖羊肉、烧饼、羊肉杂面的小铺子，后改为"壹条龙羊肉馆"。公私合营后，改名为"壹条龙饭庄"。

壹条龙饭庄有一个传说，大约公元1897年清光绪时期，店铺里进来两位顾客，年轻的约20多岁，年长的40多岁，观其打扮大抵可以看出一个是主人，一个是仆人。他们吃完涮肉却发现没有带钱，韩掌柜也没计较，放他们走了。到了第二天一个小太监来送钱，他们才反应过来昨天的年轻人是光绪皇帝。韩掌柜因此将他们用过的凳子、锅供奉起来。这件事很快传遍了大街小巷，人们后来便将其称为"壹条龙"。但正式改为"壹条龙羊肉馆"是在1921年8月，当年的锅仍保留在店内。

壹条龙的涮羊肉是北京最为正宗的京城涮羊肉，铜火锅的吃法也一直被延续，被评为"北京名火锅"，并成为北京市非物质文化遗产。

资料来源：杨学农，王正儒. 清真在我身边［M］. 银川：宁夏人民出版社，2009.

（二）长寿基因及启示

1. 开设特色分店，提供一条龙服务

壹条龙饭庄有很多的分店而且都富有特色，可以满足客户的各种需求，比如商务宴请、婚宴庆典、大型酒宴、情侣约会、家庭聚会等。

菜系也是多种多样：京味菜、涮羊肉、火锅、清真菜等。为了保证食品的口味和质量，壹条龙对各个分店实行统一管理。顾客可以在任意分店品尝到饭庄的菜系。而且壹条龙饭庄提供壹条龙的服务，配有免费的停车位，还对服务员进行专业培训，使每个客户都能获得细致周到的服务。

2. 二十四小时营业，满足客户需求

壹条龙饭庄24小时都在营业，人们可以在任何时间到此就餐，便利了人们的生活；另外壹条龙饭庄分为散座和雅座，也满足了不同消费者的需求；店内环境干净整洁，可以愉悦顾客心情。壹条龙饭庄的规模虽然不是很大，但是其文化底蕴和经营之道是可以学习和借鉴的。

壹条龙饭庄的核心竞争力是产品质量，但是保证质量必须通过合理的商业模式，模式的选择对于企业走上正确的道路起到关键作用，对效率的提高和成本的降低也有一定作用。

九、德仁堂

（一）基本概况

德仁堂成立于20世纪初，由于和成都同仁堂同名，遂改称为"达仁堂"，至今已发展近百年，是一家老字号药店。早期的经营模式为前店后坊，售卖中药材及中药饮片，凭借其诚信经营获得人们的信赖。后来改名为"德仁堂"，以"同修德仁、济世养生"为自己的信念。经过发展，德仁堂药店从店铺发展成为综合性药店，并且一直保留至今。现在的德仁堂集团除了经营医药，还涉及了餐饮、地产领域。凭借其科学管理、集中人才、资金充足的优势，投资了医药行业并且进行经营和管理，保障公司的持续健康发展。

2000年，德仁堂集团兼并了成都市中药材公司，规模逐渐扩大，和其有合作关系的厂商就有上千家，药品的种类近万，销售收入达到4亿大关。直到2004年，公司连锁店和加盟店共有600多家，网点遍布四川各地，成为四川百姓最信任的药店。德仁堂还通过了国家GSP认证和GPP认证，已经成为百姓心目中值得信赖的百年老店。

资料来源：许雷．四川德仁堂：时间的见证［J］．21世纪药店，2017.

（二）长寿基因及启示

1. 连锁经营模式，提高品牌价值形象

德仁堂实行直营店和加盟店连锁经营的模式，以中低端市场为主。成立加盟店之前，为了掌握正确的市场运转信息，德仁堂都会做充分的调查，以保证加盟店的健康发展。还为加盟店输送管理人才，传递管理理念，制定合适的经营方针，最大限度地支持加盟店的发展。德仁堂虽然以营利为目的，但在市场竞争中并没有放松对品牌的树立和管理，而是靠着自己的诚信品牌立于不败之地。

德仁堂采用"欲先取之，必先予之"的经营策略，各个加盟店和直营店实行相同的管理策略和药品分布，没有优劣之分。面对外来品牌的潜在威胁，德仁堂用防守反击的策略，进行实际有效的扩张。德仁堂的扩张是先经营好自己的品牌，获得口碑后再进行扩张。经过不懈努力，德仁堂的营业额得到了快速增长，

赢得了人们的赞誉。

2. 高素质的员工和培养

德仁堂在培养人才方面有自己的优势，在成都行业内一直遥遥领先。德仁堂注重品牌发展，所以对于企业管理和人才的选用非常严格，通过公开选拔管理人员，刺激了员工的工作积极性，给员工较大的发展空间。德仁堂这种用人唯贤的管理策略，培养了一大批药店管理人才。德仁堂坚持进行店员培养，保证产品品种质量，使自己变得强大。

德仁堂还以品种齐全来吸引消费者，只有想要的，没有找不到的。德仁堂对品牌的维护，使得在80%的老字号药店都已经倒闭的情况下，德仁堂依旧健康发展。可见品牌的作用是显著的，失去了品牌也就失去了企业存在和发展的意义。然而品牌的建设要根据自己的实际情况制定相应的对策。德仁堂在扩大规模的同时，也不忘进行品牌影响力的建设，所以一直走在四川药店发展的最前沿。

十、稻香村

（一）基本概况

1895年也就是清光绪二十一年，北京稻香村在前门外观音寺建立，是北京城最先生产经营南味食品的门市，产品广受人们的欢迎。后因故停业，到1984年，稻香村在刘振英的经营下才恢复了老字号名号。在其苦心经营下，因制作的食品特色鲜明，品质上乘，在百姓间树立了良好的口碑。稻香村的经营特色是前店后厂，服务优良，因此开拓了市场，赢得了客户，不仅取得了经济效益，社会效益方面也取得了显著的成果。

稻香村自成立以来已经拥有了两百多个连锁店，并有自己的物流配送中心。稻香村之所以发展迅速，是因为进行了管理改革，由制度化、现代化的管理逐渐取代了传统经验管理。目前位于昌平区北七家高科技工业园的新加工厂已经投入使用，改变了原来的传统生产模式，取而代之的是机械自动化和工业化。

稻香村致力于发展民族食品，实现自己的社会价值。在百年的发展中，有了属于自己的企业文化，本着先成人后做事的原则，使稻香村屹立在市场大潮中而不倒。

资料来源：金立刚. 百年老字号如何守正创新唇齿留香——访北京稻香村副总经理石艳[J]. 中国商界，2020（3）：62-63.

（二）长寿基因及启示

1. 着眼客户，保证产品质量

"视消费者为衣食父母。"现在的企业，只有重视消费者并且提供优质服务，才能获得生存和发展。所以稻香村的质量、服务都非常好。稻香村发扬老字号的传统，形成了五个特点：老，珍惜老字号的光荣传统。特，维护老字号的经营特色——南味为主，其他为辅。精，要求原料要精纯，加工要精细，工艺要精到。信，对顾客讲信，以"三优"标准，满足顾客需要，并做好售后服务。对客户要讲信，要求对方按质、按时供货。货到后，货款立即付清，决不拖欠。对员工讲信，员工确保企业效益，企业确保员工收入。严，严格管理，制订行为准则，奖罚分明。

稻香村发展迅速的原因是重视产品质量。同时还向员工灌输其重要性，让员工深刻认识到产品质量和企业生存发展以及员工自身命运的关系。为了提高员工的工作质量，他们制定了多项制度，并且严格执行。所以，在北京市食品行业评比中，稻香村的许多种食品都位居前列。

2. 精于熟悉领域，不盲目扩张

企业不能盲目扩张，应遵循其规律。稻香村经过十几年成长，积累了不少的资金，但是他们都没有踏出食品行业。稻香村致力于开发新品种，以此来扩大规模，增加门店，为企业的扩张提供坚实的基础。而且企业在扩大规模的过程中，不盲目扩张。即使产品供不应求，也没有打破这一惯例。许多企业认为规模就能带来效益，也不进行实际调查，导致成本上升或者不便管理，使企业陷于困境。稻香村进行扩张的时候都会进行市场调查，根据需要增加产量，使产量和销量保持平衡。他们并没有因为声誉比较好，就到处开设门店，而是为了控制价格、保质保量，坚持自产自销。

第九章　竞争模式

一、乾泰祥

（一）基本概况

乾泰祥丝绸有限公司前身是同治二年（1863 年）开设的一家名为"乾泰祥"的专营丝绸的小店，创始人为周以漠。成立至今的 150 多年中，乾泰祥虽几经易主，多次翻建，但始终坚持绸缎经营。中华人民共和国成立至今，乾泰祥顺应市场的变化不断发展，经营品类也不断增加，并以质优价美、诚信至上以及"自采原料、自定花型、加工染色、承制男女服装加工"的经营特色，成为了购衣料的首选之地，并在 2006 年，荣获国家商务部认定的"中华老字号"称号，同时被授予了牌匾与证书。一百多年过去了，历经风雨的乾泰祥仍守望在苏城名街观前街，不仅为当地经济发展做出了巨大的贡献，更是保留住了传统商业品牌的无形资产，使其不为时代所淹没。

乾泰祥的发展比较曲折。1937 年，受抗日战争的影响，乾泰祥遭受到巨大的损失，几乎一蹶不振。由于店内的职工靠摆布摊度日，并失去了原来的富户主顾，乾泰祥无法经营，很多职工离店，自谋生路。经过后来的发展，乾泰祥才稍有起色，其招牌才被亮出。直到 1954 年底，乾泰祥与其他公司签订了经销合同，才稍有起色。1956 年公私合营，乾泰祥并入了多家店铺，规模也逐渐扩大。中华人民共和国成立后经过几十年的发展，其产品和服务质量上升至前列。党的十一届三中全会以来，乾泰祥不断开拓渠道，并恢复传统经营特色，发展速度喜人。

（二）长寿基因及启示

1. 特色经营理念，提高市场竞争力

为顾客提供质优价美、品类多样的产品以及贴心周到的服务一直都是乾泰祥的经营理念，再加上"自采原料，自定花型、加工染色，并承制本店购料的男女服装加工"的经营特色，让乾泰祥这一百年品牌深得消费者喜爱，所销衣料闻名海内外。

时代在不断变化，企业的经营模式一定要适应其发展规律而变化，当市场环境发生变化时要及时做出调整。如果企业的经营模式一成不变，那么企业的管理就会因循守旧，最终失去竞争优势。在发展历程中，乾泰祥不断调整经营模式，先是适应市场变化做出现代化调整，后又恢复传统模式，建立加工点，注册商标，打造特色品牌。

百余年的发展让乾泰祥在服装以及衣料领域逐渐形成了自己的经营特色，基于这一优势，公司开始尝试拓展新业务以扩大品牌影响力，同时提高品牌的市场地位。由此，乾泰祥从 2000 年开始尝试"走出观前街"，将自己的品牌服装放到几家具有影响力的大商场售卖，同时还在多地设立了乾泰祥丝绸特约经销点，不仅扩大了品牌的影响力，同时也极大地提高了品牌的市场竞争力。这种在经营上的不断开拓进取，让这家百年老店经受住了市场经济的洗礼，从众多竞争者之中脱颖而出，迈步走向更广阔的未来。

2. 良好的服务意识，增添竞争优势

随着市场经济发展的不断深入，配套服务在产品销售中的重要性日益凸显。谁能为消费者提供更为贴心周到的服务、满足消费者的不同需求，谁就能在竞争中占优势。较强的服务意识也是让乾泰祥在市场中占有很高地位的一个因素。

即使是在传统丝绸面料的销售上，乾泰祥也有新的经营思路。根据市场需求的多样性，提供自加工服务，在保证质量的同时，又增加了所售商品的种类，而且由于降低了成本，让乾泰祥在价格上也有了更大的优势，在市场竞争中掌握了主动权。

而且乾泰祥还推出了为游客提供邮寄加工服饰的特色服务项目，解决了游客在购买面料后面临的加工难题。游客选完面料后，再交给店家进行制作，成衣直接邮寄到家，有时新衣服比游客还先到家。这项业务自推出以来就得到了很多游客的认可，俨然成为乾泰祥在市场竞争中的新优势。

二、桂发祥

（一）基本概况

天津市桂发祥麻花饮食集团有限公司前身是成立于1927年的一家名为"桂发祥"的麻花铺，铺子位于天津卫海河西侧，创始人名为刘老八。他家的麻花不仅用料上乘，炸制手艺也绝佳，香气扑鼻的炸麻花吸引了众多顾客。因店铺位于东楼村十八街，大家就将他家的麻花称为"十八街麻花"。

随着店铺日渐扩大，桂发祥的生意却没有预想的那么兴隆，来光顾的客人越来越少。原来市面上的普通麻花很多，大家也都吃腻了。在机缘巧合下，刘老八发现将点心渣与麻花面和在一起，炸制过后味道十分独特且美味，于是在此基础上精心钻研，改良了自家的麻花工艺，加入了特制的什锦酥馅，不仅让麻花口感更好，还延长了存放时间。一经推出，这种特色麻花就广受大众喜爱，直到今天，桂发祥十八街麻花仍是天津人最爱的小吃之一。也正是由于其在市场中的独特地位，桂发祥的字号才能历经百年，延续至今。

如今，"桂发祥十八街麻花"系列仍是桂发祥的主营产品，其制作技艺被国家级非物质文化遗产代表性项目收录，并在2015年特色旅游产品评选荣获金奖。在保证传统麻花经营的同时，桂发祥从未停下研发新产品的脚步，至今已拥有中西糕点、休闲食品、节令食品以及酒水等近百个品种。与此同时，桂发祥还不断拓展销售渠道，积极与航空、铁路等交通行业展开合作。这种多元化的发展以及长久以来积累的品牌口碑，不仅为桂发祥开拓了新的市场，还助其在激烈的竞争中赢得了消费者的喜爱。

资料来源：阿楠.桂发祥：在传承中创新［J］.现代企业文化，2016（7）：66-67.

（二）长寿基因及启示

1. 多元化发展助力品牌建设

在早年经营中，桂发祥就曾凭借产品研发的大胆创新渡过了自身的经营危机。这一优良品质一直延续至今，并被桂发祥视为品牌的立身之本。为此，桂发祥专门成立了产品研发中心，注重如今流行的绿色健康理念，在传统麻花品种的基础上研发出了四个系列的麻花产品，并依据市场需求，将麻花与休闲零食相结合，推出了独立包装的迷你麻花系列。由于深受大众喜爱，桂发祥十八街麻花被认定为"中华名小吃"，并在1996年经国内贸易部认定，荣获"中华老字号"

称号。

除了麻花系列的产品，桂发祥还不断拓宽经营产品的范围，相继研发了中西糕点、休闲食品、节令食品等各种产品，从而实现了品牌的多元化发展。不仅增加了销售量及利润，还极大地提高了品牌的竞争力与影响力。其生产的"艾伦"面包、"桂发祥月饼"、"天塔"汤圆屡次在比赛中获奖。

桂发祥麻花饮食集团有限公司多次荣获"天津市优秀企业"及其他各种优秀企业的称号，"桂发祥十八街"这一商标也被认定为天津市著名商标以及中国驰名商标。

2. 精益求精的品质追求

桂发祥十八街麻花之所以能够历经百年仍为广大消费者所喜爱，在很大程度上得益于它在原料选择和制作工艺上的精益求精，正是在这样的追求下生产出来的高品质产品为桂发祥赢得了如今的市场地位。

桂发祥非常注重原料的品质，所需要用到的原料不仅采自全国各地的最佳产地，而且都是与品质有保证的知名厂家合作，如杭州西湖的桂花、华北最大冰糖厂家生产的冰糖、富强小麦粉等。也正是这些原料的品质保证，才成就了风味独特、口感绝佳的桂发祥十八街麻花。

为了实现大规模生产以满足庞大的市场需求，生产过程的现代化升级不可避免。如何将传统制作工艺与现代化生产作业完美地结合起来，是桂发祥面临的一大难题。在不断尝试探索之后，除了麻花成型仍依赖于手工搓制外，其他生产环节基本实现了现代化升级，配备了自动化不间断生产的流水线，严格执行国家各项标准。而且研发团队在投料配比、油温控制等方面不断调整以达到最优状态。不仅大大提高了麻花的产量，而且保证了口味的稳定性。现代化转型升级的成功让桂发祥成了中国传统食品企业的典范，同时也有助于它在激烈的市场竞争中保持优势。

三、致中和

（一）基本概况

浙江致中和生物工程有限公司（前浙江致中和酒业有限责任公司，2014 年改名）前身是成立于清乾隆二十八年（1763 年）的一家名为"致中和"的酒坊，主要酿制五加皮酒，创始人朱仰懋是安徽药商，而"致中和"这个名字是他摘自《中庸》中的"致中和，天地位焉，万物育焉"。五加皮原本是民间自酿的一种酒，朱仰懋却看到了其巨大的市场潜力。他将多方搜集到的酿制秘方与自身的中医药理知识相结合，确定了延续至今的严东关五加皮酒配方，开始大规模生产，将五加皮酒推向了更广阔的市场。

致中和五加皮酒一经问世便深受消费者喜爱，更是在 1876 年获得新加坡南洋商品赛会金质奖。自那之后，致中和这个品牌在长达两百多年的时间里，屡获嘉奖，享誉国内外。如今，致中和不仅是我国五加皮酒的主要厂家，还是保健酒行业的三大巨头之一，在其他食品生产领域也有一定的影响力。

如今，致中和位于浙江杭州的生产基地是我国最大的五加皮酒生产基地，其生产流水线达到了国际先进水平，年产能力高达上万吨。而且致中和通过 ISO9001 国际质量标准体系认证，借助计算机网络管理以及先进的设备，可以对生产的各个环节进行有效监控，形成了致中和独特的管理模式。

致中和在 2006 年荣获国家商务部认定的"中华老字号"的称号，成为了我国酒品行业的第一个获得这一殊荣的企业。"致中和"的商标也在 2008 年被评定为"中国著名商标"。

（二）长寿基因及启示

1. 独具特色的企业文化，打造有内涵的品牌形象

致中和的创始人药商朱仰懋不仅精通药理，还饱读诗书。致中和的名字就是他从《中庸》一书中选取的，他认为"致中和"意味着天时、地利、人和是企业长远发展所需的机遇，同时这几个字也代表了中华民族"以和为贵"的道德修养标准，且能与中医理论辨证施治"八法"中的"和"相通，理气和中，扶正祛邪。朱仰懋对于"致中和"这几个字的独特理解就是致中和企业文化的源头。

在近三百年的发展历程中，独特的企业文化激励着一代又一代的致中和人，鞭策他们不断进取。为了让企业文化得到更好的继承与发扬，致中和还编著了《致中和宪章——关于我们的企业文化》以及《致中和宪章（Ⅱ）——关于我们的企业品牌》等书用于宣传企业文化，引导企业成员坚持"以人为本，和气生财"的价值取向并在日常工作中不断践行。

近年来，基于五加皮酒特有的文化内涵以及自身独具特色的企业文化，致中和推出了工业旅游项目，通过企业文化展示园区更好地对外宣传企业文化，加深消费者对品牌的了解，以达到提升品牌形象及竞争力的目的。彰显文化内涵以及民族底蕴的企业文化在新时期得到很好的延续，才让致中和这一品牌历经百年仍生机勃勃。

2. 建立战略联盟，提升市场影响力

2001 年前，致中和产品结构单一，主营产品只有五加皮酒系列酒品，众多

经销商实力都较弱。致中和的管理者意识到如果不变革，品牌未来的市场拓展只会越来越艰难，企业长远的发展也得不到保证。

自 2004 年开始，致中和就致力于建立一个"覆盖华东、华南、大西部、环渤海区域，进而渗透全国的特色快销品战略渠道联盟"，并为实现这一战略联盟目标制定了明确且详细的规划，从与厂商建立长期战略合作关系，到特色产品套餐的设计，再到营销服务的提升。通过建立特色鲜明的渠道联盟，致中和的市场影响力得到了提升，同时产品结构也变得多元化，销量日益增长。

2016 年浙江致中和生物工程有限公司获得了商务部颁发的第 80 张"直销经营许可证"，并在 2017 年开始建设直销全球运营中心。百年企业致中和正在以"管理现代化、运营标准化、品牌国际化"为目标，走向更加美好的未来。

四、九如斋

（一）基本简介

长沙市九如斋食品开发有限公司前身是 1915 年开办的一家位于八角亭的南货店，主营糕点及卤制品，其创始人饶菊生同时也是一家绸布店的老板。建立之初，九如斋店铺小、员工少，制作与销售的地点不同，作坊在别处。开业不到两年，九如斋就遭遇大火，虽损失惨重，但却让九如斋的名字在长沙城传开了。

火灾后，九如斋重新开业，饶菊生特意邀请了有制作糕点经验和技术的聂秉诚参股共同经营，为九如斋日后的发展奠定了技艺基础。八角亭的店铺虽然不大，但九如斋凭借着良好的经营以及花色多样、规格齐全的商品，得到了越来越多顾客的认可。但由于店铺空间有限，九如斋经常因为顾客太多挤不进去而流失生意。为了扩大经营，九如斋在 1931 年成立股份有限公司，旗下有三个分公司，多处设有作坊，员工最多时达到了 500 余人。1938 的"文夕大火"让九如斋店铺再次遭遇巨大损失。几经磨难的九如斋并没有一蹶不振，而是选择在第二年又重新开业。直到 2002 年，由长沙市京程实业有限公司注资和入股，组建了现在的长沙市九如斋食品开发有限公司。

长达百余年的发展历程中，九如斋经历了重重困难，却越挫越勇，不仅将品牌延续到今天，而且在市场上享有很高的知名度。

资料来源：奉永成. 九如斋：还能在记忆中走多远 [N]. 湖南日报，2012 - 06 - 13.

（二）长寿基因及启示

1. 发掘顾客需求，丰富营销策略

为了从众多竞争者手中抢占更多的市场，九如斋十分重视挖掘顾客的需求，针对不同客户群体采取形式多样的营销策略。

不同于那些主要面向上层富有阶层的店铺，九如斋拓展思路，看到了底层阶级中的市场潜力，他们虽然收入微薄，但人数众多，有利于品牌的扩张。当时正值人力车兴起并快速发展，九如斋敏锐地发现了这一变化带来的机遇。针对那些消费不起精美的点心、洋酒等高档商品的人力车夫，推出了美味的法饼并以成本价卖给他们，此举获得了人力车夫的称赞。因此，他们会想尽办法将乘客拉往九如斋，一方面是为了表达感谢，另外还能方便自己吃到美味的法饼。这样一来，九如斋的客流量迅速增加。

当时社会上很多人有逛夜市的习惯，九如斋迅速察觉到了机会，在夜市上推出了光酥饼、油炸花生米、油酥豆等品类多样的吃食以供选择，吸引了很多顾客，每天夜市的营业收入占到了全天总收入的1/3。

九如斋还针对注重服务的高端客户提供更为贴心周到的服务。不仅会在内堂以茶水、点心招待，便于在配备货物时拉近与顾客之间的关系，而且如果购买量大，还提供送货上门的服务。同时还采用赊销手法来增加销售量，给购买力强的消费者送去购货折，不管购买多少货物，都依据购货折取货，在几个特定节日统一付账，最多时往来购货折多达200来本。

在九如斋，既有面向达官显宦利润丰厚的高档商品，也有面向中下层顾客的中低档商品，这些中低档商品虽利润微薄，甚至无利可图，但却是九如斋扩大市场占有率的利器。而且九如斋对于进店顾客都是一视同仁、热情招待、公平交易、童叟无欺，不会因为阶层或财富的差异而区别对待。这种以人为本且有针对性的经营理念，让九如斋的生意越做越旺，成为远近闻名的南货店。

2. 注重品质，与时俱进

产品品质对于品牌形象来说至关重要，高品质一直都是九如斋的坚持。在九如斋成品仓库的墙壁上写着"质量＝生命"，这就是九如斋的精神。九如斋在每个生产环节上都严格要求，以此来保证质量。每到中秋佳节，月饼的销售量就节节攀升，但是总有许多质量不过关产品被媒体曝光，然而九如斋却被授予"质量放心月饼"品牌，这正是九如斋重视质量的结果。

市场需求是不断变化的，九如斋能够屹立至今的另一个法宝就是在保证产品品质的同时，与时俱进做出调整。现代消费者越来越注重饮食的健康，传统的糕点过于甜腻并不讨喜，为了延续品牌，九如斋改良了传统配方，让产品更加符合

现代消费者的追求。比如，用葡萄糖代替传统白砂糖，既降低了含糖量，又保持口味不变，完美满足了消费者的需求。

五、李占记

（一）基本概况

广州市李占记钟表有限公司前身是创建于 1915 年的广州李占记钟表行，创始人为李兰馨。早年在香港学习维修钟表的技术，李兰馨就以精湛的技艺赢得了很多顾客的欣赏，早在 1912 年，他就在香港开办了第一家李占记钟表行。李占记钟表行以维修钟表服务为主，兼营钟表零售与批发。维修名贵钟表的精湛技艺是李占记最大的特色，由于名表价格高昂，顾客对钟表行乃至维修师傅的信任极其重要，而李兰馨在自立门户前做学徒时，就为自己积累了良好的业界口碑，李占记钟表行自创办一直延续李兰馨对服务质量的高追求，他还制定了严格的质检制度，以诚信与品质赢得了较高的市场地位。

1956 年公私合营后，李占记由中国百货公司广东省广州市公司管理经营。1967 年，李占记成为国有企业，并更名为"广州钟表商店"，1985 年，恢复李占记店名。2000 年，李占记的经营陷入困境。直到 2004 年注入国有资本，李占记百年老品牌的新形象才得以重塑，营业额不断上升。同年，李占记还对店面进行了翻新，将一楼设计成极具现代化风格的经营区，二楼则是办公区，同时还为接待高端客户特意设立了贵宾室，这些都是李占记为满足客户需求而精心规划的改变。

目前，李占记是广州市最大的国营钟表首饰店，店内不仅经营来自世界各国的名贵钟表及首饰，还提供精工修配名贵钟表的高品质服务，拥有专门的维修部，不仅技艺精湛，而且配备了先进的检测维修仪器。

资料来源：叶红菱. 李占记：百年修表老字号焕发新活力 [N]. 民营经济报，2007 – 01 – 15.

（二）长寿基因及启示

1. 精益求精，严把质量关

过硬的钟表维修技术既是李占记能够屹立百年的立身之本，也是其核心竞争力。钟表维修是一种以手艺为主的精细工作，不同于其他现代化行业，这一工作目前只能由人工来操作。李兰馨对技工技术的要求极其严格，但在关键性工艺技术上，他也不惜言传身教、倾囊相授。维修若出现问题，李兰馨常亲自替技工找原因；如果同一技工同一问题出现第二次，他宁愿多付一个月工资，也会让其另谋高就。虽然这种管理方式十分严格，但技工的技艺长进得也很快。正因为能学到真正的本领，钟表技工都以能进李占记为荣。

除了不断提高维修手艺，李占记还充分利用了现代化设备来进一步提高维修的水平。每年李占记都会在修表设备、仪器的更新上花费大量的资金。每一次新型机芯出现，李占记都会第一时间买回来，成立专门小组对其进行钻研，直至透彻地掌握它的维修原理及技术。而且李占记还会根据各个技工所擅长的修理领域来灵活分配需维修的钟表。为保证质量，李占记率先在钟表业开创质检员制度，对已修好的钟表逐一检查。

李占记正是凭借着这种对精益求精的不懈追求，才培养出一代又一代的杰出修理人才，中华人民共和国成立后，广州有名的钟表技师大都出自李占记。这样一来不仅增强了李占记自身的市场竞争力，还为提升整个行业的技术水平做了巨大的贡献。也正是由此，很多顾客才会不远万里赶来，放心地将自己的爱表交给李占记维修。

2. 创新营销策略，吸引顾客

在营销方面，李兰馨常有创新之举。他曾高薪雇请两人在店门前分别扮成关羽、张飞，手执长矛大刀，宛如两尊门神，在当时引起了广泛的关注。而且在医药保健还未普及的时候，李兰馨别出心裁，给每位购买钟表的顾客赠送一包印有李占记广告的痢疾散。依靠顾客的口碑相传，李占记的市场影响力也日渐增加。

李占记打破惯例，创建了一套规范化、系统化的管理模式，专门开辟出一个维修中心。送来维修的手表，都会由维修中心统一管理，先对其进行初步诊断，然后再根据修表师傅的维修强项进行合理分配。维修间全是透明玻璃，里面的工作台、修理仪器以及维修师傅们的操作过程，顾客可以看得一清二楚。这里不仅是维修师傅们工作的地方，更是他们高超技艺的展示舞台。这种模式不仅给顾客带来了不同于以往的消费体验，也向他们展示出对自身过硬的维修技术的信心。

李占记的维修中心除了有维修工作间之外，还设有橱窗展销手表。其中的国产品牌专柜独一无二，4米长的玻璃展柜专为国产品牌的钟表展销所用。李占记规定，展柜每次只能展示一个国产品牌，为期20天。时限一过便更换品牌。从2004年至今，每个国产品牌的年展销额均按两位数的百分比增长，成绩骄人。

这些别出心裁的营销策略让李占记将竞争对手远远抛在后面，成就了其钟表维修界"一哥"的地位。

六、三珍斋

（一）基本简介

嘉兴三珍斋食品有限公司前身是创办于清朝道光年间（1848年）的一家酱鸡店，地处乌镇，名为"三珍斋"。历经170多年，这家老店至今仍以其独特风味广受顾客的赞誉。

早在20世纪20年代，三珍斋就有了一定的规模，经营着十几种酱卤制品，并凭借着独特的风味吸引了大量顾客，俨然成为了当地的特产。快速发展的三珍斋在30年代就进入了繁荣期，不再局限于本地的市场，在上海的商场都设立了专柜，前一天晚上借由发达便利的水路交通将制好的产品运往上海用于第二天出售。三珍斋深受上海市民的青睐，成为了走亲访友时选择地方特产的热门，市场影响力很大。

但是受到抗日战争的影响，三珍斋遭遇了前所未有的经营危机，难以为继。直到改革开放前，三珍斋也一直没有走出经营困境。改革开放带来的市场变化让三珍斋品牌又重新焕发了生机。为了重振品牌，扩大经营规模，三珍斋通过集资募款于1992年成立了嘉兴三珍斋食品有限公司，使得这个具有百余年历史的老品牌在新的时代有了新的发展。为了进一步拓展市场，三珍斋开始将自身产品进行真空包装，销往附近的几个大城市，市场反应极佳，知名度大大提升。

经过不懈的努力，三珍斋的经营规模不断扩大，产品品类也日益丰富。目前，三珍斋拥有上万平方米的加工厂房和大型冷库，还配备了现代化的食品加工设备和生产作业流水线，建立了完善的质量监管体系，已初具现代食品加工企业形态，成为了当地数一数二的综合性食品加工企业。而且还在全国设有销售点，部分产品远销海外，在消费者中口碑良好。

三珍斋在1993年经国内贸易部认定，被授予了"中华老字号"的称号，之后还相继获得多个荣誉称号，其商标被认定为"浙江省著名商标"，品牌价值更是达到了1.22亿元。

资料来源：王忆萍. 香飘百年味更美的酱鸡——三珍斋［J］. 老字号品牌营销，2020（1）：17-19.

（二）长寿基因及启示

1. 重视质量管理，从源头抓起

对于食品企业而言，产品品质事关生死。三珍斋能够历经百年仍广受赞誉，与其对产品质量的重视分不开。传统酱卤工艺都是按经验和感觉进行配料，这样的做法不科学也不稳定，不仅对制作人员的要求极高，也不适合大规模生产。用现代技术为传统技艺把关是三珍斋为把控产品品质而做出的改变，用科学方法对27 道工序进行精细化指导，尽最大可能保证产品品质的稳定性。而且，三珍斋还先后通过了质量管理体系认证和国际食品安全控制体系认证，以监控生产过程保证质量。

除了通过生产管理来保证质量之外，三珍斋还从原材料的源头上加强品质管理。不仅在适合作物生长和养殖畜禽的地方建设自己的养殖场，派专人监管。而且还建立了自己的饲料厂，严格按照国家和企业的标准进行生产，所加工的饲料均不含任何国家禁止使用的药物。不仅如此，三珍斋还配备了检测设备，用于对饲料产品进行不定期检验。

三珍斋为保证质量所做的这些努力形成其独特的竞争力，也是实现品牌百年发展的根本保证。

2. 审时度势，转变营销模式

1995 年三珍斋采用真空包装产品的形式虽然取得了很好的成效，极大地提高了品牌的知名度。但几年后，连锁经营比较强的企业入驻上海市场，新业态的形成给三珍斋带来了巨大的冲击，销售量及市场份额迅速萎缩。面对企业发展的转折点，三珍斋果断做出了改革的决定，这一正确的选择不仅让销售量翻番，而且还扩大了三珍斋在周边地区的影响力。

食品安全是根本，顺应市场需求变化才是三珍斋长存的关键所在。随着互联网技术的不断发展，线上销售已逐渐走向成熟，三珍斋敏锐地察觉到发展机遇，在别人还是以代理的形式在网上进行销售时，三珍斋已经有了自己的网店。网店的开设让三珍斋可以吸引更多的以年轻人、白领为主的消费人群，不仅可以得到市场销售的一手数据，还可以拓展全新的市场。目前，三珍斋网店每个月的销售额已经可以与一家卖得不错的超市相媲美，不过增加销售额并不是三珍斋开网店的目的，其真正的目的是希望能够通过网店与消费者进行直接的沟通，获得即时的反馈。这样一来，三珍斋可以根据消费者的留言反馈来对产品进行升级改造，尽最大可能满足消费者的需求。

这种营销模式的转变，对于推广三珍斋的品牌有着重要的意义，不仅开拓了市场，还增加了品牌在全国的知名度，最终促成了三珍斋的百年发展。

七、解百集团

（一）基本概况

杭州解百集团股份有限公司前身是 1918 年成立的浙江省商品陈列馆。中华人民共和国成立后更名为"百货公司"，是杭州市最早的国营零售企业。1994 年在上海证券交易所挂牌上市，成为了一家具有相当规模和实力的商业上市公司，后又组建为集团公司。

在百余年的发展历程中，解百一直秉承着"诚则兴，变则通"的经营理念。不仅以其深厚的企业历史及文化积淀著称于商界，同时又呈现出一个生机勃勃的现代百货公司形象，成功地从传统单一的百货商店转型为多功能现代化的购物中心。

公司目前仍以百货零售为主业，基于消费者需求的变化，结合杭州的城市形象，确定了"精致生活、休闲人生"的品牌定位，明确了"以中青年白领为主流消费群体"的品牌经营战略。由于目标消费者不仅追求较高的生活品质并且具备一定的消费能力，解百不断升级自己的营销服务，力图营造一个浓郁的品牌经营氛围，并且不断激发市场活力。

在提升经营品质的同时，解百还注重完善自身现代化企业管理制度，实现了从经验管理到科学管理的飞跃，先后荣获"中国服务业 500 强企业""中华老字号百强企业""中国商业名牌企业"等多项荣誉称号。

（二）长寿基因及启示

1. 选择合适的市场定位，凸显竞争优势

在解百看来，要想在激烈竞争环境中谋求发展，在"求变求新"的百货行业的发展潮流中维持住消费群体，就需要抛开传统百货商店的"大而全"模式，塑造一个引领现代生活潮流的现代百货公司形象。基于这一见解，解百新一届的管理团队在 2002 年制订了企业未来 3 年的发展计划，确定了"精致生活、休闲人生"的经营理念，以及"打造高品质休闲购物中心"的经营定位。明确了未来的发展方向，解百对商场进行了全方位调整，全面提升了经营品位，开启了向现代百货转型的新征程。

基于已经确定了的经营定位，解百制定了具体实施方案，相继对解百 A 楼、

新世纪商厦、解百 B 楼进行了战略性调整，向"打造高品质休闲购物中心"这一目标迈进。商场不仅对专卖店设计进行了调整，还全面调整了布局结构。A 楼沿街店面改造过后的漂亮、通透的店面设计让不少消费者眼前一亮，并且首创了现代百货与店中店相嫁接的新型经营模式；新世纪商厦主营女性商品，包括服装鞋靴、化妆品、首饰等；B 楼主营男性商品，如服饰、家电等。在调整的过程中，无论是装修风格的选定还是品牌的引进，解百都始终坚持朝着自身定位的方向前进。

为了提高商场形象，解百对入驻品牌进行了梳理，清退了那些与自身定位不相符的品牌，引进国际知名品牌，全面提升了商场的经营品位。同时，解百也完善了配套项目，比如必胜客、肯德基、上岛咖啡等，增强了商场的休闲功能。如今的解百成为了一个休闲时尚的聚集地，向人们展示出"精致生活、休闲人生"的定位。

2. 加强企业文化建设，提高自身实力

企业文化是增强企业内部凝聚力、保证企业战略得以成功实施的关键要素。解百进行大调整之后，便着手塑造企业文化。

解百企业文化中特有的"全员营销"的团队精神、"CAP"服务模式等，使得员工树立了与公司一致的价值观，激励所有员工为实现企业的目标而共同努力。文化的塑造改变了员工态度及行为，创新能力也有所提高，各部门都形成了"营销仅仅靠营销部门来贯彻是不够的，需要整个公司的共同参与"的观念，对于每次活动，各部门都可以通力合作，充分展示了团队精神。公司同时创新了服务模式，使得各部门的服务意识、服务品质都有了较大程度的提高。

解百进行学习型组织建设，拥有自己的培训体系，用以加强一线员工的职业素养和能力，增强管理人员的创新能力，学习氛围非常浓厚。并且每个部门都有企业文化宣传员，对本部员工进行文化培训。同时还制作宣传品、拍摄宣传片让更多的人了解解百。

第十章　危机与战略

一、东亚银行

（一）基本概况

东亚银行成立于 1918 年，总部位于中国香港，兼有内地和国际业务。1920年，东亚银行开设分行，于 1930 年上市，之后兼并了中国联合银行和第一太平银行，规模不断扩大。2003 年，东亚银行拥有了自己的办公大楼，部门设置非常齐全。

东亚银行的服务范围以香港为主，同时涉及海内外企业和个人，成为香港最大的独立本地银行。目前，东亚银行在香港开设了上百家分行和理财中心，共有3000 多名员工；集团在海外的员工更是多达 6000 名。东亚银行的服务业务也非常多，包括存贷款、办理信用卡、电子银行等，既可以面向个人也可以面向企业提供商业服务，还可以帮助客户进行理财，满足客户的多种需求。

（二）长寿基因及启示

1. 强烈的危机防范和危机管理意识

2008 年 9 月，东亚银行经历了隐瞒衍生金融产品亏损的危机，致使很多香港市民纷纷取出在该行的存款，东亚银行的股价急剧下跌。东亚银行也立即就此做出了澄清。

为了避免东亚银行的挤兑事件影响到内地客户，东亚中国的最高领导层共同决议了相关的解决办法，包括筹措资金等。这一办法不仅增加了银行的资金流动，也保证了柜台可以提供充足的现金。为了使客户不受母公司的影响，东亚中国还向大客户以及同业银行进行资金拆借。为了应对突发事件，东亚中国在建立之初就制定了"突发事件应急管理办法"，并对"挤兑事件"做了详细的解决方案。按照应急管理办法，在发生挤兑时，各级职员层层上报，最后再上报给上海银监局；如果银行当时的现金不够，分行可以寻求中国银行和其他银行的帮助，拆借资金；最后通过媒体向社会公众陈述实情。解决挤兑事件后，东亚银行还需要向社会宣布处理结果，明晰事件发生时的取款总额，并对银行造成的结果进行评估，查清挤兑的原因。事实上，东亚银行得以迅速恢复稳定的重要原因除了香港本地的支持外，还得益于其经营多年的内地业务。截止到 2008 年 9 月底，东亚银行在中国大陆发展了 50 多个网点，在外资银行榜上位列第一。

东亚银行的百年基因在于其有效的危机公关和灵活的企业战略。2008 年的挤兑危机之后，东亚银行逐步发展壮大，成就百年基业，这与其有效的危机公关是分不开的。东亚银行对于危机的预防、处理以及危机后的措施都以条款的形式罗列出来，为危机处理提供了依据。

2. 有针对性的业务扩展战略

海外攻略：华人牌。东亚银行成立时虽立足于服务本地居民，但从 1960 年开始，东亚银行逐步走向世界，占领全球市场。在进入海外市场时，东亚银行根据自己的优劣势，寻找服务目标。最初时，东亚银行要想竞争过本地银行，必须要寻找自己的定位。东亚银行通过观察发现进入银行的大都是海外华人，因为他们在东亚银行可以听到熟悉的国语，有亲切感，因此成就了东亚银行的特色。东亚银行的网点一般设在华人聚集区以便更好地为华人服务，争夺市场，比如美国的唐人街。

内地攻略：亲民牌。开展内地业务时，针对网点少的弱项，东亚银行制定了两条策略：一是在大城市增加支行、分行和代表处的数量。二是运用国际化标准服务理念，每个分行的布局格调统一，规则标准一致，来保证世界各地可以享受到同等的服务。虽然东亚银行的业务遍布全球，具有很强的优势，但是与四大银行相比，东亚在资产上并无任何优势。之所以可以站稳海外市场，主要是由于东亚与内地的亲密关系。在东亚银行开户，不会限制具体数额，这种策略就是要让人们知道，外资银行就在他们身边。虽然东亚主要服务中高端客户，但是他们欢迎任何到那里的客户。而且为了向公众表达自身长期经营的态度，东亚银行花钱购买了办公大楼而不是租用办公楼。

尽管东亚银行面临着与其他外资大行竞争的压力，却仍然对自己的发展充满信心。与其他外资银行相比，东亚具有其独特的优势。首先，东亚对中国国情和国家政策了解得比较深入，所以可以制定符合国情的战略决策。其次，东亚银行战略定位准确。国家决定发展哪里，他们就在哪里开设分行。

二、王老吉

（一）基本概况

王老吉成立于 1828 年，以凉茶铺的形式专门提供水碗凉茶。1840 年，王老吉进行改造，形成了前店后厂的模式，并在此基础上进行茶包的加工制作。后来王老吉在湖南、湖北、上海、北京等地开设分店。抗日战争期间，王老吉店铺被毁。直到抗战胜利后，王老吉店铺才重新恢复营业。1956 年经过社会主义改造，王老吉合并了 8 家私营中药厂，并且更名为"王老吉联合制药厂"，在 1992 年成立广州羊城药业股份有限公司，成为股份制企业，又在 1996 年成为广州医药集团的子公司，并与其他兄弟企业成立了广州药业股份有限公司，在香港和上海上市。

但是，在 1998 年以前，王老吉药业年亏损近 3000 万元。1998 年之后，凭借每年 25% 的平均增速开始好转。直到 2003 年王老吉才有了重大转变，当年销售额超过 3 亿元。经过短短几年的奋斗，王老吉终于走出困境，健康发展，成为了老字号现代化改革的榜样。

资料来源："王老吉"品牌营销创新术 [J]．农业工程技术·农产品加工，2008（5）：47 – 51.

（二）长寿基因及启示

1. 丰富的危机公关经验

2009 年 5 月 11 日，王老吉被卫生部指认其中药成分和原料不允许食用，使得王老吉成为社会瞩目的焦点。然而只用了三天的时间，王老吉便转危为安。这是怎么做到的呢？

对于王老吉来说，澄清和改变成分重新加工都不是最好的办法。选择前者，王老吉会失去 1/3 的消费者，而且以其行业影响力是否可以减轻社会舆论带来的压力也是不确定的；如果重新加工，王老吉或将失去更多的消费者。所以这两种办法都会失去部分客户，输掉民心。

面对外界的质疑和媒体的曝光，王老吉并没有将重点放在解释和澄清上，而是默默地进行危机公关。事发后的第二天，广东食品协会以新闻发布会的方式告知公众，王老吉中夏枯草的成分是合法的，没有违规添加原料的问题。危机之后的四天时间，卫生部也帮着王老吉澄清，声明其原料已经备案，确认了夏枯草的安全性。

此次的危机，王老吉沉着应对，并没有在危机爆发之时就站出来进行解释，而是客观全面地了解整个事件后，寻找问题发生的根源，并以最快的速度解决问题。因此，可以看出王老吉有丰富的危机公关经验。

2. 成功的品牌推广战略

王老吉为了实现品牌推广，和加多宝签订了商标转让协议，期限是 20 年。目的是想利用加多宝的资本和市场优势，提高品牌知名度。事实证明这是非常成功的。

王老吉在 2003 年"非典"时期拿下了央视黄金广告时段，2004 年又成为了央视标王。王老吉充分利用央视这一强大的宣传媒体，使品牌推广迈入了新的阶段，帮助王老吉迅速在消费者中提升了知名度，销售额激增，并在全国掀起了一阵"凉茶风"。

王老吉之所以能在凉茶市场占有很大的市场份额，除了投入大之外，就是给自己的定位很准确。从广告语"怕上火，喝王老吉"就可以看出，它给自己的定位是预防上火。为了获得消费者认可的卖点，王老吉从中国的饮食中发现了"去火"这一概念，所以王老吉以保健概念为基础，开发了一个新的产品。王老吉凉茶突破了人们对于中药品类的认知，进入到了饮料行业，完美地避开了其他饮料的竞争，成为了和它们并列的大品类。

三、全泰

（一）基本概况

上海全泰服饰鞋业总公司有很长的发展历史，规模也很大，于 1936 年建立，是贸易部认定的"中华老字号"。全泰在 1982 年设立了中国第一个中老年服装专柜，并逐渐地把中老年人作为自己的服务对象。在之后 20 余年的发展过程中，全泰的产品链不断改进，目前经营的包括衣裤、帽饰、鞋袜、羊毛衫、内衣等多类商品，实现了中老年穿着用品全套配齐，并形成了包含亲情服务、信息服务等八种服务的特色服务体系。

1995 年全泰提出"工贸一体、产销结合"的策略，新成立了产品开发部，创建了公司，形成了领导中心，开始实施品牌战略。1996 年，延续中老年经营特色的全泰新商厦落成，除一楼外，其他楼层都以中老年用品和服装为主。

全泰中老年服装符合本场需要，深受上海地区中老年消费群体欢迎。全泰中老年服装于 1997 年被评为"区重点扶植品牌"，并于 2000 年被评为"上海市商委重点推进品牌"。经上海名牌推荐委员会认定，该品牌旗下的中老年女上衣被推荐为"2001 年上海市名牌产品"。

资料来源：董慧．上海商业服装老字号品牌活化研究［D］．上海：东华大学硕士学位论文，2008.

（二）长寿基因及启示

1. 经营定位准确，经营策略有效

近年来，随着国民生活水平的提高，中老年人对自己的着装更加在意，"有得穿"的传统观念已经转变为适应消费时代的"穿得美"。然而由于市场收益存在差异，相比中老年服饰，生产商更偏爱青年服饰和童装，这让中老年人在挑选衣服时选择空间非常小。全泰看到了他们的内在需求，决定重新定义中老年服饰，从而使其进入一个求新求美的新阶段：改变"只重视规格，忽视款式"的传统经营思路，注重中老年服装的设计。

虽然在开发中老年时装的过程中存在着费料、利薄、规格多、库存量大等障碍，但全泰仍然努力满足消费者多种多样的需求。全泰为此进行了多方面的调查，并为中老年人提供服装搭配咨询，同时还开通了专门教中老年人选购服装并进行形象设计的电台热线。全泰还举办了"中老年服饰比赛"，以便更好地收集市场信息，掌握消费的需求变化规律。同时全泰还举行过多次研讨会，对中老年服装的款式、选材、颜色等要素进行探讨，致力于满足老年人的审美要求。

除了充分了解市场需求之外，全泰还积极与供货厂商沟通，调整传统审美观念和经营策略以适应市场的新变化。按照稳重端庄、高雅得体的中老年着装偏好，精选面料，设计多样，追求高质。并与中央电视台合作宣传"夕阳红中老年服饰专卖店加盟计划"，使得全泰服饰的影响力扩大到全国范围。

经调查发现中老年人购买日常生活用品成难题的现状后，全泰迅速调整经营范围，除了原有的中老年服饰外，开始涉足中老年人日常生活用品的经营。由于性价比较高吸引了来自全国各地的消费者。

自从在商场设立第一个中老年服装专柜以来，在企业不断发展的过程中，全泰明确了中老年服饰的经营重点，并以此经营定位展开多重经营战略，为全泰的发展扩大奠定了坚实的基础。

2. 与时俱进的品牌意识

全泰懂得树立自身品牌的重要性，一个优秀的品牌可以丰富企业经营的内涵，为企业提供新的经济增长点，同时还能打破地域的界限，为企业赢得更大的市场份额，增强自身的经济实力。为了打造品牌，全泰随后成立了制衣公司和产

品开发部，主要负责中老年服装的自主设计与生产，同时发展了一批定牌监制企业，希望以"小批量、多品种"适应不断变化的市场需要。

良好的品牌声誉为全泰带来了更大的市场。在济南和温州设立的全泰中老年服饰特约经销点一举成名，后续又入驻苏州、扬州等地的各大商厦，进一步扩大了品牌的市场影响力和占有率。

3. "坚持顾客第一"的经营宗旨

"坚持顾客第一"是全泰始终坚持的经营宗旨。全泰全面周到的售后服务一直都是其特色服务体系的核心，在售后服务的基础上，又延伸发展出售前和售中的特色服务，形成了贯穿整个销售过程的一条龙服务。售前服务是在服装款式、色泽搭配、整体着装效果方面提供导购服务，为消费者提供服装搭配建议；售中服务是为消费者提供裁衣整改服务，并且为一些体型特殊的消费者提供看样定制和特体特制服务，吸引了大量特殊体型的顾客慕名而来，满意而去；售后服务是在可以进行再次售卖的情况下，顾客可以凭发票无理由退调，并且强调买与退都可享受到热心接待的服务。全泰热心周到的服务体系进一步提高了品牌在消费者心中的地位。

近年来，全泰的服务特色还在不断延伸，许多商场都可以看到全泰健康咨询台，由专业的保健医生为中老年人提供健康咨询。

"全泰穿着情，体贴老中青"的广告语充分展现了全泰对顾客服务态度的升级，也正是这样强烈的服务意识促进了企业销售规模的扩大，至今其销售点已遍及十余省市。

四、上海家化

（一）基本概况

上海家化是一家具有120多年历史的民族日化企业，其前身是1898年创立的广生行，主营化妆品、护理用品及家居护理用品。公私合营后，与其他工厂和工业社合并为"上海明星家用化学品制造厂"，家化的名字由此而来。

在20世纪90年代，上海家化在化妆品销售方面也高居榜首，尤其是美加净系列备受市场欢迎。而后，在招商引资的背景下，与美国庄臣公司共同合作，创建了露美庄臣有限公司，但由于错误地预估了市场，导致销售额锐减、市场占有率减少，并被宝洁、联合利华等国外品牌赶超。经过这次失败，家化开始反思民族品牌的发展战略。为了使民族品牌得以振兴，家化开始进行公司改革。推行品牌经理制度，向现代企业转变，而后上海日用化学公司归家化所有，成立了上海家化有限公司，两年后在上海证券交易所上市。

家化自成立以来，一直倡导差异化发展，创建自己的特色。以科学的方法进行实践指导，并深入国际合作。旗下的美加净、六神、清妃和佰草集等多个知名品牌凭借强大的研发能力和品牌实力，均以自己的差异化特色在市场中占有主导优势，使家化在全球化的冲击下，成为唯一能与国外同类品牌相匹敌的本土日化企业。

（二）长寿基因及启示

1. 直面危机，越挫越勇

国外日化品牌进入中国市场后，市场格局发生了新的变化，市场竞争也越来越激烈。在此背景下，家化想以合资的方式提高竞争力，但因对中国市场错误的预测，导致家化的两大知名品牌声誉逐年下降，也使上海家化失去了市场领先的优势。

面对品牌与企业自身遭遇的重大危机，作为中国日化行业曾经的霸主，上海家化并没有感叹时不利我，而是痛定思痛决定撤资以收拾残局，重新赎回美加净和露美两个品牌，放弃了合资；并于 2004 年提出了"回归日化"的战略发展计划，第一要务就是要重振美加净这块金字招牌。为了实现这一计划，上海家化集团以 5000 万元的高价中标央视 A 特段，并且邀请蒋雯丽担任品牌代言人体现温馨家庭的品牌价值，以期通过广告推广来提升品牌形象，为美加净的再次回归保驾护航。

2. 差异化的品牌战略，为重夺市场份额助力

面对跨国公司进入中国市场这一新挑战，上海家化集团通过打造自身特色，形成了很多明星产品。

为了避免与国际品牌在高端市场的正面竞争，家化先将目标瞄准了中低层消费群体，于 20 世纪 90 年代初首次推出了六神花露水，主打去痱止痒、提神醒脑的作用，利用消费者的中国品位和对中医文化的认可以及低廉的价格吸引了众多消费者。1993 年家化在此基础上又推出了六神沐浴露，很快就位居洗护产品榜首，赢得了巨大的市场空间。

面对中高端市场，家化推出了中草药高档护肤品牌——佰草集。这一系列是家化在高端市场中对国际竞争对手进行的回击。中草药不仅是六神系列的主要卖点，也是佰草集进行品牌差异化战略的核心要素。佰草集系列在进行定位之前，有专门的成员对市场进行了调查，在对市场进行了充分的了解后，最终形成了中草药、有中国特色、健康以及现代感的定位。

在销售渠道方面，佰草集也不同于其他产品，没有选择进驻药店，而是采取

了专卖店和特许经营的方式。这可以为顾客提供更舒适的购物环境，享受周到的服务，有利于佰草集高端品牌形象的树立。佰草集于 1998 年在上海的香港广场开设了全国第一家专卖店，每一个购买产品的顾客都是会员，让佰草集迅速吸引了 20～35 岁受过高等教育的女性群体。

在选择的广告媒介和形式方面，佰草集以时尚杂志为主。尽管自上市之初"中草药"概念就被定为"佰草集"品牌的核心特色，但是美白、防晒等常规的护肤功效在产品的宣传中同样备受重视。这样看似"全面"的宣传使得佰草集虽在定位上与其他品牌相比有差异性，但在消费者心中树立的品牌形象却没什么不同。经过反思后，家化在 2001 年对"佰草集"品牌理念及营销策略进行了重大调整，再次明确了产品的核心优势——中草药添加剂，并依此制定出品牌规划。自此，佰草集的品牌差异化竞争战略才得到了充分体现。

五、老拨云堂

（一）基本概况

公元 1728 年，即清朝雍正六年，沈育柏在通海县城开设药铺，当地县令为其题名"拨云堂"，后称"老拨云堂"，至今已有 290 多年的历史。与同仁堂、达仁堂、胡庆余堂并称为中医领域的"四大名堂"。

老拨云堂的发展也很是坎坷。1958 年，在兴办街道工厂的潮流下，沈家后人沈永羲也加入了办厂的大军。可当时社会上夹杂着怀疑的声音，没多久就被迫歇业。沈家后人自此认真研习采药、制备、医治各个环节，并在 1962 年成立"老拨云堂成药生产组"，因使用的药方被质疑，接连遭到举报。后来又被当成资本主义而被迫关门，老拨云堂彻底灭断。但改革开放后，市场对老拨云堂的需要又日渐显现，老拨云堂十代传人沈永钢因此决定放弃家庭作坊式"前铺后厂"的生产经营模式，开始筹建现代化制药厂，并于 1985 年获批成立"通海老拨云堂制药厂"，拨云堂终于重获生机。2001 年，拨云堂开始了现代化生产基地的建设工程，并在 2004 年通过了国家 GMP 认证。2002 年由云南烟草兴云投资股份有限公司出资，联合云南同仁实业有限公司，开始进行以昆明老拨云堂药业有限公司为主体的资产重组。

2008 年，上海远图投资发展有限公司进入老拨云堂，并进行了一系列向现代化企业转型的措施，踏上了蓬勃发展的征程。经过不懈努力，老拨云堂获得了

"中华老字号"的荣誉称号。

资料来源：邱明鸿．科技创新，重塑百年辉煌［J］．云南科技管理，2008（2）：117.

（二）长寿基因及启示

1. 重视市场战略规划

老拨云堂战略目标的制定模式为三年一个阶段。2009～2011年为第一阶段，即"普药带动新药"阶段，这一阶段将提高研发、宣传方面的投入，大力拓展销售渠道，销售额目标为1个亿；2012～2014年为第二阶段，即"普药与新药并举"阶段，预计实现销售额3个亿；2015～2017年为第三阶段，即"新药带动普药"阶段，预计实现销售额5个亿。

在今后的产品发展规划中，老拨云堂将在应用层面对拨云锭药方进行深度研发。楚雄老拨云堂药业有限公司董事兼上市办主任王勇指出，近三百年来，老拨云堂的产品基本局限于拨云锭这一个品种，虽然它在治疗眼疾方面疗效显著，但由于其用药方式相对落后，品种单一，在市场竞争中一直处于不利地位。

拨云锭主要的功效就是清热、解毒、杀菌，与西药里的广谱抗菌剂相似，老拨云堂完全可以围绕这一核心功效，拉长产品线，着力研发治疗相关眼疾的新药。同时，老拨云堂应该加宽现有产品线，等企业品牌发展到一定阶段后，可以向云南白药学习产品线模式，争取实现多方面突破。

2. 科技战略，塑造百年辉煌

老拨云堂制药厂于2003年落户楚雄，按照GMP规范建设了现代化的生产基地。公司为了全面提升企业竞争力，组建了技术中心，对传统产品进行深度开发，配套建设了现代化实验室研发新药，现已成功报批六种新药。

该制药厂目前正在筹建实现企业跨越式发展、提升品牌的平台，即彝药和天然药物研发中心、技术孵化中心及技术交流中心，迄今为止已受到多家科研机构的关注。并且，公司计划与中国医学科学院医药生物学研究所在楚雄协作建立"中国医学科学院医学生物学研究所试验基地"，这一项目于2007年签订协议，开始着手进行生物疫苗开发等项目。

3. 人才战略，礼贤下士，为企业招揽人才

优秀人才的储备是企业未来发展的关键所在，优厚的福利待遇是企业吸引人才的一个非常关键的要素。然而沈永钢在企业经营发展中广纳人才的"法宝"，是从祖辈那儿传承而来的儒雅气质，在他的影响下所形成的理解、平等、成就和自我发展的"拨云精神"，为全体职工提供了一个舒适且能实现自我的工作环境。正是在这样的背景下，老拨云堂制药厂不仅聘请了来自广东、贵州等地的专业技术人员及管理人员，同时又注重培养自己的技术队伍，希望所有职工都各有所学、各有所专，为企业未来的长远发展储备了大量的后备力量。

第五篇

长寿基因：创新、变革与科技

唯有创新，才能给老字号不断提供新鲜血液，使其永葆青春；变革是每个时代永恒的图腾，企业要发展，变革是必须的；科技是第一生产力，也是企业保持活力的源泉。

本篇从创新、变革、科技三个角度阐述百年企业的长寿之道，共选择了具有代表性的16家企业，探讨历史沿革、发展历程、管理之道、特色产品，提炼出企业保持百年不衰的秘诀。透过发展看启示，通过梳理中国百年企业长寿的秘诀期望给现代企业的持续健康发展以启迪和借鉴。

第十一章　创新

一、瑞蚨祥

（一）基本概况

瑞蚨祥起源于山东省章丘县，其前身"万蚨祥"由孟氏家族的孟鸿升创立。该孟氏家族，属于亚圣孟子后裔中的一支，是在全国都享有盛誉的名门望族。

瑞蚨祥绸布店是瑞蚨祥的第一家分店，于1835年在济南开张。之后，瑞蚨祥的发展并没有随创始人孟鸿升的离去而衰落，而是在孟洛川（孟鸿升的儿子）的接手下变得更加壮大。清咸丰六年（1856年），旧军孟家在济南周村大街开办一家新布店，挂牌"万蚨祥"，并以此作为自己的品牌商号开始经营。同治九年（1870年），孟家将"万蚨祥"改名为"瑞蚨祥"，在济南城开铺立号。1876年，年轻的瑞蚨祥第二代领袖决定进军京城最繁盛的地区——大栅栏。孟家从最开始在前门外的胡同里进行批发大捻布的生意到清朝光绪年间，孟洛川花费8万两白银成立北京瑞蚨祥绸布店，仅仅用了7年光景就积攒了大约40万两的白银，坐拥"八大祥"首位。至此，京城歌谣"头顶马聚源，脚踩内联升，身穿八大祥，腰缠四大恒"中的第三句就直接改为"身穿瑞蚨祥"了。1893年（清光绪十九年），旧军孟氏开始在京经商，开启了属于瑞蚨祥的新篇章。

1900年，八国联军侵华，瑞蚨祥也没能幸免于难。尽管瑞蚨祥经营的商品依然保持其纯正的品质和别致的色彩，孟洛川为了巩固瑞蚨祥在大栅栏经营布料的带头地位，毅然决定扩大经营规模、丰富经营行业的种类，于是在1903年、1906年、1911年和1918年在大栅栏开办了"东鸿记"茶庄、"西鸿记"茶庄、"鸿记皮货店"及"西鸿记绸布店"（也称"西号"）四处新店，包括瑞蚨祥总店（也称"东号"）在内的五个字号占了大栅栏半条街。瑞蚨祥在清末民国初年的时候达到鼎盛，其绸布店的名号在北京城内无人不知。在 20 世纪 30 年代，瑞蚨祥的商业王国已遍布绸缎、布匹、绣品、皮货、织染、茶叶、首饰乃至钱庄、当铺等，不仅在北京、天津，而且在沈阳、包头、上海等当时的商业繁华城市分布有 30 多家分号。

1949 年，随着中华人民共和国的成立，苦苦经营的瑞蚨祥迎来了新生。瑞蚨祥提供面料制成的五星红旗在 1949 年 10 月 1 日当天由毛主席亲手升起。这对瑞蚨祥和全国各地丝绸行业来说都是一件群情激昂的事情。1954 年，公私合营要求瑞蚨祥将五个字号合并为一体，改制后的瑞蚨祥仍以经营布料、绸缎为主。随着经济的转好，瑞蚨祥的规模逐渐恢复。1978 年的改革开放使老字号瑞蚨祥又迎来了新生，其加强在材料销售与成品制作相结合方面的经营策略，严格、认真地制作我国的传统服饰，其所经营的商品远销海内外。2001 年 12 月，为了顺应现代经济的发展，北京瑞蚨祥绸布店有限责任公司在原来瑞蚨祥的基础上筹建创立。从 2002 年开始，瑞蚨祥连续被评为"北京市著名商标"，2005 年被评为"北京市优秀特色店"，2006 年被国家工商行政管理总局商标局认定为"中国驰名商标"。之后在该年的 12 月 19 日，瑞蚨祥和吴裕泰、狗不理等 430 家企业被商务部授予"中华老字号"的金字招牌，同年成为国家级文物保护单位，紧接着，在 2007 年"瑞蚨祥中式服装手工制作技艺"列入北京市非物质文化遗传名录。时隔一年，瑞蚨祥于 2008 年获"中国丝绸第一品牌"称号。

资料来源：秦青. 瑞蚨祥：百年传奇［J］. 中国新时代，2010（11）：74－77.

（二）长寿基因及启示

1. 创新之本——儒商经营理念

在百年间经济环境起起伏伏的变化下，瑞蚨祥能够保持其经营的领先地位，一方面是由于其历经百年所造就的优良传统，更重要的一方面是因为其积极创新以符合不断变化的市场体制。百年老店瑞蚨祥一直雄踞布料行业龙头，虽然产业庞大，但其对内部的管理一直没有松懈。孟洛川更是倾尽所有时间来打造企业管理体制，近 70 年在位时间内，他严格要求自己的员工把"终身立志行事，愿学圣贤，不敢背儒门宗旨"作为经营原则，常常告诫大家"生财有大道，生之者众，食之者寡，为之者急，用之者舒，则财恒足矣"，对违反企业管理规范的员工从不姑息。

企业坚持其"全""新""优"的经营特色，瑞蚨祥百年传承的信条为"至诚至上、货真价实、言不二价、童叟无欺"，再辅以"以礼待客，才能以名得利。以德盛金，方能雄踞天下"的治世方针，不以低价来吸引顾客，更不会持高自傲，其员工热情、礼貌，店面卫生整洁，一切从顾客出发营造良好的顾客购物环境体验。瑞蚨祥让学徒和伙计之间建立起师生关系，以师徒之礼相待。不仅强调师徒关系，孟家还非常重视对职工文化素质的培养，"先儒有言，祖宗虽远，祭祀不可不诚；子孙虽愚，经书不可不读"。因此，"新来的学徒要先学习三年，不能上柜台，平时跟着师傅熟悉业务学习技术，还要跟随专门的教书先生学习四书五经，三年期满进行考核，考核通过才能被分配任务，瑞蚨祥之中上到经理掌柜下到伙计学徒，都是'知书达礼'之人"。

2. 传统商号的转型——不断适应市场

瑞蚨祥在历史舞台上发展壮大其实离不开它对人们需求、市场环境以及时代背景的准确定位和创新。现如今，随着人们购买习惯的改变，瑞蚨祥开设了传统服装柜台，经营各式中式旗袍、对襟小褂、中式棉袄、真丝连衣裙、结婚礼服、男士练功服、长衫等，以中式服装为主，全部采用手工制作，不但可作为时装穿着，还可作为工艺品收藏。瑞蚨祥还开设了一条龙服务，请来专门制作旗袍的裁缝师傅加工定做旗袍，全部采用手工制作，一身旗袍面料加手工费也不高，尽量适应市场平均消费水平。此外，瑞蚨祥还保持着传统的电话邮购服务，不论是本地顾客，还是外地顾客，只要打一个电话就可得到所需的商品。对于店内的经营比例，以前的瑞蚨祥主要经营面料，服装次之，而现在却以服装为主、面料为辅来填充经营比例，适应了当前消费者的消费习惯。随着企业发展，瑞蚨祥创立了自己的服装品牌，品牌商标采用其名号创立时所参考的"蚨"，这不仅承接了品牌文化的传承，更加保护了其品牌文化的安全，之后瑞蚨祥更是将工作重点放在了加工制作体现东方女性和中国丝绸特有风韵美的方面，使其发展兼具多样性与独特性。

在瑞蚨祥的成长过程中，不断的创新使瑞蚨祥既传承了优秀的经营传统，还使其理念得到不断的升华，瑞蚨祥知道只有将二者结合，才能走得更长远。比如瑞蚨祥不仅一直坚持合法经营、尊敬顾客、货品价钱说一不二、买卖公平、一切以口碑为最高要求、精心地为顾客服务，而且还要充分发挥地方特色，踏踏实实地做好自己的本分工作，紧跟市场步伐，满足消费者的消费环境，落实了顾客就是上帝的服务准则。货品来源一定要优质可靠，同时减少中间环节，这样就可以使其充分掌握货品来源，一方面可以时时把控质量，同时又减少了不必要的成本投入，保证对其所出售商品的售后环节，需要时还要为顾客提供快递托运服务。总之，瑞蚨祥的一切基点从顾客出发，用自己最真诚的服务打动顾客，杜绝一切假冒伪劣，遵从"顾客第一、服务第一、信誉第一"的原则，严格地督促企业自身员工的文化内涵与礼貌、礼节，并制定了"十不准"店规等。在这样的企业文化建设下，瑞蚨祥不仅会在传承中华文明的道路上越走越远，同时也会在未来的布料服装领域占有举足轻重的地位，是中华文明与创新的完美结合。

二、老凤祥

（一）基本概况

在凤祥裕记银楼基础上，经过时代的变迁，老凤祥最终成立，其创办者是在浙东北慈溪涉足钱庄生意的费氏家族。在1848年的清朝道光年间成立了凤祥裕记银楼，它从上海的大东门大街搬到大马路抛球场后改名为"凤祥怡记"，随着经营者的不断变化，其名号先后变为"凤祥植记""凤祥庆记"。到了1908年的清朝光绪三十四年，店铺又搬到了南京路盆汤弄。老凤祥也一直扎根于这块风水宝地再也没有了变动，可以说老凤祥的银楼是我国现存的唯一一家未改变总店地址的银楼。老凤祥的主要经营商品为金银首饰、中西器皿、宝景徽章、珠翠钻石、珐琅镀金、精致礼券等，辅以精美的制作工艺，其名气一度享誉全国，1931年的银楼同业会成立，老凤祥被列为中国九大银楼之一。

在抗日战争和国民政府掌权期间经济政治环境的恶劣变化下，老凤祥以及我国其他的金银首饰品行业受到很大的冲击，濒临破败。1947年，国民政府更是出台了政策，对黄金的价格采取限制手段，从而使黄金市价一度紊乱，面对这种情况，我国很多的银楼相继倒闭，老凤祥也几乎到了绝境。

1949年中华人民共和国成立，老凤祥终于看到了曙光，在国家的支持下，其成为了国家人民银行系统的子部门。随着时光的流逝，在1985年1月，历尽铅华的老凤祥银楼可以重新在其位于上海南京路的原址上继续营业，借此机会老凤祥终于可将其品牌文化、公司规模以及作为实体店铺的银楼再一次整合起来。改革开放后，我国的民营经济发生了重大变化，民营经济靠其机动性强的特点，能够以合理、易于接受的价格占有大部分消费者市场。随着市场竞争越来越火热，老凤祥处于一个经济环境热需，但是资金短缺而且管理体制落后的尴尬境地，在长久的竞争中被淘汰下来，企业到了举步维艰的地步，越来越难以支撑。时光又前进到1998年，企业合并重组的思路如春风吹遍祖国的大江南北，老字号老凤祥抓住机会与上海第一铅笔股份有限公司进行了合并重组，这次重大变革使老凤祥如沐春风，走上了蒸蒸日上的道路。老凤祥趁着在我国经济情况一片大好的形势下，自2001年开始到2010年为止，其全国的总销售额从大约7亿元飞升至约205亿元，仅仅10年，其销售额增长了近30倍，利润增长达70倍之多，预估的品牌价值为60.79亿元，从可观的财务数据中，我们可以很直观地看出其巨大的成长与变化。现今为止老凤祥在全国不同地区的分店总计700多个，据不完全统计，有2000多个销售的网点，在我国黄金首饰行业的市场覆盖率高达98%，是我国黄金首饰业的龙头老大。与此同时，老凤祥也在适应时代变化，将业务拓展到国际市场，2014年8月，老凤祥在澳大利亚的悉尼成立了一家特许经营店，而且计划还将在欧洲、美洲等地继续开展业务。老凤祥这样一个拥有170多年历史、我国排名百强并创造两百亿销售额的老店，被誉为"三百"模范式团队、引领行业风向标的团队。时间回溯到2009年，从该年开始往后老凤祥获得的美誉不断，如老凤祥金银细工工艺在2009年被评为国家非物质文化遗产，并进入名录；2010年老凤祥荣获中国黄金协会授予的"中国黄金首饰第一品牌"称号；2011年，老凤祥正式进入中国500强企业的行列当中。

老凤祥的成长与其老板费祖寿的经营管理密不可分，他要求企业经营要小心谨慎，作为店铺的领导者要有好的精神品质同时还要注重良好的经营意识的养成。在1889年的浙江慈溪的费氏家族中，一个孩童呱呱坠地，谁也没料想到这个孩子长大后会成为中华历史上在黄金首饰行业举足轻重的人物，费祖寿在1902年只身一人来到上海，13岁的他在上海老西门一家银楼当学徒。作为以后家族产业的继承人，他深知只有不断努力学习技巧，掌握技能，才可以将这个掌柜坐稳，时光荏苒，26岁的他已经成为了副经理。1919年，父亲费汝明将老凤祥银楼经理的职位交到了他的手上，他成了这个家族企业的一把手。在上任银楼总经理后，费祖寿努力打造属于老凤祥自己的经营理念，不断做精做细其产品、改进服务态度，慢慢地，老凤祥被他打造成了行业龙头，消费者心里最值得信任的金银店铺。

资料来源：石力华. 坚持传承创新，铸就百年品牌——老凤祥创新驱动高速发展 [J]. 上海商业，2011（10）：20－22.

（二）长寿基因及启示

1. 独特的企业文化

老凤祥因为文化理念的深层次，在中国历史上的不同市场环境下能够巍然不倒，具体来说就是以金银文化为核心的"金凤凰文化"。它传承了中华文明与金银首饰的文化特征。作为老凤祥的传承，一是指我国历史上带有文化特色的金银文化的核心的传承，核心指的就是我国独有的凤凰文化。老凤祥的品牌寓意就是金色的凤凰展翅而飞。其实，被誉为"天地四圣兽"的凤凰，与青龙、玄龟和麒麟承载了许多我国文化传统理念和风格，凤凰一直被用来作为吉祥的寓意，以凤凰作为品牌核心不仅是对中国传统文化精华的借用，而且还是对金银行业的文化特色与经营理念的创意体现。在很大程度上，因为老凤祥的核心思想的构建，才使之在百年风霜中一直屹立不倒，并且一直符合消费者的胃口。二是指代代老凤祥人的传承和他们的信念不断传递。这种传承，既表现在老凤祥家族企业中，费汝明、费祖寿、费诚昌构成的费氏三代人的"企业经营小心谨慎、领导者要有好的精神品质、注重良好的经营意识的养成"的经营原则的传承，还表现在老字号银楼善于发现"千里马"的用工计划上，老凤祥在每个时期都会以重金聘用顶级金银匠人，以求得其工艺的体现。传承有血缘的延续，有工艺的接续。这当中以老凤祥金银首饰的"成色准足、公道诚信"，"款式新颖、质量优异"的成品的生产为代表。三是工艺技术的传承。中华文明中的金器、银器的制作技巧和工艺历史悠久，在唐代和清代分别出现了金银制作技艺的重要转折和改变，使这一项技艺水平突飞猛进。老凤祥作为传统的金银行业对工艺去除糟粕，使之又迈入了更精确的领域。传统的技艺包括泥塑、翻模、制壳、修正、成型、压制、焊接、灌胶、精雕、脱胶、总装、牙亮，再辅以抬压、鎏金、钣金、拗丝和雕琢等多样化的技法。老凤祥在海派文化"兼容并蓄、追求卓越"的影响下，其技艺也带有浓厚的个人特色。在不断变化的文化创新领域，老凤祥也不甘落后，其主张不断结合当代文化特色，以迎合广大消费者审美，在这方面老凤祥传承了中华传统领域的"实录""焊接""弹压""切削"等手工技艺，并与国外首饰的镶嵌技巧进行结合，形成具有"老凤祥特色"的制作工艺，并流传至今。老凤祥的制作工艺一直是优质金银首饰的代表。总之对自身核心竞争力的不断传承和创新才造就了现在闻名遐迩的老凤祥。

2. 管理创新推进，技术创新突破

勇于突破、敢于创新。为了使发展更具规模化，不被时代淘汰，创新一直是老凤祥对自身的严苛要求。传承帮助老凤祥稳定经营，但时代的步伐一直在前进，如果不想被抛弃，老凤祥知道创新是不可或缺的。对于老凤祥的创新方面，第一点，指的是其发展理念的不断创新。自2001年起，重组之后的老凤祥极力地聚积一切可动用资源来扩展规模，深化自身企业的体制建设，努力创建良好的口碑，以求能做大做强，其信奉"做传统商号在近代重商思潮中的转型和经营之道。优为基础、做强为根本、做大为目标"经营发展原则，并且创新、大胆地设立了其发展内涵，那就是"调整、突破、发展"。以企业管理理论为出发点，老凤祥设立并不断完善其内部控制，寻找出了适于自己的内部激励制度，挖掘高效、高能人才，一系列的措施，使老凤祥在实现稳步扩张的前提下，更有信心去创建企业的美好未来。随着时代的发展，为了进一步地紧跟经济高速增长步伐，老凤祥还要持续地拓展市场营销的渠道，构建自身的进货、销货网络，调整随着消费结构改变而带来的产品需求的变化，为老字号品牌打广告，从而获得更大的社会认可度。

产品技术的革新为老凤祥的商业模式提供了新构想，这是老凤祥历经百年不衰的重要原因之一。技术创新是科学发现和技术发明推动的线性过程，时代的发展使我国市场的产品结构不断变化，老凤祥以其为出发点在业内率先形成了从传统到现代的转型升级，如黄金、铂金、钻石、白银等老价值观首饰，转变为以白玉、翡翠、珍珠和有色宝石等新的消费者趋向的首饰种类的转变与整合。从当今的情势来看，老凤祥在从用料到设计、生产再到销售这几类新、老种类的首饰的产品链已经初具规模。随着时代的发展，老凤祥还创建了上海第一个以设计大师为依托的首饰设计工作室，其产品研发与设计中心还被评为"上海市认定企业技术中心"。有资料显示，老凤祥多年研发的专利，进行申请的就多达 710 多件，而获得专利授权的有近 457 件，其所生产的产品的合格率为 99.9%。在老凤祥不断研发技艺的带动下，我国金银、珠宝首饰行业也出现了百花齐放的局面。在此情况下，仍以老凤祥为行业首位，其每年新产品更新率占全国行业总体的 33% 以上。老凤祥以被列为国家级非物质文化遗产名录的高超工艺打造了一件又一件传世精品，并且很多作品被誉为大师级别，在很大程度上使其在市场的口碑得到质的提升。然而如今，老凤祥的设计团队涌现出了一个个国家级、市级的首饰设计工艺大师，其品牌也吸引着行业的人才争先加入，实现了其年龄层次分明，以老、中、青年为成分，青年设计师为主的近百余人的设计梯队。老凤祥拥有一条完整的产业链，从设计工作室到工厂，从金银、珠宝首饰销售公司到自己的拍卖行和典当行，从满足人们节假日送礼需求的礼品店到高端人士需求的传世宝定做店等的创新都为这个老字号注入了新的活力。

3. 在规范推进中传承

老凤祥的传承指的是我国历史上带有文化特色的金银文化的核心的传承，核心指的就是我国独有的凤凰文化。老凤祥的品牌寓意就是金色的凤凰展翅而飞。我国古代传说中的凤凰是一种上古神鸟。

在系统推进改革中，老凤祥首先是坚持专业化操作，确保股权转让合法合规。公司把好政策关、法律关，及时通过上市公司平台披露信息，改革全程公开透明，最大限度地满足职工知情权。做好各项预案，由党政主要领导牵头成立领导小组，引导个别有不同意见的员工用正当途径、合理方式反映自身诉求，把分歧化解在萌芽之中。通过细致入微的工作，整个股权转让过程平稳有序，没有出现任何职工群体性事件。

老凤祥在企业发展中也得到了相关部门的大力支持，抛开其故事性和传奇色彩，来重新审视其历史价值，则会发现老凤祥的发展历史实际上是当时近代中国商业的普遍性与特殊性的结合。这段历史拥有着当时传统商业的保守性、新兴工商业的进步性以及儒商结合经营方式的独特个性，它既是一段经济史，又是中国特定历史时期社会、政治、经济、文化等诸多方面的综合反映。

三、长生堂

（一）基本概况

1911年，一个挑着担子的剃头师傅在汉口街头巷尾招揽顾客忙得不亦乐乎，这个人是扬州人氏张聚年。张聚年来汉，是为了"求生"，因此以"长生"二字起名，将小店命名为"长生堂"，当时的全名为"汉口长生堂文武理发店"。"文武"这两个字中的"文"指理发和美容，而"武"就是当时的推拿和按摩。因为这门手艺要求剃头师傅不但会理发和剃须，而且还得会一些推拿按摩的技艺①。

长生堂是中华历史上的首家理发店，理发这门手艺也成了有头有脸的生计。抗日战争开始，由于战乱，张聚年无心经营，便将汉口长生堂文武理发店低价出售给了自己的徒弟代恒贵。代恒贵买下长生堂后便聚集曾经建立长生堂的一众同伴，据记载这些人中有徐少斋、周德才、胡保正、张回卿等，他们重新组成股份制公司，开始集股认资，因为周德才在重组期间的投入最多，所以其取代代恒贵，成为长生堂的新老板。周德才出手阔绰，投入巨资，大张旗鼓地聘请最好的师傅对长生堂重新规划和装修，使之成为当时最奢侈、最时尚的理发店，可以说是武汉三镇里最为华丽的店铺。在这之后，周德才远赴上海高薪聘请8位理发名师，然后连同自己店铺里的4名理发师、16名学徒，组成了当时武汉首屈一指的理发师傅阵容，使长生堂名声大噪。武汉被日军攻占后，因为长生堂位于法租界，所以其并没有破产倒闭，生意还算可以，称得上是当时理发业的龙头老大。直到1949年中华人民共和国成立之时，其生意一直保持良好态势，并没有受到多年战乱的影响。

1949年中华人民共和国成立之后，"长生堂"这个名字经历了多次更迭，1952年改名叫作"江岸区合作社理发厅"，1957年又改回原名。随着"文化大革命"的动乱，长生堂被划为"封资修"的范围内，受到迫害，几乎全部的传统服务项目被叫停，店铺名字又被改成"二七理发厅"，随着老板的更换，又再一次被改作"江岩理发厅"。

1978年改革开放后，经历磨难的长生堂终于恢复了原本的名号。随着名号的恢复，长生堂焕发了生机。在1984年到1999年这段时间内，长生堂相继投入

---

① 孙方逎. 长生堂传奇［J］. 工友，2015（4）：52－53.

100 多万元，重新装修，配备专业理发座椅，成立发型设计室，并且在中国首创分高、低档次的专区进行服务等，尤其要指出的是，1985 年，长生堂与德国威娜公司合作，使其成为了该德国公司产品专用店，随后 1 年其又与法国的欧莱雅公司合作，引进欧莱雅当时最先进的理发设备和技艺。在历经五次的扩建翻修之后，长生堂成为了国内首屈一指的理发行业龙头，其店铺的营业面积在 100 多平方米的基础上增加到 500 多平方米，所有设备都是国际上最为先进的，最为骄傲的是其营业额在 1984 年 7 万多元的基础上飙升到 1996 年的 100 多万元，2006 年，国家商务部将长生堂列为"中华老字号"，其也成为武汉的四家"中华老字号"中的一员，而且长生堂是其中仅有的一家美发行业的"中华老字号"。

资料来源：坚守百年，铸就辉煌品牌 [J]．武汉商务，2010（6）：20 - 22.

（二）长寿基因及启示

1. 以创新为本，以不断改变提升为荣

长生堂结合科技，在使顾客决定构造形象之前最大限度地感觉其合适性和满意性，其为顾客创造了一套整体形象的设计系统，将顾客的个人照片上传至电脑，通过系统中储存的各种发型，为顾客搭配最合适的造型，然后让其可以观察到自己改变之后的样子，从而避免顾客的忧虑，提升消费体验性。这样的系统也可让师傅们在闲暇之余不断地为老顾客选择合适的新造型，科学、完美地将服务做到极致，还结合现代管理理论同软件公司合作，为顾客提供个人信息资料储存系统，在很大程度上节省了顾客与师傅们的沟通过程，而且系统中随着顾客的消费，产生相应的积分，需要时也可以回馈给顾客各种福利。这两项系统不但方便了长生堂自身的管理，也为顾客提供了极致享受。

2. 以德为本，以竞争为荣

随着经济的发展，产品层出不穷，假货混入在所难免，价格战也成了美容美发行业的常态作战，而老字号长生堂却一直严格管理，从源头上杜绝假冒伪劣产品，一切以顾客为本，努力提高自身技艺，奋发图强，只求可以使自己成为受大众信赖和欢迎的品牌。

3. 以管理为本，以品牌为荣

现代企业都在追求市场上长足的发展，其必须提升自身的管理，还要不断分析市场的变化。俗话说得好，"知名的公司品牌形象是良好的经营管理创造的"。长生堂并没有被市场淘汰，它结合理论，聘请专业管理人员进行企业的现代化管理，设计内部管理制度，同时不断地研究发达国家先进的管理经验，以求打造一个适应市场、充满凝聚力和创造力的团队，有自己风格的管理和经营模式，终于功夫不负有心人，长生堂逐渐脱离了美容美发行业的低规格、低标准的恶性竞争，将企业提升到了更高的层次。

4. 以顾客为本，以顾客满意为荣

作为服务行业，长生堂深知核心竞争力和为顾客提供根本保障的重要性，长生堂在注重自己创建顾客关系网的不断巩固和发展的同时，给老顾客派送各种福利措施，在通过老顾客的关系网中不断拓展自己的品牌影响力来接纳新的顾客，而且它要求自身员工一定要将服务做到极致，不仅要文明礼貌，还应该主动热情。在多年的竞争中长生堂的管理者意识到必须要有服务意识、特色和个性化的企业文化，这样才能充分表现企业的外在服务和内在文化，使自己可以得到长足发展。

5. 合理的激励机制

长生堂参考现代公司发展理念，建设自身的激励机制，具体表现在：

（1）奖励和考核。长生堂为公司的员工们设置各种奖项，如"设立创新奖""读书自学奖""合理化建议奖""技能提档升级制"，使公司员工获得鼓励，从而更加坚定目标，为公司创造收益。其次，公司开展各类的培训和考核，对于完成考核的员工，公司为其提供良好的学习机会，并且适度进行加薪与升职的奖励。长生堂的各个举措激发了员工们对工作的热情。

（2）学习体制的养成。主要表现在：①对个人的塑造。长久以来，长生堂非常重视公司员工个人行为的督促和建设，为了评判员工的行为，长生堂制定公司内部管理制度，尽最大的可能来约束员工的行为，塑造其良好的个人形象，章程细致到该怎么和顾客沟通、对领导和顾客的礼仪规范、对工作的认真负责等内容。这项举措不但是建设良好企业形象的助力，而且在很大程度上培养了员工的个人修养以及对社会的正常价值观，为员工未来的个人发展打下基础，从而还能提升社会的总体道德文化水平，为传承中华文化传统与德、智、体、美尽到自己该尽的义务，员工们通过培训增强了自身适应社会的能力。②对技巧工艺的升华。长生堂的人力资源部可以说是使自身企业不断发展、屡创辉煌的关键部门，人力资源部里包含有关技术研发的小组，该小组的主要职责就是在传递我国传统文化和老字号精神精髓的基础上，利用结合时代眼光的技术创新来提升品牌优势，定期组织相关人员进行有关技能发展和创新的探讨，旨在可以系统、高效地完成公司管理规定和战略规划，以及该怎么服务大众、用什么服务大众等，这种经验技术的座谈会可以最大限度地促进员工们在日常工作中的创新，通过对顾客选择的判断以及时尚的偏向来提出自己的意见，然后加入座谈会里进行讨论。③将教育寄寓在乐趣里。为了缓解员工在高强度从业环境下的压力，长生堂为员工提供假期以及组织旅行，在旅行的途中奖励表现优秀的员工，而且日常生活中组织各式各样的拓展活动和团体活动，旨在提高团队凝聚力，减轻压力。

（3）细致关怀的构建。为了弘扬中华传统美德，长生堂一直鼓励员工关心自己的亲人，这也是长生堂的员工对企业忠心耿耿的关键，使长生堂获得了良好的社会口碑。21世纪，各个企业的价值观传递出的人才重要性已经不言而喻，长生堂依靠关爱员工家属的办法，不但增强了团队的凝聚力，而且让员工们感觉到温暖，更加坚定地为企业创造价值、服务大众。长生堂为困难家庭提供帮扶，如有的员工家属生病、结婚、生小孩、老人过世等，公司会安排相关人员登门探望、慰问。不得不说在这项举措的实施下，长生堂的员工对企业有了归属感，长生堂借此留住了企业发展需要的各种高水平人才。

为了使自身企业在未来的市场中可以经久不衰，长生堂一直在为员工发展、企业创新做出努力，这也是老字号长生堂引以为傲的资本。我们认识到，长生堂可以百年不衰，秘诀有三：一是它的技术超群，其他的理发店难以望其项背；二是得风气之先，标领时尚，追求时髦的男女自然会首选长生堂；三是长生堂名字寓意好，很多人都会慕名而至。

四、楼茂记

（一）基本概况

楼茂记始建于1742年，距今已经历了270多年。清朝康熙年间，奉化的一对楼姓夫妻，辗转多日来到位于现在宁波的江东地区，在一个名叫百丈路的灰街上设摊，靠卖豆芽来谋求生计。因为老板两个人诚信经营并且与人为善，他们的小摊一天比一天热闹，资本也逐渐积累下来，两个人决定要扩大规模，所以又将房子分出来一块，改为了制作豆腐的作坊，自己经营一些豆制品与瓜果蔬菜。随着时间的推移，他们的生意越做越大，楼氏家族也随之壮大起来。在1742年的乾隆年间，楼氏家族中有一位子弟京试中榜，被朝廷选派到贵州省的遵义当了知府，有了当官的亲人，楼氏夫妇俩申请并被朝廷批准了可以合法买卖盐这一项物资，于是两人建立了实体店铺用来买卖盐并制作酱油等商品。乾隆七年，全名叫"楼恒盛茂记酱园"的店铺出现在了宁波的江东街头，据有关学者考察，其位置就在如今宁波市的国税大楼处。当时的楼茂记主要经营的商品种类广泛，如一些具有江南风味的各类腌制菜品、酱醋、酱油，同时还有其一直在做的五香豆干、鲜麸、黄酒等产品，最受欢迎的莫过于其自产自销的五香豆干，据说他们的香干因为颜色诱人、香气扑鼻，以及味道鲜香和口感滑嫩吸引着当时的宁波老百姓。

在当官的亲人的照顾和帮助下，楼恒盛茂记酱园当时发展非常快，名气也逐渐扩大。在清朝道光年间，夫妻俩又回到奉化开设了名为楼恒昌酱园的分号，同样经营他们的商品，有着很高的人气，慢慢地又在附近拓展了产业，可谓蒸蒸日上。在生意如火如荼地进行中的楼茂记也帮助想要和他们一起赚钱的人开设店铺，这更为其树立了良好的口碑，培养了很多的合作伙伴。据传，楼茂记按季节提供特色的商品，如梅醋、伏酱、冬乳腐，外加秋酿、冬酿等，从未缺过时辰，最大程度地满足人们的需求。在楼氏家族中，楼茂记属于全体族人，子子孙孙代代相传，其共同信念就是将祖宗留下的东西发扬光大，遂一直持续经营了一百多年，风雨不断。虽然到了清朝末年、民国初始，社会局势动荡不安，但是因为楼茂记经营的是人们日常生活所必备的商品，所以产业并没有受到影响，依然保持稳定的利润。时光流转到 1933 年，因为受世界经济的影响，我国的经济也受到不小的损伤，数量众多的银行一间间破产，严重破坏了我国的经济稳定，所以楼茂记的生产运营也受到牵连，其分号楼恒昌酱园不得不缩小规模和经营范围。当时的楼氏家族决定集中一切资源要保持楼茂记的酿酒业务的稳定。慢慢地，在渡过经济危机后，经济的起色使楼茂记又恢复到了最初水平。在长达百年的楼氏族人的努力下，楼茂记变成了在宁波首屈一指的制酱和酿酒的行业龙头，受到了老百姓的青睐，并且其生意也是当时宁波最红火热闹的。

1956 年国家出台的公私合营策略，使楼茂记成为了国营的酱品产销的商店。当时形势下的楼氏家族不同以往，开始慢慢地淡出了楼茂记的经营和管理，之后易手他人，但是最为其核心技术的五香豆干工艺却被保留了下来，楼茂记的老工匠们不忍手艺失传，所以招收年轻学徒，为的就是可以将香干的制作手艺代代相传。楼茂记在之后的日子里也只是被大家当成一个普通的店铺小心经营着。直到1988 年开始，楼茂记才焕发新生，其被宁波江东蔬菜食品股份有限公司接手管理，现代化的经营理念又使其走上正轨，1998 年该公司改制成为宁波市楼茂记食品有限公司，楼茂记的品牌又再一次出现在大众的目光里。这段经历还得益于楼茂记在清朝设立的分号楼恒昌酱园，楼恒昌酱园在当时已成为宁波的佐餐王公司，该公司在年底与以前的楼茂记合并才成立了宁波市楼茂记食品有限公司。1999 年 2 月，随着现代化企业管理与经济新面貌的促进，楼茂记的系列产品如酱油、香醋、豆瓣酱、甜面酱、五香豆干，在全新的包装下出现在大众眼前，其工艺技术不但在多年的时光中没有丢失，反而结合新技术更加满足了消费者的口味。因为其火热的销量，1999 年 3 月，宁波市产品质量监督检验所对楼茂记酱油、香醋的质量进行跟踪调查，1999 年 5 月，将楼茂记的系列产品评定为"宁波市消费者协会推荐产品"，这对楼茂记来说是一剂强心针，更加坚定了其要将以前受到人们青睐和喜欢的产品重新打入消费者内心的愿望，恢复楼茂记的品牌影响成为当时公司发展的战略规划。1999 年 8 月，楼茂记食品有限公司又被宁波市旅游局列为旅游商品定点生产企业，对宁波市来说，楼茂记的五香豆干成为了当时宁波美食的代表，往来旅游的顾客都会买几盒回去尝尝。时光又延展到2006年，当时与楼茂记在市场上竞争的"金钟记"合作，对于本来就深有渊源的两个企业来说，两者的联手无疑会创造更大的利润空间，双方决定由楼茂记全资控股金钟调味食品公司，这一项举措使曾经互为行业竞争者的楼茂记和金钟记成了宁波地区制造生产家用调味品的龙头老大。

2006年，我国商务部将楼茂记认定为"中华老字号"，在宁波地区同样上榜的还有老字号升阳泰。12月19日，浙江宁波的楼茂记作为全国33家"中华老字号"代表与浙江省内的胡庆余堂、张小泉、利群一同被授予老字号的金字招牌。现如今楼茂记产品受到了大众的一致好评并畅销海内外，成为中国优质食品品牌的代表。[①]

资料来源：钟尧飞．新形势下"老字号"自我发展的实施路径探析［J］．经济师，2017（1）：71－72．

（二）长寿基因及启示

1. 技术过硬

对于楼茂记在传统领域的传承，首先是因为其有特点而且质量过硬、口碑良好的产品。比如楼氏五香豆干的精工细作，在选择用料上面，从黄豆的采购就开始精挑细选，只选择颗粒饱满、色泽优异的品种，之后在浸水之前还要通过专门的筛选。在不同时节，浸泡黄豆的时间也有讲究，浸泡完后还要仔细过滤豆渣。最后是成型、过压，等一切工序就绪，工匠师傅们才开始烤制豆干。因为成型和过压都是力气活，楼茂记严格要求工匠师傅执行完整步骤，切忌偷工耍滑。在烤制时要准确把握火候，然后将烤制完成的豆干水煮，加入自己独特的调料后冷却，然后第二天再次烧煮一遍，最后再加入精心配置的麻油，当成品出现后精心包装，给消费者营造干净、美观的消费体验，直到现在楼茂记还保持其原有的手工技巧不变，用心将产品缔造成艺术品，出售给消费者。

2. 服务到位

作为食品生产领域的店家，楼茂记也要求自身要不断提高服务能力，以最好的服务态度来面对顾客。服务周到也是楼茂记在不同时期发展良好的关键，楼茂记除了以最好的产品来面向顾客外，其要求服务水平也得跟得上时代的变化。作为老字号企业，楼茂记的员工从古至今都坚持一条原则，那就是"与人为善"。到现在为止，楼茂记的每个成员都很注重个人素质的养成与企业利益的维护，为了企业有过硬的口碑，楼茂记从管理到生产到销售的所有员工都秉持诚信经营，

---

① 戴勤锋．百年酱香楼茂记［N］．宁波日报，2011－10－08．

最大限度地维护顾客权益，为老百姓制作最优质的商品，同时也为消费者提供最温暖的服务。时间回溯到 1999 年，当时的楼茂记经历磨难重新起步，短短几年就成为了宁波市民非常喜爱的品牌，楼茂记也连续四届被政府评为"宁波市消费者信得过单位"。所以如果楼茂记没有良好的服务是很难获此殊荣的，其未来也不会像现在这样明媚。

3. 地理位置得天独厚

乾隆年间，灵桥还是一座系着十六舟的浮桥，对还未完全开发的江东来说，最热闹的地方就数百丈街一带。那时，从奉化、余姚、鄞南等地来的船一般都靠在灵桥下的奉化江边；从鄞东瞻岐、莫枝等地来的船，经后塘河大都停在百丈街旁的杨柳道头或新河头的船埠头；来自各地的船不仅带来了许多人，还捎来了许多海鲜、山货和农作物，这使得灵桥和百丈街一带成为当时宁波最热闹的地方。《鄞东竹枝词》里有诗云："鄞地原因贸易名，灵桥彻夜有人行。虽然岁得鱼盐利，不废桑麻本业耕。"短短几句话，道出了当时此地的繁荣景象。川流不息的人群给楼茂记带来了丰厚的收益，同时也使楼茂记的名声越来越大。除了地理位置好，楼茂记做生意还贫贱同视，老少无欺，一贯以诚信为本。夫妻俩白手起家，吃过苦受过贫，知道生意能做大靠的是周边父老乡亲们的厚爱，因此他们经常做一些救济穷人、捐钱修路的善事，且此善举代代相传。1947 年 2 月，楼茂记酱园老板楼耀卿和时任国民党鄞县县政府教育科长的项泽耕合作创办了鄞县私立大中中学，校址位于离楼茂记不远的贺丞庙。

4. 传承中的创新

在所有的优点中，楼茂记最为有效的一点是"传承中的创新"。在 1998 年，又一次起航的楼茂记借鉴现代化企业管理方案与经营理念完全改变了曾经的销售模式，其设立配送系统、开展连锁店、利用超市和电视购物等多种多样的营销模式，为其生产的产品迅速打开了营销渠道。并且楼茂记利用先进的生产技术设备，将很多繁琐的手工改造为了机械化工作，提高了效率，在原本单一的豆制品、酱醋、酱菜、黄酒、麻油 5 个种类里又新创了 70 多个小的品种。

楼茂记总结了一套自己的经营理念，那就是既要依靠老字号的名号来吸引大众，也要抛弃老字号的持高自傲，耐心地服务大众。随着现代经济环境越来越复杂，老字号必须要结合现代企业管理经营的理念，才能不断地发展自身规模，不断地进行品牌创新。现今的楼茂记追求产品的完善、创新，最重要的是其明白消费者一直都是自身企业发展的最核心的力量，所以严格要求自身员工尊重消费者，其最终目的就是要服务大众、服务社会、服务国家，带动一切力量完善我国市场的机制。

第一，楼茂记充分地利用自己品牌老字号的优势，结合"虚拟经营"的经营方法，将自己传承的产品的配方交给信得过的制造商进行制造，并且严格要求制造者要合理生产，切勿偷工减料，采用最新的科技使自己的老字号产品焕发生机。就这样，楼茂记的新产品不断地赢得顾客的青睐，并牢牢占据着市场。

第二，楼茂记重点趋向的是其自身品牌的延伸。从古至今，大众对于楼茂记的印象仅仅是其五香豆干和传统的酱油。为了使自身摆脱如此狭窄的局面，楼茂记在原来生产基础上拓展其他的产品业务，如酱腌菜系列、黄酒系列、麻油系列，将原来的副业逐渐向主业靠拢，在其扩大黄酒和麻油系列的销售后，也在市场上获得了良好的口碑，使竞争对手们也不敢小觑。在随后的生产与销售过程中，随着销量的不断上升，楼茂记的黄酒和麻油系列在宁波市也成为形象代表产品，远销外省市与海外。

第三，楼茂记借用市场经验，将自己产品的经营平台充分扩大，与国内外的知名大超市合作，在其店铺内出售产品，比如家乐福、乐购、欧尚、新一佳、沃尔玛等，都有楼茂记的产品，而且楼茂记还借用了本地的市场，如新江厦、加贝、百家缘等连锁超市，最大程度地满足了广大消费者的需求。同时，楼茂记在普通的营销形式上也发展了创新的领域，在长久的经营下，楼茂记抓住产品的终端市场，具体的办法有：深度分销、开创自身的连锁店、开办自己的物流配送产品给各个需求单位，这样的举措在很大程度上维持了企业的不断发展。据统计，楼茂记从 2000 年到如今，共有 20 多家连锁店，各加盟连锁店铺经营绩效可观。

总的来说，楼茂记在百年历史的长河中经受住了商业变革的考验，这不仅得力于其完备的管理体系、过硬的技术、贴心的服务、独特的地理位置，还有坚持创新的初心与不改的社会服务信念。

五、上海老饭店

（一）基本概况

上海老饭店在 1875 年的清朝光绪年间正式开业，其原址在上海滩的旧校场路，1965 年迁至福佑路老城隍庙西侧。上海老饭店最初的老板名叫张焕英，而且老饭店最初的名号为"荣顺馆"，上海的居民又称其为"老荣顺"。到现在为止，上海老饭店已经有 140 多年的历史了。张焕英是上海浦东的川沙人，是一名普通的做饭师傅，1875 年，由于老板觉得其手艺不错，鼓励他开设自己的店铺，所以他在老上海的旧校场路的小马路上租了一幢破破烂烂的小楼，经自己的改造装修后，一家名叫"荣顺馆"的小饭店开张了。虽然饭店装修一般，桌椅也不够档次，但是老板张焕英同老婆、儿子勤勤恳恳地经营，在上海滩也获得了不小的名气，张焕英负责做菜，老婆与儿子则负责充当服务员和记账人。就这样随着时间的流逝，小小的荣顺馆因为其菜品口味正宗加之价格实惠，老板和老板娘待人和善，其经营业绩不断地创造新高，这可乐坏了张焕英，多年积累的财富使老板决定扩大其规模，在一番考量下，张焕英决定将二楼腾出来继续开设供人们吃饭的餐桌，随着岁月的积累，荣顺馆在老上海人的心中占有了重要地位，在饭店生意越来越好的情况下，加之自身店铺年代久远，所以老板就在店名"荣顺馆"前加了个"老"字，成了"老荣顺馆"。在这之后，张焕英的儿子成了饭店的老板，终于老荣顺又迎来了规模的扩大，儿子将其名号改为"上海老饭店"，并且持续经营至今。上海老饭店主要经营的菜品以上海本地风味菜为特色。最著名的菜品包括"八宝辣酱""糟钵头""椒盐排骨""虾子大乌参"。名气之大，让很多来过上海的外国元首都一定要来品尝。上海老饭店现在的地址为上海滩的豫园商业旅游区内，多年来一直拥有良好的口碑，为上海旅游产业的发展发挥了重要作用。[①]

位于老城庙附近的上海老饭店，创于清朝光绪年间，按照历史时间来算，列为老字号当之无愧，当然，从中也能看出老饭店具有大众化的特点。可以说，上海老饭店的成立与发展过程，充分体现了当时的社会历史风貌。俗话说"酒香不怕巷子深"，虽然一开始老饭店位于上海滩不知名的小巷里，可是其饭菜地道、好吃，大家都会奔着其名号去店里消费，再加之饭店的厨师手艺代代相传，所以上海老饭店可以做到历时多年，经久不衰，顾客也络绎不绝，带动周边产业发展，成为当时上海滩的一处特色地段。

处于"海上明珠"豫园的上海老饭店对比以前的小店，现在的规模可谓十分庞大，其一到三楼全部是各式各样的包间，加起来可容纳顾客三百多名。其饭店内的装修包括包房在内都独具匠心，如洋房式包间、仿古特色包间等，每间包间样子都有不同的特色，其命名非常独到，诗意浓浓，其中有 8 个包间是以"沪城八景"的名字命名的，这更吸引了人们的目光，带给顾客独特的饮食享受，让顾客可以在山水画意之间品尝传承多年的老上海特色菜。为了迎合顾客的需要，饭店顶层还设有分别可以容纳 20 多人聚餐的豪华包间和供人们开会议事的会议厅，装修也充斥着浓浓的高贵气质，很多饰品和用具都是纯金打造。

资料来源：刘慧. 上海老饭店本帮菜文化传承研究［D］. 上海：华东师范大学硕士学位论文，2015.

① 刘慧. 上海老饭店本帮菜文化传承研究［D］. 上海：华东师范大学硕士学位论文，2015.

（二）长寿基因及启示

1. 经营创新、拼搏求生

（1）动用自身一切力量，积极开拓市场。一方面是规划以顾客满意程度为导向的经营战略。上海老饭店为了吸引来自全国各地和世界各国的顾客的眼球，大力提高其服务程度，以求大众可以满意。在满足客户需求的具体方面，老饭店营造良好的就餐环境，将最干净、整洁的环境提供给客户，将最热情洋溢的服务传达给客户，让客户有愉快的就餐体验。另一方面是利用丰富的活动和宣传，紧密联系老顾客，并且大力吸引新顾客。第一，进行轻松愉悦的客户联谊会。第二，及时处理网络客户端客人的点评，如果发现差评，立刻出动客服组与顾客联系，力求做到服务完美。然后联合可以动用的一切资源，利用合作发展自身企业建设，如与国外的知名旅行社合作，为外国客户提供优质的就餐服务；利用自身品牌名气，将"蟹宴""市长宴"等的噱头供向市场，抓住了很多的新客户。第三，借鉴思想举办一些促销活动。在自己职员的帮助下，全面开展饭店的有奖促销活动，每隔一段时间就推出不同的主题。比如：要求客房部根据不同的时节变化，推出适用于旅游者的假期特价房等；要求餐饮部在逢年过节时开展特色的季节美食节、"欢乐时光"等活动，曾经在一次饭店举办的"情人节"活动过程中，其套餐供不应求；要求饭店也结合现代销售手段，增设可以打折的"VIP卡""满减券"等，最具创意的是向结婚的夫妻颁发"婚典见证书"，这些举措取得了优异的成绩。第四，就是抓住世博商机，在2010年上海世博会期间，与来自全国和世界的优秀企业进行洽谈，共同探讨商机，以求站点合作。与此同时，与政府部门磋商，费尽心思终于取得了上海世博会期间的公关广告类推荐服务供应商的资格，并获得了"中国船舶馆"运营管理总包和餐饮经营管理的项目权。

（2）调整策略稳固市场。第一，老饭店通过降低客房的价格来吸引客户。上海老饭店同知名的旅游公司密切合作，根据季节和旅游人数的改变，将客房价格保持在合理的层面，既能保证顾客得到实惠，又能让自己有利可图，这样的措施使老饭店在一年四季都可以有稳定的入住率。第二，指的是建立激励机制，通过公司内部的奖惩措施，提高员工的积极性，从而使员工对顾客的营销达到最佳状态。具体的措施有全员客房促销奖励办法、车库经营奖励方案、至尊贵宾卡销售奖励等。多样性的经营策略，很大程度上是老饭店可以稳固自身市场的关键点。

（3）挖掘自身潜力，深化自身改革，争夺市场主导权。第一，为了打造一个可以充分满足顾客需求的环境，在不断变化的市场和消费者消费心理下重新规划会议中心。这样的举措，使很多的顾客被吸引，为老饭店带来了更多的利润。第二，就是在其进入一些非旅游季节，即业务淡季的时候，对部分客房进行整修，以求可以将最好的环境提供给顾客，而且面对时代的发展为饭店增添新的公共设施，如酒店康乐中心的改造和行政区域的扩建、开设职工用餐处和年轻顾客青睐的酒廊等。据传，现在饭店正在计划在 16 楼的平台处，修建美观的"屋顶花园"。总之就是利用舒适、高端、整洁的环境赢得消费者的选择。第三，扩大经营，在有限的财富下，不断开设新址，扩大饭店的经营。第四，指老饭店的审核评级，现如今上海老饭店早已通过了 QS 食品质量认证，可以使顾客更加放心地享用食材，而且老饭店还取得了对外销售的许可，这样就可以将自己的酒店变得更加国际化，同时也可以扩展传统中华美食到外国的西式美食。

（4）利用老字号的传统产品来创造新市场。蝴蝶酥、秘制辣酱、烤鸭等中华美食，不仅受到国人的喜欢，外国人也早已闻其大名。上海老饭店对菜品进行创新，利用精美的摆盘与国际化的审美来打动顾客，让顾客有一种高端的享受，对于合作单位，老饭店还推出特色化餐饮服务。比如在与上海的长征医院、旅游集散中心等协作单位签订餐饮服务的合约后，为其提供种类繁盛、包装简洁的工作餐，还在需要时将西点作为医院体检和旅游散客的早餐和点心，其中，以蝴蝶酥最为出名。

2. 形象创新、面貌变新

（1）营造老饭店复古环境。上海老饭店非常重视其仿古环境的建设，在大厅转角处楼梯旁设立了老上海文化环境的怀旧角。利用老上海外滩风貌特色、仿古的红木牛皮沙发、经典的老式电话机以及一些老上海独有的旧家具，为顾客展示了 70 年前老上海滩的华丽景色，还有挂在餐厅、客房楼层的西餐银器展台，也将当年"夜上海"这个世界文化交流中心的风貌充分体现出来，然后大厅的巨幅文化墙布满了历史感浓重的老照片，最后，饭店在单端的房屋内建立了上海历史文化陈列室。

（2）营造环保的饭店环境。在现代的经济社会的不断发展中，环保节能一直是一个重要的课题，在国际上知名的一些饭店也将其作为自己未来发展的关键点不断落实。老饭店当然也不例外，上海老饭店曾连续多年被国家相关机构评为"全国食品卫生先进单位"，在上海市，其也被当地的食品卫生机关列为 A 级优秀饭店，在多年以前，上海老饭店早已通过了 ISO9001 质量认证体系的评审。

具体而言，第一，上海老饭店不断地推进"绿色"工程。首先，在客房部实施环保节能方案，如对帮助饭店减少洗涤重复使用的被套和毛巾等用品的消费者实施折扣优惠；其次，在其餐饮部提出"绿色食品"计划，建议用餐的顾客选择营养均衡且无污染的绿色食品；最后，在工程部和行政办公室里推行无纸化网上办公和节能措施，既提高了办公效率，又节约了能源。

第二，利用科技创新，来满足公司的"绿色工程"计划。1990 年，上海老饭店在其内部系统里引进国际上最为先进的电力监控系统。系统将饭店内各个地点的用电数据上传至电脑，然后分析出用电问题所在，再结合人力分析，以求可以将用电量控制到合适水平。在节能方面的重要举措，还有更换电灯泡为节能灯，资料显示，节能灯的覆盖率已达 77% 以上，其次还有充分利用太阳能来烧制生活和经营所需的热水，最后为了防止噪声污染，所有客房的玻璃都采用特殊结构。

第三，加强员工环保意识。饭店要求员工们按照上二下三行走楼梯的办法来节约用电，其次对消费者们住宿后剩余的肥皂、牙膏等一些日用品做到二次利用，最后按照环保要求来分类处理垃圾，达到"绿色"酒店的要求。

3. 从南北大会串看菜肴的扬弃、兼容、创新

作为制作上海菜的代表，上海老饭店秉持着传承、包容、创新的原则，既要使上海菜在中华饮食文化中的地位不断上升，还要使上海菜成为能够吸引新时代顾客眼球的美味佳肴。在此过程中，上海老饭店派专人寻访各地，探寻上海菜的精华，还博采众长，借鉴江、浙、粤、川等各类菜系的手法与精华，最后总结归纳使名菜更加地道，新菜更加夺目。在迈入 21 世纪后，老饭店聘请全国各地手艺高超的大厨师前来交流、献艺，举办南北名厨大会串，认真学习他们制作菜肴的手法和口味，再根据上海居民的口味特点进行创新，以求将各种美味以自己的手法传递给大众，知名的例子有极品蟹粉鱼肚、浓汤海螺鸡褒翅等。

上海老饭店的酱系列炒菜是结合南方大厨的菜品而创造出来的，还有抓炒虾仁等菜肴是在北方大厨启示下创造的，根据宁波菜而改良的甬城三黄汤、花雕风脂蟹等最受客人喜爱的菜肴也是通过与宁波菜系的大厨交流总结而出，老饭店在选用食材上也结合各地特色进行制作，当然也有对传统菜品的摒弃，比如糟钵头，是上海本帮的一道看家名菜。在经济条件不断提高的基础上，越来越多的人讲究营养进餐，所以很少有人会再食用禽类的内脏，特别是猪肺、猪肠的选择越来越少，所以老饭店的大厨们选用新的食材来重新制作这道菜肴，在海参、鸡翅、生翅、瑶柱、贡笋等原料的选择下，这道菜肴也有了新的名字——糟八珍。

总之，上海老饭店从一个名不见经传的小饭店发展成为著名的饭店的过程，的确让我们受益良多。

第十二章　变革

一、砂锅居

（一）基本概况

砂锅居创建于 1741 年，最初的店址是位于老北京城缸瓦市大街路东的定亲王府旁，现已迁至西城区西四南大街 60 号。砂锅居的砂锅当仁不让是它最大的特色，其招牌菜为砂锅白肉，"名震京都三百载，味压华北白肉香"正是人们对其最高的评价。

清朝文化中以满族文化需求为主，宫廷之内讲究"朝祭"、"夕祭"、"日祭"制度。祭神时要"省牲"（杀猪的忌讳说法）、"摆件子"（切取猪体各部的肉和内脏，摆在桦木大槽中呈整猪形）上祭。祭祀时吃了"供尖"后还要将剩余的肉赏赐给下人们。虽说祭祀的肉品不能出门，但是王府也不强求，很多的下人也会把肉偷偷带回家里，而清朝曾一度因盛行祭祀而使余肉数量也急剧增加，下人们在吃不完肉以后便开始研制各式美食来开家设铺经营一些小本生意，而砂锅菜也在这个过程中被研制出来，受到了老百姓甚至王公贵族的喜爱。

砂锅居名号的由来众说纷纭，有人传言说最早的砂锅居名叫白肉居，后来店主希望自家店铺可以蒸蒸日上，平稳成长，将其改名为和顺居，但因为其砂锅菜受到人们的热捧，遂又改名为砂锅居。还有人传言说砂锅居一开始的时候并没有名号，只是一家小馆，而一家名叫和顺馆的饭店因为经营遇到困难所以就与这个小店联名成立砂锅居，成立之后的砂锅居聘请高人为其书写招牌，其在贩售砂锅煮白肉这道菜的过程可谓工艺独到，成为京城内最受欢迎的饭店。

砂锅居自从创立之初就招待了许多的王公贵族，每当人们谈起砂锅居时都大加赞赏，认为白肉是世间难得的美味，之后传到了当朝皇帝乾隆爷的耳中，随后便留下了"此乃珍馐，味之一绝"的称赞。在清朝嘉庆年间，砂锅居的经营达到顶峰，人来人往，络绎不绝，稍晚即无座位，有诗云："缸瓦市中吃白肉，日头才出已云迟。"到了清朝的同治、光绪年间，吃喝之风盛行，饮食业畸形发展，砂锅居在后宫里也变得越发出名。为了方便帝后嫔妃品味砂锅居的美食，宫里便为其颁发特制的出入腰牌，砂锅居也顺势变为了"宫外膳房"。清朝灭亡后，砂锅居的经营也没受到影响，依然火爆。砂锅居的老传统是半日营业，到了中午就开始打烊收拾。

因为砂锅居名声远播，在日军侵华时因为听闻其食品美味，所以经常要求其为自己宴请顾客准备菜肴，砂锅居不得已改为了全天经营。

在中华人民共和国成立之后，砂锅居作为老字号也得到了党和政府的支持，开始了自身规模的扩建。1952 年，为了更好地为消费者提供适合的就餐体验，将小砂锅菜品引入，受到了人们的喜爱。重新成长起来的砂锅居又再一次成为了人们日常生活宴请贵客的场所，就连很多的文化名人都来此处与朋友们相聚。为了彰显其老字号的品牌，砂锅居也不断地精装自己的店铺，以求可以为人们提供最原汁原味的老北京就餐环境，虽然砂锅居在中华人民共和国成立后一度辉煌，但是"文化大革命"时的砂锅居也遇到了困难，一度沦为了"炒菜居"。

在改革开放后，政府又为其恢复了名号，随着现代生活节奏的加快和人们日常生活消费观的改变，砂锅居开始经历改革，首先他们将菜单精简，将特色菜品保留，而其他一些无人问津的菜品被摒弃，之后砂锅居又扩建店铺，将原来的店铺改造成三层楼饭店，终于在 1994 年完成整顿，重新正式开始营业。1998 年 8月 8 日，砂锅居传承人杨树松与通州森林陶瓷、邯郸陶瓷共同研制做成"实物幌"——直径 1.20 米、高 0.76 米、重 218 公斤的特大砂锅，作为镇店之宝，陈设在门口，以文化吸引顾客。砂锅居还以龙、凤、福、禄、寿、喜、天、地、人、和等寓意吉祥的字眼作为雅间，使人们在就餐时候感受到我国传统文化中的祝福之意。砂锅居整体装修以古色古香的清朝风范为主，其挂壁瓷片都是仿大清乾隆年间的黄万寿，北京御膳风味的菜肴与宫廷装修风格浑然一体，浓郁的京都饮食文化特色突出。现在的砂锅居总店营业面积达到了 2400 平方米，总店有员工 79 人。各国家级评审员、烹饪特级大师、高级技师、高级厨师层出不穷。随着财富的积累以及市场竞争的要求，砂锅居也开展了连锁经营之路，新建多家分店，牢牢占据美食行业的龙头地位，使其"中华老字号"的名号享誉国内外。

资料来源：郭庆瑞. 砂锅居 [J]. 时代经贸，2011（1）：63.

（二）长寿基因及启示

1. 满族宫廷王府的传统做法

满族文化一直是我国清朝历史文化长河中的重要组成部分，而美食文化作为其中最重要的一环，砂锅居扮演了重要角色。砂锅居的名菜中有一道是将烹煮后的猪肉和其内脏用油煎炸至外皮金黄，内里酥嫩，再上桌为人们食用。除此之外，还将带皮的猪肉、肘等用铁叉叉住在火上炙烤，待表面"燎"起小泡后，用温水浸泡刮去燎皮，再放入砂锅中清水煮熟，切成片蘸取精心准备的调料供人们享用。这道菜品里的"糊肘"是其关键所在。"白煮"也是砂锅居独有的一道烹饪技巧，将上等原料洗净后放入砂锅中，用旺火烧开微火慢煮，汤味浓厚，煮好的肉嫩香、酥烂，在去骨去皮切片后蘸特制味汁，从而达到味美色鲜的效果。砂锅居对满族多年以来传统美食的烹饪方法的传承做出了突出贡献。

2. 独到的经营理念

砂锅居的经营理念也独具特色，采用按消费者的购买水平设置消费层级的办法。砂锅居三层楼的总店里，每一层面对的顾客都是不同的。一楼是面对大众消费的传统的东西，九转肥肠、干炸丸子这些平常菜肴供应得较多。二楼用于承办家庭聚宴和商务宴席。三楼就是规格最高的国宴，供应的宫廷菜肴相对就要多一些。一层楼一个台阶，逐步向上，雅俗共赏。经营理念里还有一项不得不提的东西就是服务态度，砂锅居把顾客看作亲朋，服务热情亲切，而且不仅仅是热情服务，更是真情服务，尽心尽力地服务。在价格定位上，也并不一味追求高端菜，反而在价格稳定的基础上，经常增添一些低档菜肴，这使得砂锅居既保证了风味菜肴的特色，又不断挖掘新菜肴的品种。同时，为了弘扬老字号的精神，砂锅居还会时不时地向消费者取经，发放评议卡，征求意见和建议，并且对顾客的建议及时采纳，不断改革。

3. 变革的力量

（1）健康引领。近年来，随着人们思想的转变，开始理智消费，从销售型变成了营养型，在饮食方面更加注重健康绿色，在营养上面要求合理的搭配，走健康的道路。砂锅居顺应潮流，实行变革，跟上大众的需求，也踏上了健康饮食的康庄大道。作为餐饮业，最主要的就是食材。尤其是近些年民众对于食品安全问题的关注越来越多，砂锅居在食材采购这一块全然不马虎，是由厨师长全权负责的事情。砂锅居所有大宗的东西由公司统一采购，特殊的原材料则个别采购，所有材料都必须严格按照国家的要求，每进一种原材料或者是商品，必须要有合格证明，否则是不能进货的。肉品，这一对砂锅居来说最重要的食材，则是有公司指定的定向的采购渠道的。这样就从源头上保证了砂锅居食材的安全健康。在人员方面，目前砂锅居的厨师大概有 40 多人，其中有 6 个高级营养师，甚至连总经理杨树松也具有国家认证的营养师证书，充分体现了砂锅居在营养饮食方面的重视，从而能保证饮食的营养搭配。在烹饪过程中，在保持风味不变的前提下，根据现在的需求，砂锅居逐渐适当地减少淀粉、糖、油、盐的摄入量。如此一来，砂锅居不仅凭借其独特的风味、优良的服务扬名，更是成为健康饮食的领头军，让消费者吃得满意、吃得健康。

（2）建筑特色。砂锅居饭庄从 20 世纪 90 年代初的饭庄小院经翻修、扩建，变成了宫廷式的三层小楼：单间雅座，宫灯高挂，条案桌、太师椅、红黄万寿餐具，从外观到装饰，古色古香，典雅大方。优雅的就餐环境，礼貌热情、周到的服务，使顾客仿佛体味到了"天上人间"的感觉[①]。

砂锅居坚持味道传统，创新经营理念，在市场经济大潮中，砂锅居勇立潮头，无论是传统技艺的传承还是建筑革新，给顾客创造不一样的环境都满足了不同人群的需求，这也可能是砂锅居得以百年传承的精髓。

二、杏花楼

（一）基本概况

杏花楼酒家，创立于清咸丰元年（1851 年）。一开始它只是一家以广东茶点、小吃为特色的"杏华楼粤菜馆"，规模小，仅一个门面，起初店址在虹口，1883 年，搬到了福州路，改名"杏花楼"。据说几位商人、文化人有一次在此聚会，福州路上一家英国传教士办的墨海书馆的编辑王韬应邀来此喝茶，王韬学贯中西，众人提请王韬给饭店另起一个叫得响的店名。王韬略加思考，便随口吟诵了唐代诗人杜牧的一首脍炙人口的诗："清明时节雨纷纷，路上行人欲断魂。借问酒家何处有，牧童遥指杏花村。"吟毕说："我看不如以'杏花楼'替代'杏华楼'。"客人们举座叫绝。"杏华楼"从此改名"杏花楼"，此名与原名谐音，而且其中蕴含的诗意，也切合了福州路报馆、书社云集之地的雅趣。

1930 年前后，杏花楼的生意极其兴旺，人们前来上海游玩，都要去一尝其中的美味，而且很多的文化名人都愿意去杏花楼打发闲暇时光，就拿广东籍的书法家朱汝珍来说，在其移居上海之后，杏花楼便成为了他经常感受家乡风味的地

---

① 郭庆瑞．砂锅居［J］．时代经贸，2011（1）：63.

方，而且在与老板熟识之后，杏花楼的金字招牌也由他代笔书写，又为杏花楼增添了风采。1930 年到 1940 年，杏花楼一直占据着上海饮食业的榜首位置，其粤菜风味的美食深得上海各界名流的喜爱，人们还特别喜欢杏花楼出产的月饼，虽然杏花楼开始做月饼才短短几年，可是却很快地占据了人们的心理，成为了独具风味的上海月饼龙头，人们也一传十、十传百地竞相购买。"借问月饼谁家好，人人都说杏花楼"，成了上海流行的一句顺口溜。

中华人民共和国成立后，杏花楼的经营结构经历了多次改变。1956 年我国开展公私合营，杏花楼也积极响应号召，归并到了上海市黄浦区饮食公司管理。在 1962 年该公司一分为二，划分为以老字号摊点为主业的第一饮食公司和以酒楼规模化餐饮为主业的第二饮食公司。杏花楼与近 20 个著名老字号餐饮品牌一起纳入了第二饮食公司。从 20 世纪 50 年代到 20 世纪 80 年代我国的商业体系还算比较平稳，老字号企业没有受到类似于战乱的侵袭。我国在 1949 年中华人民共和国成立后人们都比较勤俭，而且物资供应贫乏，使得人们的消费受到了很大的制约。再加上处于计划经济下的国营企业盈亏都由国家担着，缺乏积极性，所以这一时期，杏花楼主要为满足人们日常生活的饮食而维持，并没有掺杂很多老字号文化经营的特色，使得老字号的杏花楼名号逐渐被人们淡化。但是改革开放以后，随着人们的日常生活的逐渐改善，杏花楼又重整旗鼓，大力发展自己的文化特色，老字号的光环又重现于杏花楼。经济的好转也给杏花楼带来了再一次的发展机会，其利用多年来的积蓄大力扩展自身规模，在 1994 年实施了改造，由 20 世纪 80 年代初的 5 层楼面改造为 7 层楼面，规模的扩大为杏花楼又吸引了无数的顾客，造就了新的杏花楼的崛起。1993 年我国商务部将"中华老字号"的名号授予杏花楼，以求其可以继续传播我国的美食文化，之后的 1997 年，杏花楼通过了国家级特级酒家认证，2006 年又因为其多年来的诚信经营，杏花楼通过了复评，而且多年以来杏花楼一直是"上海市文明单位"，当然杏花楼在上海的成就也不仅如此，杏花楼在 2001 年荣获上海市物价计量信得过金奖单位。2004 年杏花楼被评为上海餐饮业著名品牌企业。2005 年，杏花楼商标被评为最具影响力的上海老商标。2005 年还获得上海市服务诚信先进单位、上海市职工最满意企业。2006 年杏花楼餐饮获得国际中餐名店。对于其在我国所取得的成就来说，杏花楼早已荣获中国驰名商标，而且还在 2006 年获得中国商业服务名牌、中国商业名牌企业和上海名宴的双重称号。2007 年被中国饭店协会评定为全国饭店业优秀服务白金五星奖。

资料来源：和风. 借问酒家何处有？牧童遥指杏花村——记中华老字号"杏花楼"［J］. 上海质量，2008（8）：70 – 74.

（二）长寿基因及启示

1. 抓住节日热潮

杏花楼对经典的传承就体现在对粤菜制作工艺的严格要求和对其他传统特色美食的开拓创新上。就拿杏花楼的月饼来说，它的月饼除了严格按照传统工艺来制作外，还刻苦钻研，研发了很多不同的月饼馅儿，深得民心。

1929 年的中秋节，杏花楼酒家首次向社会推出精心选料制作的月饼，到现在，杏花楼的月饼不论是质量还是销售额，都在同行业中独占鳌头，成为上海滩月饼业的龙头老大，凭着独特的配方、精湛的工艺，享誉海内外。其传统的豆沙、莲蓉、椰蓉、五仁馅的月饼已成为杏花楼的"四大金刚"。每逢中秋佳节，品尝杏花楼的月饼成为上海的一种时尚，延绵至今犹长盛不衰。每年中秋前后，杏花楼门前总会排起长长的队伍，市民争相购买月饼，成为福州路上的特殊景观。改革开放后，杏花楼在原有基础上，翻建成七层楼，装潢仍然保持着粤菜馆的特色[①]。

2. 质量为本

作为老字号的餐饮企业，杏花楼一直在认真地把好菜品关。从原料的源头上就开始严格把控，多年来与杏花楼合作的原料供应商都极其考究，杏花楼也不含糊，只要是好的原材料就大加采购，显示出了老字号的魄力和用心。比如其豆沙的原料必须选取来自广东的产品，而椰蓉等必须产自海南，对于坚果等原材料来说，也必须是来自新疆。杏花楼坚持材料从最纯的产地采购。对于材料不过关的，杏花楼坚决不与其合作，因为其所从事的是有关人们健康的饮食行业，所以杏花楼在各个方面上都严格要求自己，以求为人们提供最好的、最健康的产品。除此之外，对于质量的把控，杏花楼还要求自己的员工要有良好的个人素质和卫生习惯，只有这样才能保证自己产品的绝对安全放心。杏花楼还组织进行各种员工培训，其目的就是要让员工们提升自己的个人素质，所以在社会上我们可以看到，从杏花楼跳槽出来的员工每个人都受到其他公司的追逐，这与杏花楼的努力是分不开的。为了更好地保证质量，杏花楼在价格竞争上也严守最后底线，坚决不胡乱定价，为消费者们提供物美价廉的产品，其坚信企业的盈利不只是钱财的积累，更重要的是在社会中获得良好的口碑，这样才能使自己的老字号品牌更有意义地存活于市场中，达到整个品牌价值的升华。总之，杏花楼对于质量的把控根本不是只言片语可以概括的，其除了要最好产品的质量检验和提高，还要处理各种能造成质量损害的小细节，方方面面的考虑虽然在很大程度上会造成杏花楼

---

① 严志皓. 杏花楼［J］. 检察风云，2016（18）：88.

的精力消耗，但是其成果还是显著的，那就是受到了市场中每一位消费者的肯定。消费者们可以放心地食用杏花楼的菜品，因为他们喜欢杏花楼独具风味的特色，而且时不时地创新菜品，也为消费者们的日常生活增添了很多的色彩，最重要的是在如今食品安全成为一个大问题的趋势下，人们相信杏花楼绝对不会做出伤害大家身心健康的不良行为。

3. 技术改革，开拓渠道

技术的改革主要源自杏花楼的开拓创新，除了保持菜品的新旧更迭和应季菜品的大力推广外，杏花楼在售卖自己的月饼等副食领域时也不断地将新的东西引入，如包装的特色化设计和便宜性考虑，以及生产设备的大力革新等。多年来杏花楼就是凭着自己的改革获得了各种质量、管理、安全体系的认定，为良性发展提供了良好的基础。

近些年来，杏花村为了扩大自己的经营范围，还开设了外卖和堂食，并且外卖生意十分红火，堂食也有固定消费群体，这种以老上海人为主、借助网络销售和大众媒体的宣传，使得杏花村在宣传品牌的同时也扩大了消费群体。

4. 文化兼容，口碑相传

上海开埠以来，贸易往来频繁，经济重心逐渐从广州转向上海，广东人意识到了上海的发展，所以20世纪五六十年代，大批的广东人涌入上海①，地域文化的多样造就了上海的多样性，中西合璧的文化独特性造就了杏花楼的独特销量。在月饼的推出以及制作过程中，杏花楼追求卓越、勇于创新，吸纳各方意见，凭借博采众长的态度与精神，最终造就了杏花楼月饼的热销。当然，杏花楼之所以能有现今的兴盛，与其口碑传播的营销策略有关。口碑传播是指一个具有感知信息的非商业传播者和接收者关于一个产品、品牌、组织和服务的非正式的人际传播。出现口碑营销的现象是因为，家庭与朋友的影响、消费者直接的使用经验、大众媒介和企业的市场营销活动。这些因素导致并影响了消费者的态度，良好的产品质量、消费经历或者使用经验等使得良好的口碑在消费者之间口口相传。

所以，历史文化的良好利用对企业的发展至关重要，品牌的打造正是利用了这一优势，百年兴盛也与杏花村的名誉维持息息相关。

---

① 祝丹凤，马树玲，陈家琳，郎芸菁．杏花楼的变迁与海派文化——一个外来品牌在上海扎根的本土化过程［J］．上海商业，2015（11）：16－20．

三、双合成

（一）基本概况

我国的清朝道光皇帝在位之时，河北人士李善勤与张德仁二人一起合伙做生意，主要就是采购一些鸡鸭鱼肉，然后自己再给其他村户贩售出去，其主要经营地点就是石家庄、保定和井陉附近。随着生意的逐渐扩大，二人积累了一部分钱财，最后决定在井陉开店开始做上正轨生意。1838年清朝道光年间，二人的店铺"双合成"正式成立，主要经营一些副食日用，而"双合成"的名号取自"和气生财，二人合作，必能成功"之意，立商号"双合成"。成立之后的双合成经营业绩甚好，成为了当地的知名商家，1898年，双合成的后人们扩展规模在石家庄又创立了自己店铺的分店，总店归张家后人打理，而新成立的分店改名为"双合兴"，由李家后人打理。1912年1月1日李家后人为了继续扩大经营来到了山西太原，创建了又一家双合成，因为当时环境并不好，刚开始创立的太原双合成业绩也不怎么火爆，几经迁址最终选定柳巷32号为其店铺地址，而且其名号"双合成"也聘请山西总督阎锡山的机要秘书、著名书法家孙奂仑为其题写。

1949年中华人民共和国成立，我国商业迎来了新的转机，双合成也乘上新中国的春风再次起航。我国在20世纪50年代开展公私合营，双合成也参与其中，将店铺改名为"南城食品总店"，而其厂房则改名为"南城糕点肉食加工厂"。为了自身更好的发展，没过几年双合成又改为了从前的前店后厂，继续以双合成的名号参与到市场竞争中来。但是好景不长，我国随即步入到了"文化大革命"的阶段，双合成被迫更名为"红星食品店第一门市部""柳巷大商店第一门市部"，其业绩也受到影响。1979年，我国的改革开放拯救了双合成，其于1980年被重新认定为老字号，并恢复名号成立"太原糖业烟酒公司双合成批零商店"。1982年又立刻凭借着市场的经验完成新形势的企业改革，到了1983年，双合成重新挂起由虹川先生书写的黑底金字"双合成"牌匾，1984年成为独立核算、自负盈亏的经济实体，老字号算是又重新走上了正轨。[①]

1985年，由于政府的政策以及大经济环境的影响，双合成这样的企业又受

---

① 胡启章.浅析太原双合成食品公司目前面临的问题及对策［J］.经济师，2017（1）：58－59.

到了影响，经营又再一次陷入了低谷。可是作为老字号企业哪能这么容易被打倒！适逢当时太原的商业系统改革之际，政府大力鼓励民间商业发展，举办了各种促进消费的活动，而双合成参加的月饼比试大赛让其普通的糕点师傅赵光晋大放异彩，随后双合成领导们一致推选赵光晋成为新的店铺经理。1985年7月赵光晋正式出任经理一职，然后开始大张旗鼓地改革，如实行承包责任制，成立了独立核算、自主经营、自负盈亏的经济实体，实行了集资启动生产、改革工艺、狠抓质量、先尝后买、花钱买批评、月饼品尝会、挑刺会、跟踪卡、经理亮相服务等一系列改革。很快双合成在其带领下实现了又一轮的发展，逐渐又恢复了老字号店铺该有的常态。

20世纪90年代初，双合成又开始改建自己的店铺，将原有的老楼拆除，重新在其原址上建立了新的店铺，以求可以提升自己的商业地位，塑造在人们心目中良好的形象。随着越来越多的人来双合成消费，双合成也积累了很多的财富，为了合理利用自己的财富，双合成又开始吸收合并一些濒临破产的小公司，一方面使自己的产业扩大，另一方面也帮助他们渡过难关，如双合成的享堂生产基地就是其并购享堂商场而后进行改造成立的。随后的十几年以来，双合成又开设各种分店完全垄断了太原副食行业的市场，月饼也成为了当地人人都会采购的佳品。在2006年，我国的商务部将"中华老字号"的名号授予双合成。多年以来，双合成月饼被国家评为"中国名饼""名牌月饼"，2008年双合成郭杜林晋式月饼制作技艺被列为国家级非物质文化遗产名录。2009年9月9日，双合成工业园开园，引进多条国内一流生产线，为开拓国际市场打下坚实基础。现如今的双合成已成为山西的食品行业的龙头企业，拥有数家工厂和连锁直营店，而且基本上也完全实现了机械化生产，除此之外还大力聘请优秀的管理人员，为其在未来的发展打好基础。深化现代化企业改革中，双合成也没有掉队，很快地完成了企业的改革，建立了符合现代市场竞争的各个职能部门，不得不说双合成已经取得了很大的成功。

资料来源：胡启章．浅析太原双合成食品公司目前面临的问题及对策 [J]. 经济师，2017（1）：58－59.

（二）长寿基因及启示

1. 转变观念，拼搏创新，大胆改革

企业靠产品生存，产品是企业的生命。一个企业没有好的产品、没有新的产品、没有独特的龙头产品，就丧失了存在的价值。食品企业尤其如此。赵光晋是工人师傅出身，在经历了双合成的各种事件后，由于表现良好被提拔成为店铺经理，其刚刚出任经理时，双合成还只是一个小店铺，只能生产和贩售一些手工制作的产品来满足人们的日常生活。为了可以扩大生产规模和品牌影响力，赵光晋

开始了对双合成的改革。首先一项就是改善自家的产品，创新出新的产品，就拿其月饼来说，为了可以在以前的"老五样"的基础上增添新的类型，他和他的团队几乎跑遍了大江南北，寻求南北方月饼的各式品种，而且还大力研究西方的甜品，最终创造出了很多的月饼类型，而且在此基础上也开创了更多的糕点、甜点供人们选购，现在的双合成的产品类型已经扩大到200多种，融合南北方各地的特色，在全国的月饼市场上占有了巨大份额，成为人人知晓的糕点大王。

2. 产品靠质量取胜

双合成的高管曾经表示："产品靠质量取胜，质量靠管理保证。食品是一种特殊的产品，它的质量关系到亿万人的身体。在食品上搞假冒伪劣，那便是丧了良心。所以说，食品企业是良心企业，做点心一定要讲良心。"由此可以看出其对质量的严格要求，双合成也同其他的知名老字号一样，从源头来保证自己产品的选料，就拿其制作糕点的糖来说，要求必须是采购自潮州和广东进口的品牌赤糖、绵白糖，而其所选用的面粉、食油也是当时最好的。迄今为止，双合成对自己产品质量的要求逐年提高，随着人们生活水平的提高，越来越多的好原料也应运而生，当然很多的假冒伪劣也在滋生，双合成坚决保证自身的产品选购，杜绝使用假冒伪劣产品，其面粉都是由专人到面粉产地去采购，而且所选的原料品牌也都是通过了国家质量认证的优质产品。最为人们所称道的是双合成为了在生产过程中可以用到最纯净的水源，自己兴建水厂，处理水源，以求可以将最优质的水资源用于自己的产品，保证其口感和营养。在双合成所成立的工业园区内可以看到各个厂房有条不紊地运行着，其环境也是相当宜人。总而言之，双合成为了保证产品质量，依靠产品质量来获得人们的认可可谓是下了大功夫，国家政府和人民群众也看到了其中的努力，从而使双合成一直在市场中屹立于不败之地。

3. 物流配送，拓宽市场的营销策略

随着电商行业的涌入，糕点行业的服务模式也在悄然发生变化，双合成充分利用淘宝、美团、京东、糯米等网购平台实行物流配送，并且为了迎合年轻人的消费需求，在线下实体店实现精准高效的物流配送。

成功的双合成也强调其符合现在市场机制的营销战略也功不可没，刚刚完成企业改制的双合成就在其高管的带领下兴建适合自己的营销机制，其认为"好酒也怕巷子深，货好也得去叫卖"。所以双合成尽自己的最大努力来招揽顾客，不仅要求自家的服务员要热情、礼貌服务，而且还要求自己的所有员工努力提升个人素质，为消费者营造良好的购物体验，除此之外，双合成也学习国外先进的营销手段举办各式各样的活动，来推销、促销自己的产品，只要能将产品打入消费者群体，就完成了自己产业提升的一大步，因为双合成足够自信自己的产品只要顾客尝试就会喜欢上它。随着交通的逐渐发达，双合成还在全国各地建立自己的销售渠道和店铺，为当地的人们传递一种独特的美食形式，除了距离自己较近的内蒙古、河北等地外，甚至连四川和湖南等地也有双合成的店铺，即使有些地方没有专卖店，各地的超市里也依然有双合成的产品摆在货架进行售卖。

4. 独特的食品文化

双合成本身就是老字号企业，有着老字号企业自身的文化魅力，而其在发展过程中也不忘不断总结前人的经验来充实自己美食文化的内容，它起源于山西，所以其产品中融入了浓浓的当地文化，将山西的"佛教文化""晋商文化""古城文化""大院文化""帝王文化""将军文化"等丰富的历史、人物、文化融于食品文化之中，将古老的黄河文化与现代文化相结合，形成了独具黄河文化和双合成企业文化特色的"黄河糕点"文化，开发出武圣关公茶、贵妃红饼等具有三晋文化特色的食品。随后，双合成又在不断地改良和完善中将自家的产品类别分为了以下几种：中式系列、西式系列、娘家系列、感恩月饼系列、喜庆系列和文化主题系列，充分展示出了其老字号的特点和不断创新的发展原则。

四、成文厚

（一）基本概况

北京成文厚，全称"北京成文厚账簿文具店"。商号的创业经理刘国梁，山东籍北京商人，私塾毕业，1935 年到北京开商号获得成功。在民国时期北京被日军侵占的艰难岁月中，他继承家族商业传统，经营纸张文具；同时吸收现代商业组织理念，将家族传统与当时的先进外来会计知识相结合，创建了北京现代会计账簿企业，并在十年内迅速发展，占领了国内北方账簿市场。北京成文厚与美国哈佛大学会计专业毕业的潘序伦及其执掌的上海立信会计用品公司南北鼎立，在商界享有"南有立信、北有成文厚"的盛誉。

1904 年成文厚在山东济南被创立，一开始的成文厚仅仅是贩卖一些人们日常生活所用的文具和书籍，后来慢慢地随着生意的扩大开始经营各种与文化有关的事业。成文厚是由一个姓刘的商人创建的，而这个姓刘的老板的家乡是山东招远县的孟格庄村，清末民国初期这个村的老百姓几乎人人都从事制书、贩书的事业，对于纸墨笔砚的事业也有涉猎。除了当时的成文厚这个店铺外，比较出名的成文信也是由该村村民创建。20 世纪 30 年代，成文厚的事业发展步入了辉煌的时刻，在我国各地相继设立了分店，生意蒸蒸日上。

其实最出名的北京成文厚的开办者是名为刘国梁的吉林成文厚大公子，是其父亲刘显卿帮助儿子筹建的。选址初期他们就选定了热闹的西单商业街，和其他成文厚一样，北京成文厚也主营书笔纸簿等文化用具，有着深厚文化底蕴的北京城将北京的成文厚熏陶成为了文化大家，很多的文人墨客都聚集于此，慢慢地，北京成文厚变为了成文厚的代表，名声更胜从前。但究其根本，北京的成文厚的发展离不开刘国梁的努力。出生于山东招远县孟格庄村的刘国梁，早年间在吉林的成文厚当学徒，因为家教森严，刘国梁从小就对文化领域有所涉猎，成年后父亲为了帮助其发展为其在北京设立了北京成文厚，一开始他只是普通员工，直到自己将店铺的生意熟悉一遍后，父亲才将店铺交付于他。成为经理的刘国梁马上瞅准机会开始发展账簿生意，这一举措使北京成文厚的生意得到了增长，而且刘国梁还与贾得泉合作开创了复式记账法专用的账簿，为我国财务会计的发展奠定了基础，就这样北京成文厚越做越大，慢慢地成为了当时盛极一时的文化巨头。

中华人民共和国成立以后，成文厚在国家的支持鼓励下已然成了大有规模的私营企业。在我国 1956 年公私合营时，成文厚也积极响应政府号召进行改制，可好景不长，在我国"文化大革命"时，成文厚也陷入了困境，一度沦为了"北京账簿商店"。改革开放的春风吹拂，成文厚再一次获得发展的机会。首先成文厚将自己的门店扩大为集账簿、卡片和批发为一体的 3 个门店。1980 年，成文厚将原址进行了翻建，同时被中国商业部命名为第一批"中华老字号"，末代皇帝溥仪的胞弟溥杰先生和著名书法家王遐举先生先后为其题写了门匾，为店堂增色添彩。我国相关机构还对成文厚的市场占有率进行过调查，1997 年成文厚市场商品销售占有率为 91%，在购买会计账簿时首选成文厚品牌的占 90%，在同行业中评价较高占 55%，对成文厚企业信誉度评价较好的占 50%。多年的发展缔造了成文厚的优良名誉，人们都知道"买账就到成文厚，到成文厚不走第二家"和"南有立信、北有成文厚"等民间俗语。

现如今的成文厚总店仍然坐落于北京的西单，来此购买文化用品的人络绎不绝，其经营的产品也主要以会计用具为主，另外辅以各式各类的文化办公用品，其产品类型多达 2000 多种，公司下设有四个自然门店，包括成文厚账簿商店、成文厚卡片商店、成文厚批发部和成文厚现代办公用品商店。与其合作的客户遍及全国，以华北、东北、西北为主，包括内蒙古、山西、甘肃、河北等 16 个省、市、自治区，而成文厚的连锁店铺也在各地林立，成为了当地人们生活、办公采购物品的首选。面对如今新环境下的市场竞争，成文厚也在不断地开拓创新，不仅使自己的明星产品账簿的质量逐年递增，而且还开发出了各种便于人们办公的新产品，除此之外，产品也进行了档次分类，保证社会上的各种群体可以用得起、用得上自己的文具。不得不说老字号成文厚是一个极具魅力的企业。

资料来源：董晓萍，蓝克利. 城市化与中小商人的"文化人"角色——以"北京成文厚"个案为例 [J]. 社会学评论，2013，1（3）：42－48.

（二）长寿基因及启示

1. "一全、二新、三精、四服务"

传承历史文化，面对不断变革的市场环境除了要坚守诚信为本的原则，成文厚还要求自己也要跟上时代的步伐。成文厚的产品历来以"一全、二新、三精、四服务"而闻名。"全"——立志成为我国最大文具商的成文厚，在售卖自己产品时要求店铺的产品必须完全涵盖人们的使用范围，不论任何人办公的需求用具尤其是有关于财务、会计领域的产品，成文厚都要求满足大家。"新"——现今人们的生活方式与以往有着很大的不同，这种不同不仅存在于人们的日常生活中，就连工作的环境以及方式都在不断变化，所以成文厚为了紧追时代步伐，开始研制各种适销对路的产品，其有关于财务会计的账簿等商品一直都在按照国家会计准则的要求来生产售卖，除此之外，其研发的产品也在最大限度上方便了人们的办公。"精"——作为一个老字号企业，其对自己产品质量的要求也相当讲究，一定要为顾客提供最精致的商品，不论是自己生产的产品，还是代售别家的产品，成文厚都始终要求所有的产品要足够精细，这样才会对人们的工作有所帮助。"服务好"——服务的好坏，很大程度上也决定了人们对品牌的喜爱，成文厚也在服务质量上下足了功夫，除了要求员工要积极热情地服务外，成文厚还不断地引进新的服务形式和理念，以求依靠自己的积极态度吸引并稳定自己的顾客群体。

2. 善于"变革和创新"的优良传统

开拓创新一直是成文厚的优良传统，因为他们知道，只有创新才可以为其谋求最大的发展，创新是动力，也是其吸引顾客的最重要的方法。在百年发展历史中，成文厚正是依靠着其勇于创新、敢于变革的特质而不断发展壮大。

1940年，北京得泉簿记学校校长贾得泉先生编辑出版了《改良中式簿记》一书，完整地向人们阐述了复式记账方法和借贷式账簿的样式。成文厚老板刘国梁在参阅其书后马上对自己的产品实行改进措施，按照书中所写研制了适于复式记账方法的账簿，投入到市场后随着新会计方法的普及大受好评。

贾得泉书中说到，社会上的很多企业使用的旧式流水账（即条子账）有很多弊端，结算起来十分不便，常为此大伤脑筋，不利于企业的财务质量的考核和发展。为了使我国的企业可以得到趋近于外国优秀企业的优良绩效，贾得泉建议我国企业应该大力地改变原有的制度，推行新式账簿和新的记账方法。刘国梁也当机立断与贾得泉先生开始合作，一起将以科学的复式记账法为依据的借贷式新式账簿推行于市场上，在 1942 年新的账簿正式投放到市场中。成文厚在成功推出新账簿后，成为了当时市场上最有名的账簿贩卖商，成功扩大了自己的产品范围，这为成文厚的财富积累奠定了基础。而且成文厚还在印刷账簿的过程中开发了五色账。所谓五色账，就是一种功能性的发明，主要是把普通账页的黑、灰线格，改为红、蓝、黄、灰、黑五种色彩的线格，这样会计在记账时，就很容易按照不同颜色的线格的划分，依次把阿拉伯数字从高到低的进位正确填入。这样的创新使得很多的企业、工商业以及政府财务部门省去了很多的麻烦，最大限度地保证了记账的正确性，获得人们的好评，除此之外，不得不说我国总体的记账方式的改革与成文厚在这方面的努力也密不可分。成文厚除了此项创新外，还为大、中、小各类客户设计生产不同规格的记账表单，实行个性化，这使得很多的企业都有了自己的独特账簿，也利于区分各式各样的账簿，方便了我国企业的财务审核，从某种程度上来说，成文厚也实现了其对社会的责任，帮助整个社会步入新时代的市场竞争中。

老字号如果想在如今的时代持续发展，规模的扩大和受众的广泛是其不得不考虑的一项变革点，成文厚也在其经营的过程中意识到了这点，从创立之初成文厚就在自己力所能及的范围内逐渐地扩大自己的市场规模，首先在相邻的县、市开办分店，之后又扩大到省、自治区，现如今其分店遍布我国的大江南北。在自己开拓经营道路的同时，成文厚也交了许多的生意上的朋友，为其提供物美价廉的货品，同时也将其牢牢把控在自己的销售群体之内，使其成为自己的忠实顾客，这其中也包括我国的各级政府。成文厚优秀的企业绩效也帮助了我国整体经济的发展与社会建设，其每年都是利税大户。

面对现如今计算机不断发展的态势，我国的整个会计行业开始采纳电子记账方法来进行公司的财务管理，会计电算化发展得如火如荼，成文厚在这时也积极与我国最出名的用友会计软件公司开展合作项目，将双方的优秀产品结合起来出售给用户，并且联合开发了各种便于人们管理财务的软件，成文厚此举使其与用友成为了专业化的企业，专门为政府和各种公司提供会计、财务管理等方面的服务。在现如今的市场竞争中，成文厚与用友已经成为了奋斗道路上的伙伴，用友软件开发各种新产品，然后再通过老字号成文厚的销售渠道，卖给各种用户，成文厚也一直带领着用友为客户们提供良好的售后服务。总之，二者互利共通，一起创建了属于自己的品牌。

3. 勤俭质朴与亲近员工

刘国梁的生活很俭朴，不抽烟、不喝酒，家庭成员都不使用奢侈品，家人和徒弟的衣服、鞋袜全靠自己缝制。

刘国梁把徒弟当家人，徒弟举办婚礼时，刘国梁让儿子刘基厚夫妇当伴郎伴娘。在员工的日常生活中，刘国梁还会为职工提供伙食费，供他们去会计学校深造学习，让员工有极强的归属感。

　　在当今社会不断变革之下，成文厚不仅努力发挥自己老字号企业的优势，而且还在不断地利用创新来驱动自己的发展，成为有目共睹的大企业。

第十三章　科技

一、张裕集团

（一）基本概况

从近代开始，就有很多的实业家在积极探索我国企业的成功之道，希望可以发展我国的商业实体，张裕集团就是在这样的背景下产生的。1892年张裕酿酒公司成立，其老板为知名实业家张弼士，初创的张裕酿酒主营红酒的生产与售卖，张弼士豪投300万两白银力求打造我国第一的酿酒公司，而其作为华侨，认为红酒在我国市场中还没有人涉足该行业，所以定其公司的主要业务就是酿造适合国民喝的红酒。

随着时代的发展，张裕酿酒公司平稳地度过了几年，很大程度上并没有遭受我国近代史的混乱局面，1994年，张裕酿酒公司改制成为烟台张裕集团有限公司，标志着张裕集团开始了我国现代市场竞争的步伐。1997年和2000年，张裕集团分别在深、沪交易所上市，成为了我国第一家发行两只股票的集团。作为百年老字号，张裕集团秉持创新发展的理念，已经成为了中国乃至亚洲规模最完善的红酒酿制公司。据不完全统计，张裕集团在2011年的规模已经相当庞大，有在岗职工5001人，总资产67.7亿元，净资产38亿元，而该年集团公司实现销售收入103.3亿元，利税30亿元，缴纳税金15.1亿元。公司的主导产品为葡萄酒、白兰地、香槟工艺酒、保健酒、白酒、中成药六大类，年综合生产能力20万吨。

为了向消费者提供优质的酒品，同时也为了节省成本，张裕集团分别在全国各地建立了自己的葡萄种植园和酒庄，而高档的"蛇龙珠"成为了其种植的重要葡萄品种，占90%以上。张裕集团的制酒技术和设备都是同发达国家学习，每年投资在设备上的资金占了很大一部分比重，经过这样的要求和努力，张裕集团的红酒可谓越做越好，得到了消费者的青睐，很多的人都喜欢在请客吃饭的时候拿张裕集团的红酒为自己撑场面，而且在投入巨资建立厂房设备后，也使张裕集团成为了亚洲顶尖的红酒制造商，屡次代表亚洲的红酒参加博览会并获奖。

其实张裕集团并不是近些年才得到国际市场的认可，早在1915年的万国博览会上其四款酒品就得到了人们的认可，斩获佳绩。张裕可雅白兰地、红玫瑰葡萄酒、琼瑶浆（味美思）和雷司令白葡萄酒这四个产品现如今都是张裕的明星产品。多年的刻苦努力使张裕集团的酒品先后获得了16枚国际金银奖和20项国家金银奖，成为我国真正意义上的品牌造酒商。

20世纪90年代初，张裕集团的商标被我国工商局评为中国驰名商标，标志着我国红酒业开始兴起。2002年，张裕集团又荣获知名民族品牌的称号。2005年，张裕集团又成为首批"全国文明单位""我最喜爱的中国品牌""最具投资价值上市公司十强"。2006年，我国商务部又认定其为"中华老字号"。2007年，张裕入选未来十年中国最具成长性的蓝筹A股上市公司。2008年，张裕公司位列《BBI品牌蓝皮书（2008）》葡萄酒理想品牌第一名。2009年，张裕被中华全国总工会授予全国"五一"劳动奖状荣誉称号。2010年，位于烟台开发区的"张裕国际葡萄酒研发与制造中心项目"正式启动，西部的陕西、宁夏、新疆三大酒庄项目也渐次举行开工仪式。种种荣誉加身，更加验证了张裕集团的魅力，当然其荣誉的获取也并不容易，可以看出其风光背后所付出的辛苦。同样，作为一个有着百年历史的老字号企业，张裕集团的文化传统也是其可以发展得如此优秀的奠基石，有着丰富文化涵养的张裕集团在我国的市场竞争中可谓如鱼得水，有着稳定的顾客群体。

随着市场竞争的不断加剧，企业想要获取更多的利益就得及时改变自己的应对策略，于是在2005年，在政府的牵线下，张裕获得了国外公司和银行的注资，成为了中外合作企业。

新的中外合资背景下的张裕集团更富有竞争力，不仅有着优秀的国外公司管理经验，而且还有着更加专业的技术人员，张裕可谓是焕发新颜，企业内部也在如火如荼地进行着科学化的改革，成功完成改制的张裕集团业绩发展又迈上了一个新的台阶。2007年，张裕集团已成为了世界红酒行业的十强，不仅完成了对自身的要求，也将我国的民族企业推向了世界，让世界认识到了中国企业的魅力。当然短暂的欢愉后，张裕集团又将新目标瞄准了更远的未来，企业上下又开始了努力，希望可以成为世界红酒行业里的龙头企业，将我国的民族品牌与产品传播到世界的每一个地方。

资料来源：傅朋志.创新：张裕持续发展的动力［J］.东方企业文化，2011（3）：14 - 15；黄志军.百年张裕的不老的秘密［J］.现代企业文化，2012（Z1）：96 - 97.

（二）长寿基因及启示

1. "爱国、敬业、优质、争雄" 的企业精神是立业之本

百年老字号张裕集团的创始人张弼士就曾经说过："欲酿好酒，先做好人。"张裕集团上下也一直秉承其要求来诚信经营，1912 年，孙中山先生就曾为其题写"品重醴泉"，希望其可以继续将质量精细的产品传递给大众，将诚信为本的信念传播下去。百年来，张裕集团为大众消费者树立了良好的社会形象，其品牌文化也被大家所认可，是我国老字号企业里的佼佼者。

"爱国、敬业、优质、争雄"一直是张裕集团认可的信条，多年来张裕集团一直在勤勤恳恳发展自身的产业，为国家赢取了很多的荣誉，而其对自己产品的质量也要求达到完美，可是多年来由于张裕酒品的名气，很多的假冒伪劣产品冒充张裕的名号欺骗消费者，虽然打着张裕的名号，其质量却与真正的张裕没法比较，劣质的酒品造成了消费者身体的损害，这对张裕集团来说是一种很恶劣的影响，所以多年来张裕一直在和假冒伪劣作斗争。为了保护自己的老字号品牌，张裕首先起诉了这些假冒伪劣，然后又向我国的工商部门投诉"假张裕"的恶劣行为，要求国家有关部门要严肃处理这些不法之徒，最终张裕取得了胜利，重新为张裕正名。我国的工商部门还将这次的风波记录备案，为以后的打击假冒伪劣品牌的行动提供了很好的依据，除此之外，还高度赞扬了张裕集团的主动维权行为，希望我国其他受假冒伪劣困扰的企业积极学习张裕的精神，为自己做主，打击各种假冒伪劣行为。张裕的维权风波之后，我国企业纷纷效仿，很多的企业为自己找回了自己应有的利益，使整个社会减少了假冒的不法之举，也使人们的日常生活变得更加安全。

在爱国的总体思想下，努力经营，为顾客提供优质的产品，张裕很自然地就坐到了我国红酒行业龙头的地位，称雄我国的红酒市场，成为无人不知无人不晓的专业红酒商，也为我国红酒的发展做出了有利的贡献。

2. 文化创新助推企业发展

对于张裕集团来说，其从创立以来就逐渐积累的文化素养一直为日后的发展提供着助力。张裕集团以自身的文化为基础，大力发展科技创新，而科技创新又被其分为了管理的改革、产品研制和销售的拓展，各方面全面发展，相互结合，缺一不可。首先，张裕集团面对时代的选择，在现代公司管理理念基础上融合自身的老字号文化，改变了自己原有的管理模式，使其更加全面、更加有效，结合激励机制创造了属于自己的管理体系和战略目标，并努力实践。其次，张裕集团利用新的科学技术研制更适合人类健康和人们口味的新产品，将保健和养生的思想融入自身产品，让人们选择其红酒时又多了一个理由，那就是足够安全和健康。最后张裕集团积极扩展自己的经销渠道，不仅将产品销售给我国顾客，更将世界的消费者作为服务对象，所以张裕的营销渠道也扩展到了海外，与外国的很多商人都成为了朋友。科技创新也使张裕集团的思路更加宽广，张裕集团还建立了自己的酒品博物馆，引入了红酒的文化，为人们日常的生活提供了更多的娱乐选项。据统计，张裕的酒品博物馆每年都要招待数以万计的人，其中也不乏我国的领导人及各国的政要，这也为张裕扩大自己的品牌影响打下了牢固的基础。发展于文化也要回报文化，多年以来张裕集团也积极举办各类酒品文化展览及活动，知名的歌手和作词家、作曲家也为张裕集团谱写了很多的文艺作品，如谷建芬、阎肃就为张裕创作了歌曲《葡萄美酒不夜天》，在省、市举办的企业文化厂歌比赛中均获金奖。

张裕的科学文化改革也体现在其思想上，张裕集团要求自己的员工要不断地提升个人素质，不论是对工作技能的提升还是服务态度的提升，对于其公司员工来说都是值得鼓励的，而且公司会为员工提供良好的学习平台和优秀的经验，从方方面面来帮助员工获得成长。最贴切的例子就是，公司高层领导分别率队组织员工，考察了茅台、五粮液、汾酒，走访了同行中的"长城""王朝"等企业，还分批到法国波尔多考察，吸取世界一流红酒企业的经验精华。

红酒文化是西方世界里比较被人们注重的文化，而张裕所做的行业正是依托于此，张裕文化的创新源自其将西方的文化带入我国传统文化特色，从而融入人们的生活中。为了更好地为中国的老百姓提供这样的红酒文化，张裕集团在2002年左右建立了知名的张裕卡斯特酒庄，供人们选酒、度假、参观，随着其财富的积累和积极的反响，张裕集团又扩大规模在各个葡萄产地也兴建属于自己的酒庄，真正地占据了我国的红酒市场，而这些酒庄本身也在酿造张裕的知名红酒，据知情人士透露，张裕集团正在建立亚洲最大的红酒生产系统，完工后会为其产出比现在多一倍的红酒。总之，张裕集团的创新发展使百年张裕彰显出了新的风采，成为我国民族品牌和老字号品牌里的领头羊。

二、大有丰酱园

（一）基本概况

大有丰酱园是一个叫李大有的人于1651年创立的，因为其又名李丰年，所以起名为大有丰酱园，大有丰酱园产品的制作手法来自于六朝古都南京，初创于安徽，而真正成名于河南的商丘。

在我国明朝即将覆灭之际，满人南下，使很多老百姓的生活受到了影响，李大有的祖辈们来到安徽避难，在亳州主要以染坊生意糊口，酱园只是副业。1651年在清朝顺治年间，李大有将大有丰酱园打造出来，随着当时社会逐步稳定，经济增长，促进了大有丰酱园良好的经营绩效，其商号先后衍生出"春阳斋""紫阳斋""大有丰""大有厚"等分号。

在1810年清朝嘉庆年间，李大有的孙子辈们将大有丰酱园搬到了河南的商丘，依然主营酱菜等产品，为了使自己的产品再一次主导市场，大有丰酱园积极与北方的酱菜师傅学习，集南北方酱菜之精华，努力打造其在酱菜园里的龙头地位。除此之外，大有丰还聘请了知名的酱菜师傅孟春发，因为孟春发就是北方酱菜技巧的代言人，在孟春发师傅的精心研制下，大有丰酱园的酱菜逐渐形成了自己的独特风味，不论南方还是北方人，都非常喜欢它的口味，也因为其独特的风味，大有丰的酱菜还被作为贡品敬献给那时候的皇帝。但是大有丰也没能逃过日军侵华的影响，战乱和不稳定的社会环境使大有丰的生意日渐衰退，不得已当时的掌门人将大有丰分为了"南大有"和"北大有"，以求可以分散自己店铺的风险。

中华人民共和国成立后，经营绩效良好的"南大有"分为"兰记大有"和"荣记大有"两家分号。"兰记大有"在1956年国家对私营工商业的改造中被纳入酱菜公私合营企业。"荣记大有"于1951年以官僚资本被收归国有，改商号为"公记大有丰"。两年后，"公记大有丰"又改制成为商丘县酱醋酿造厂，其下开办了几个专营店，专门销售大有丰的特色产品，共有从业人员30多人，厂里也配备了各种职能的科室和车间，万事俱备的情况下，大有丰的经营业绩一下子有了很大的提升，成为了当时酱菜行业里的佼佼者。随着资产的积累，大有丰扩大了自己的规模，又重新申请土地，建立了新的厂房，添置了更加科学的设备，产量也相较以前有了很大的提升。在大有丰的发展过程中，其还兼并吸收了其他的酱菜园，在其他酱菜园曾经业务的基础上新设了白酒的生产车间，其生产的松月牌白干酒和豫东大曲，在投入市场后获得了人们的好评。随着其白酒业务的逐渐发展，人们在逢年过节时争相购买大有丰的白酒，大有丰遂决定要大力拓展自己的白酒产业，而名气很高的林河大曲也在这时候被研制出来，成为了其白酒产品中的明星产品。

虽然集中力量发展了白酒产业，可大有丰酱园的本行酱菜并没有被忽视，依然在市场中深得民心，很多的文化历史名人都在品尝其风味后对其赞不绝口，其中就有侯宝林先生赞美大有丰为"长江以北，独此一家"。杨成武将军也为其题写厂名"归德府大有丰酱园"。

改革开放后，随着我国社会风气和人们生活质量的逐渐提升，大有丰的老字号名誉重新被国家认可，商丘县酿造厂改名为河南商丘大有丰酱园，随后大有丰牌味美酱油和低盐固态酱油被评为河南省优质产品。大有丰的产品价格也得到增长，其经营绩效可谓百尺竿头更进一步，而总规模也得到提升，据统计，1991年大有丰的职员已经达到 230 人，其中有负责生产的技术人员，还有负责财务的会计人员以及负责整体规划的高层管理人员，职能分配合理，在当时的市场竞争中独占鳌头，成为了各个企业效仿的典范，大有丰也在自己的优势资源下加深改革，成立了不同类型产品的生产车间，产品类型包括酱腌菜、酱油、食醋、豆腐乳、酱类 5 大类 70 多个品种，可谓是真正的酱菜行家。1993 年 10 月，大有丰为了发展自己的品牌特色申请注册了"大有丰""归德大有丰"商标。1994 年 12 月，大有丰的产品被河南省政府作为省特色产品极力宣传，并用其来招待各种贵宾，除此之外，归德大有丰牌归德酱菜还被省技术监督局评为河南省免检产品。1996 年 12 月，大有丰牌白糖豆腐乳和归德陈醋被审定为中国调味品协会推荐产品。随着归德大有丰牌归德酱菜在市场中的普及，以及其本身承载的老字号文化特色，使"归德大有丰"注册商标也被河南省的有关部门评为河南省著名商标。

2006 年 9 月，我国商务部正式将"中华老字号"的荣誉授予大有丰。11 月，归德大有丰牌酱腌菜系列产品被国际华商文化节旅游商品博览会组委会评为优秀旅游商品。而且在国际的各种产品博览会上，大有丰也取得了不俗的成绩。大有丰除了获得国家级老字号的荣誉外，还获得了河南省各级政府授予的"河南省老字号"的美誉，成为了河南省文化历史长河中不可或缺的一个重要内容，很多学者在其发展历史的基础上来研究整个河南省近代史的发展。

现今的大有丰的厂区已经成为了占地近 14500 平方米的规模庞大的生产厂区，职工总人数 240 多人，每年的绩效相当可观，是河南省甚至我国的利税大户，为我国的民族企业发展和经济发展做出了自己的贡献。

老字号大有丰历经百年风霜，其中有辉煌也有一时的衰败，但是这并不影响大有丰的名誉，其仍然是我国酱菜园以及调味料行业里的冉冉之星。虽然它初创于安徽，但是在其迁址到河南后，为河南的民族企业发展贡献了自己的力量，总之，大有丰的魅力并不是只言片语就可以概括的，需要我们仔细去品味、去研究。作为老字号的大有丰能在我国激烈的市场竞争中站到现在是有其特殊秘诀与经验的，其长寿基因也会对同行业其他企业的发展有借鉴作用。

（二）长寿基因及启示

1. 保持特色

作为食品行业里的老字号，大有丰是有其独特特色的，也正因为其自身的特色，才使很多的消费者为之倾倒，成为其固定的消费群体。大有丰酱菜园在原有的南方酱菜手艺的基础上，结合河南省当地的酱菜工艺与北方其他一些地方的酱菜手法，开创出了自己独特的风味，百年历史中大有丰人不断传承和创新，才使大有丰可以永葆活力。

大有丰、归德大有丰酱菜的主要特色有：色泽鲜艳、有光泽、酱酯香浓郁、咸甜适口、块型整齐、质地脆嫩、营养丰富。可以看出其特色里不可或缺的一项就是对质量的严格要求，除了要对腌制酱菜的原料严格把关之外，还要规范自身的操作技艺，只有原料好其菜品才会有地道的风味和诱人的色彩，而只有工艺好，才能保证其外观形状具有上述整齐的特点。不论怎样，大有丰将其特色展现得淋漓尽致，使人们看到了它的诚意与用心。

大有丰酱菜的工艺技巧是不传之秘，只有少数的高管和手艺传承者知道，但是据相关人士曾经探查寻访其工艺中重要的一点就是其酱曲醅菜传统的工艺。不同于其他各地的酱菜制作工艺，其特点是用干酱曲醅渍，酱与菜同时生产，酱曲吸收菜坯中的食盐和水分，通过微发酵，菜坯又充分吸收酱醪中的各种营养成分，互相渗透，互为作用，经过一定时期的发酵和互补，菜和酱同时成熟。成品不仅有味道鲜美的酱菜，其所剩酱汁也成为了一道美食，方便于人们日常拌面、拌饭的搭配。

2. 不断创新，与时俱进

在大有丰员工的艰苦努力下，大有丰如今有了良好的发展态势与被人们认可的行业地位。然而能在现在竞争激烈的环境中分一杯羹，是与大有丰本身不断创新发展、与时俱进分不开的。除了一代又一代的大有丰人对自己的酱菜产品创新外，其还一直在自己产品的包装外形上努力迎合消费者的价值观，因为现在人们的生活节奏变得越来越快，大家在选购各种产品的过程中都力求方便、简洁，大有丰模仿其他速食将自己的产品包装改为了大包装里再包入分好的小包装，方便了人们日常生活的食用，而且利用环保材料进行食品包装很大程度上帮助社会保护了人们的生活环境。而且大有丰也在自己的厂房中配置了便于量产的生产设备，提高了生产效率和产量，降低了人工成本，也为其发展减少了过多的成本投入。总之大有丰的科学创新表现在方方面面，被同行的其他企业纷纷称赞，也为自己的顾客们提供了支持自己的依据。

三、曹祥泰

（一）基本概况

曹祥泰创建于 1884 年（清光绪十年）的湖北武汉，创始人为曹南山。曹祥泰也是由小规模的地摊发展起来的，除了经营杂货外，曹祥泰还有自己的机械制造厂、肥皂坊、钱庄等，是湖北省当时数一数二的知名字号。曹南山这个人具有传奇色彩，曹南山小时候父亲早亡，年纪很小的他就承担起了家里重要的角色，不仅要照顾自己的母亲，还要养活自己的弟弟妹妹。邻里见其生活困难就凑了点钱帮他置办了点蚕豆，让他可以通过贩卖蚕豆谋生，曹南山知恩图报，总是很实在也很大方地给老百姓们卖蚕豆，比一般的人多出一大把。随着财富和人缘的积累，曹南山又置办了水果摊，开始贩卖水果，慢慢地生活开始好转，曹南山也拿出多余的钱财开设了大名鼎鼎的"曹祥泰"。起初的曹祥泰经营着各式各类的产品，范围之广在当时来说可谓是杂货铺之最，具体的产品种类包括水果、干果、杂货、炒货，后来又经销大米、五金、铁器、锅罐等。曹氏家族在产业达到平稳之时，三兄弟分家。大弟弟以开茶馆为业，二弟开曹祥泰元记杂货店，可生意却毫无起色。只有曹南山经营的曹祥泰福记杂货店生意兴隆，人来人往。可是一场意料之外的火灾却将店铺烧光。可是这场意外并没有将曹南山的信心击散，曹南山向汉口晋和铁号借银圆 3000 两，重新选址重建店铺，并交由其儿子曹云阶负责新的曹祥泰的管理和经营。由于曹云阶经营得法，当年就还清了 3000 银圆的借款，并略有盈余。1910 年，曹祥泰在福记杂货店的基础上，又开设了禄记米店、秦记钱庄、培记槽坊，资金总额达一万两银子。1915 年，曹祥泰在武昌都府堤创办祥泰肥皂厂，进入实业界，生产的"祥泰警钟肥皂"是中国肥皂的第一代产品。1917 年，曹祥泰成立其自己的百货商店，又再一次成为了人们关注的焦点。随后的几年，曹祥泰又发展得越来越大，先后建立了自己的纺织厂和机械厂，成为我国商业的支柱。

1956 年，曹祥泰也响应国家公私合营的号召，改革其企业体制并重新命名为"工农兵副食品商店"。如其他老字号一样，曹祥泰在"文化大革命"期间，被迫改名为险峰大楼，之后的 1979 年又重新改为"武汉市工农兵副食品商店"。几经波折，曹祥泰老字号名声已经千疮百孔，很多的人都忘了其曾经的辉煌。可改革开放以后，老字号企业又迎来新生，1982 年曹祥泰老字号的名声被恢复，使曹祥泰又展开了新的奋斗篇章，而且随着新的市场体制的建设，曹祥泰这样的企业获得了很大的发展。

2006 年，"中华老字号"的名声又被国家商务部颁发给曹祥泰，这次的荣誉让历经了大风大浪的曹祥泰上下很受鼓舞，于是整个企业又团结一心，为打造武汉乃至全国的知名老字号而奋发图强。

百年老字号曹祥泰发展至今，其中的辛酸与艰难并非常人所能理解，经历过辉煌，也有过暗淡，才使曹祥泰有了如今稳步的前行。从一个沿街叫卖的地摊到如今规模庞大的企业，其中的成功秘诀与长寿基因值得我们细细探究。当然可以肯定的一点就是曹祥泰在其成长过程中抓住了人们的心，使很多的消费者成为了其固定的顾客群体。总之，对于类似于曹祥泰这样的老字号能获得如此之成绩是有迹可循的。

资料来源：老店曹祥泰百年风雨路［J］. 武汉商务，2011（8）：34－37.

（二）长寿基因及启示

1. 坚守老工艺

曹祥泰最有名的产品就是其绿豆糕，而且每逢佳节曹祥泰的绿豆糕就被人们疯狂采购，既可以送给亲朋好友，也可以自己食用。除此之外，曹祥泰其他的糕点也受到大众的好评。然而曹祥泰的糕点之所以能大卖，最重要的一点就是其对老工艺的坚守，严格按照标准配比生产各种糕点。虽然时代在变革，人们的消费观念也在改变，可对于传统糕点的喜爱却一直根存于每个人心中。曹祥泰的管理者曾经说道："不是说老字号不能改进，而是这些配方、工艺、方法背后的标准不能改，它既是一种质量的保证，也是一种文化的传承，把它改了，老字号的信誉和文化就都不存在了。"

2. 注重品质

注重品质是我国老字号企业的传统，尤其是作为与食品相关的企业来说，曹祥泰更是在品质上严格把控，希望把最健康的产品传递给大众，对于原材料的选取也极为考究。如咸蛋总是派人到沙湖一带买鸭蛋，经过挑选后腌制，必须等盐浸到两圈之后才开始发卖，咸蛋成为曹祥泰的特产之一，武汉三镇居民纷纷前来购买。然而曹祥泰的注重品质的要求不仅表现在上述的内容中，还主要有以下几点：

其一，从源头上把控所售卖货品的质量。不论优质的原材料有多么贵重，曹祥泰都会坚持选择，杜绝为了降低成本而选取质量一般的材料。其二，与其进货商搞好关系，不论在采购还是售卖的过程中，曹祥泰都注重自己的诚信，对于上好材料的售卖商，曹祥泰从不还价或者讨价，有一说一，得到了大家的称赞，人们都愿意与其做生意，经常给曹祥泰以优惠的折扣，而曹祥泰也从不乱向消费者收取高价，在人们口中曹祥泰成了其性价比最高的选择。其三，在制作产品的过程中严格按照步骤和工序，绝不缺斤少两，也不为了省事而简化工序。最生动的例子就是曹祥泰为了将鸭蛋研制出美味，连下蛋的鸭子都是经过螺蛳肉所育。其四，曹祥泰对于部分材料的选购还要保证其新鲜度，应了那句俗语"有钱莫买腊月货"。曹祥泰的货品新鲜也得到了大家的认可，人们都对其非常信任。其五，曹祥泰还花了大价钱打造了自己保存货物的设备，力求使自己出售的货品可以不变质，保证了色香味俱佳。其六，旧时货物"早晚时价不同"，曹祥泰的原则是"跌在人先，涨在人后"。货物下跌的时候跌在人先，货物上涨的时候涨在人后，都是毫不犹豫的。

四、茅台酒

（一）基本概况

茅台酒可谓是声名远播，位居世界三大名酒之列，是我国白酒文化特色最有公认力的代表，茅台酒传承古方，结合独特的泉水，利用特殊的手法酿制，多年来博得了无数人的喜爱。

茅台本身就是贵州的一个古镇，千百年来一直有酿造美酒的传统，我国的帝王自汉武帝开始就对其产的美酒情有独钟，据说当时汉武帝最喜欢的"甘美之"枸酱酒就是茅台酒的前身。茅台镇能酿造出酒的秘诀就在于其酿酒的水质不一般，而且加之当地人杰地灵，辅以各种原料，才将茅台酒最终呈现在大家眼前，而茅台镇也因为其酿酒的出名成为有名的"酒乡"。

茅台的具体发源时间已经无从考证，人们查阅相关古籍发现在明朝的《邬氏族谱》扉页所绘家族住址地形图的标注，其中有酿酒作坊。族谱中的邬氏是1599年随李化龙将军一起迁到茅台镇的，这就说明在其搬来之前就已经有了茅台酒的制作了。

最早记载酿造茅台酒的作坊名为"大和"，清朝时茅台酒就已经非常出名了，成为当地乃至南方老百姓口口传赞的名酒，但好景不长，由于当时的战乱和交通不便，茅台酒一度濒临绝迹。1862年清朝的同治年间，茅台酒坊在旧址上开始重建，重建后的茅台酒坊主要由三家作坊组成，分别为"成义烧房""荣和烧房"和"恒兴烧房"。

1915年在巴拿马的万国博览会上，茅台酒大放异彩，以其不同于外国洋酒的各类特点受到了人们的关注，最终在评比中，茅台酒战胜了很多的名酒被推举为当时的世界三大蒸馏酒之一，与法国科涅克白兰地、英国的苏格兰威士忌一起名声大噪。

1946年赖永初在上海设立永兴公司以销售赖茅酒为主营业务，因为其秉承茅台酒的酿造传统和工艺，受到了人们的好评，先后有10000千克的赖茅酒被销售一空，随着赖茅的名声逐渐增大，在南方各省市的商号里出现了赖茅的身影。"成义"的华茅也在上海、长沙、广州和重庆通过文通书局在当地经营，"荣和"的王茅在重庆和贵阳都以"稻香村"号为销售点，全国白酒行业整体开始了以茅台酒一统市场的局面，当时很多有权和有钱的人都以能喝到茅台酒而扬扬得意，之后因为中华人民共和国成立后社会局势相对稳定，茅台酒被传到香港，在香港也受到人们的热捧，一度断货。

茅台酒以酱香型白酒的特点深得人们喜欢，而其独特的酒味是依靠茅台镇所处的特殊地理环境所缔造，水质、土壤以及酿酒的原料缺一不可，加之其酒味非常有特色，识别度高，是任何其他酒品不可能仿造的。

在中华人民共和国成立后的三年之内，为了更好地发展民族品牌，我国政府将成义、荣和、恒兴三家酒坊合而为一，成立了国营茅台酒厂，此举标志着茅台酒正式开始了正规化发展的道路。在之后的几年中茅台酒发展得越来越好，一度荣升为我国酒类奢侈品之列，国家的领导人也选用其来招待各种贵客，可以说茅台酒在中华人民共和国的外交史上发挥了举足轻重的作用，所以人们都将之作为"国酒"，可以说茅台酒见证了中华人民共和国的成长。

茅台酒历经百年，其中沉淀的历史文化也异常丰富，在每朝每代几乎都有与茅台酒有关的奇闻逸事发生，被人们传颂不已。中华人民共和国成立之后，茅台酒也被人们尊为国酒，以其独特的风味赢得了外国客人的喜欢，人们敬爱的周总理也将其作为招待各国元首的首选。国酒茅台飘香世界而誉满全球，成为世界认识中国的一个窗口和传播友谊的纽带，很多的外国人对中国的白酒文化很感兴趣，而茅台酒就成了其了解白酒文化最好的途径。茅台酒厂作为我国民族企业的象征，承载了我国劳动人民的朴实与智慧，代表了我国人民热情好客的优秀传统，而茅台酒将这种传统传向世界，让大家看到了中国深厚的文化魅力。

现今的茅台酒厂成为了我国酒品行业的支柱，也是我国企业中的佼佼者，更是老字号中绩效优异的企业，其资产早已突破20亿元大关，多年来的发展造就了茅台酒业辉煌的今天。茅台酒励精图治将国家企业管理最高奖"金马奖"揽入怀中，而且因为茅台酒的质量优异、风格独特和名声的响亮几乎将近些年的所有酒类大奖都得了个遍，成为了数一数二的顶级白酒。现如今的陈年茅台更是价值不菲，被很多人收藏起来。

茅台酒的种类在其不断发展中也得到扩大，先后研制了43度、38度、33度茅台酒产品，这样的做法方便了人们按照自己喜好的度数来品尝茅台的风味，受到了人们的好评。茅台酒在1997年应对市场变革成立了有限责任公司，然后在1999年的时候改制成为了股份制企业，挂名"贵州茅台酒股份有限公司"，而这个股份制企业也是由很多企业发起成立，为了更好地将茅台酒的魅力发扬光大，传承民族企业，其中包括中国贵州茅台酒厂有限责任公司、贵州茅台酒厂技术开发公司、贵州省轻纺集体工业联社、深圳清华大学研究院、中国食品发酵工业研究所、北京糖业烟酒公司、江苏省糖烟酒总公司、上海捷强烟草糖酒有限公司。

在众多企业联合治理的情况下，茅台酒业的生产、管理、销售越来越正规，生产上不仅引进了先进的设备，实现产量的扩大，管理上采取现代的管理经验，聘请优秀的管理人员一起打造茅台的战略筹划，而在销售层面上不仅大力打通人脉，而且还实行专业化的服务和扩展性的宣传，力求将品牌价值提升到最大的程度。

据了解，贵州茅台酒股份有限公司成立之初的注册资本就达到了1.85亿元，由此就可以看出其雄心。之后为了保证自己品牌的专利性和自身名誉的安全性，茅台还利用科学技术打造自身的防伪系统，虽然现如今市面上的"假茅台"不断，但是人们还是可以通过茅台的防伪标识来轻易地辨别假冒伪劣。总之，茅台酒业作为老字号可以传承至今，是有其独特方法的，我们也期盼着其会在未来的道路上越走越远。

（二）长寿基因及启示

1. 得天独厚的地理环境

得天独厚的地理环境造就了茅台的源远流长，茅台古镇地处我国的贵州省，这里风景宜人，有山有水，而且自古以来这里的自然景观很少被人类活动破坏，所以出产的茅台酒才有其区别于其他酒水的独特特点，而且自古以来这里的老百姓就喜欢喝酒，所以酿酒的技术一直可谓登峰造极。再从地理位置来看，茅台镇位于东经105°，北纬27°，属于河谷地带，这一带的平均气温常年保持在18.5℃，便于植被的生长与人类的生存，而且湿度适中，水资源丰富，非常适合酿酒的微生物的发酵，而且在酿造酒水的过程中也不会出现原料的短缺，这也是茅台酒可以常年为人们提供优秀产品的原因之一。1960年之后我国的专家都曾用茅台酒工艺及原料、窖泥，乃至工人、技术人员进行异地生产，所出产品均不能达到原来的品质。这就表明了茅台酒只有在茅台镇生产才可以保证其一直以来的风味和口感，更加巩固了茅台酒在酒品市场上无人可以模仿和超越的地位。

2. 独特的酿造工艺

茅台酒生产所用高粱为糯性高粱，当地俗称红缨子高粱。该种高粱的主产地就在茅台镇，而且加之茅台镇种植高粱的土壤和水源都是独一无二的，所以才会种出独一无二的糯性高粱，据专家考证，贵州省的茅台镇属于中亚热带湿润季风气候，土壤为紫色土、石灰土、黄壤，肥力中等，是种植这种糯性高粱的温床，而且该种高粱与东北及其他地区高粱不同的是，颗粒坚实、饱满、均匀，粒小皮厚，支链淀粉含量达88%以上，其截面呈玻璃质地状，正好能适应茅台酒的制作工艺，而不造成大面积的营养流失。反过来说，其实正是因为茅台镇上的酿酒师傅们在世代研究酿造此种高粱酒的过程中才出现了举世瞩目的茅台酒。虽然酿酒在本质上来说具体的工艺技巧都相差不远，可是茅台酒能超越其他的酒类而屹立于名酒行列也是有其独特的秘密的，但具体方法也只有当地人或少数的茅台酒业高管知道，对于茅台酒业来说，其核心竞争力就是其千古流传的独特酿造手法。然而经过茅台酒酿造工艺而制的茅台酒其中也含有一定的营养价值，适量的饮用可以帮助人们治疗感冒和糖尿病等疾病。

3. 茅台酒传统工艺顺应天时、地利、人和

茅台酒除了其独特的风味和酿造工艺外，还有一点不得不提出来，那就是其酒品所产生的效用，对于茅台酒来说其整体符合我国传统文化中的天时、地利、人和。

从茅台酒的制作工艺就可以看出其顺应自然，绝不违背自然规律。茅台酒在制作过程中选用的都是成熟的糯性高粱，然后经过其"三高"工艺，即高温制曲、高温堆积发酵、高温馏酒。在过程中绝不为了提升口感而添加其他破坏性的原料，充分使酒曲中的活性蛋白得到激发而形成便于人体吸收的各种氨基酸，而且茅台酒在即将产成之际，酿酒师傅们还会精心剔除酿制过程中产生的有害物质，这样产出的茅台酒才会有饮后不口干舌燥、尝后不轻易上头的特点。然而其顺应自然的另一方面还表现在茅台酒工艺中的三长，即茅台酒基酒生产周期长、大曲贮存时间长、茅台酒基酒酒龄长。为了使高粱的价值充分被利用，茅台酒的生产周期比较长，这样才能使酒香更醇厚，口感更绵柔。据说茅台酒一般需要长达三年以上贮存才能勾兑，通过贮存可趋利避害，将茅台酒的价值发挥到最大的程度，这也是其他香型白酒不具有的特点。

总之，像贵州茅台这样的百年老字号的发展见证了我国近代史的进程，而其魅力也不是三言两语就可以概括的，我们相信贵州茅台会在新的时代里焕发新颜，撑起我国民族企业走向世界。

五、步瀛斋

（一）基本概况

老北京城的大栅栏中老字号林立，而步瀛斋就坐落于此。1858 年我国清朝的咸丰年间，以制作布鞋为主的步瀛斋诞生了，其初创者姓李，但具体名字已经无据考证，当时步瀛斋的主要消费者就是达官贵族。"步瀛斋"三个字的选取就是希望自己的店号可以发展壮大，名誉四海。

以前步瀛斋所制作的鞋子大都是我国清代的老百姓经常所穿，有普通的布鞋，

也有被人们称为"棉花篓"的大云鞋，最出名的还有"股子皮双脸洒鞋"。不管什么类型的产品，步瀛斋都精工细作，以上好的材料和高超的工艺打造。虽然其主要的顾客是京城内的达官贵族，他们一般所选的都为配色新潮的布鞋，方便日常穿着，但步瀛斋也不拒绝普通人来选购，像其"股子皮双脸洒鞋"就是很多当时的劳工所钟爱的产品，因为其质量优异而且穿着舒服，既可以便于其上工时候穿着，又能放松脚掌，一举两得，而且该鞋也不容易破损，成为了当时的流行款式。当然时代在发展，步瀛斋也在发展，步瀛斋在我国20世纪30年代就开始考察市场，最终将皮鞋又投入到市场中，受到了很多年轻人的热捧，可以说其是北京城内第一批经营皮鞋的店号。此时的步瀛斋产品种类齐全，只要是你想买的鞋品，都能在步瀛斋里买到，一时间步瀛斋声名鹊起，成为人们较喜爱的鞋店之一。

直到1986年步瀛斋平稳地度过了一段时间，并没有受到太多时局变化的影响，此刻的步瀛斋已经积累了相当的财富，为了实现进一步的发展，步瀛斋选择了扩建，历经几个月时间，新建的步瀛斋开始正式营业。新的步瀛斋总体分为两层，一层主要以受中青年喜欢的皮鞋、时装鞋、运动鞋为主，二层则主要售卖以老年顾客为主的布鞋，而且全店装修奢华，保持了古色古香的韵味，服务人员也非常热情，不久步瀛斋便获得了北京市先进单位称号。

"诚信经营，童叟无欺"是步瀛斋一直以来所尊崇的传统，步瀛斋秉持传统，将自己的产品做精做细，在任何细节上都力求完美，不出差错。就拿我国的千层底布鞋来说，步瀛斋在制作千层底的时候，选用的布料都是从知名进货商那里采购，制作过程虽然复杂，但也从不偷工减料，对于成品的检验也非常严格，最终才会让大家有穿着吸汗、柔软、舒适的消费体验。

当然步瀛斋也不是一味地模仿他人，在其产品中有一种羊皮面的硫化胶软底皮便鞋深受人们的喜爱，刚出来时便成了人们抢购的重点。新出来的羊皮鞋外观以普通皮鞋的外观为准，但其内里却应用了我国布鞋的技术，既符合当今潮流，又避免了皮鞋不舒适的缺点。

步瀛斋在不断的发展中积累了很多稳定的顾客群体，其中有我国的普通老百姓，也有我国的文化名人，就连外国人都为其产品买单，步瀛斋可谓是真正的享誉四海。1992年，我国的商务部将步瀛斋认定为"中华老字号"，1998年时，又因为其良好表现，荣获"北京市著名商标"称号。

现如今的步瀛斋依然在销售我国的各类传统鞋品，可谁也没想到在步瀛斋的努力下很多的传统鞋品也被当今的时尚达人们喜爱，就拿步瀛斋出名的绣花鞋来说，虽然以前只是在我国乡村穿着比较普遍，可现在很多的年轻人也喜欢将不同的衣服与绣花鞋搭配起来，彰显了混搭的特色风格，外加之步瀛斋的绣花鞋精工细作，不得不说确实有一种迷人的特色。步瀛斋的绣花鞋，除了讲究材质的精致外，还有很多的绣花图案被绣刻其上，而且一改往日传统，将鞋面上添加了各式纽扣或绑带，使绣花鞋传递出一种新古结合的特点，既满足了年轻人追逐的新潮，又使很多的中老年人非常满意，而且步瀛斋的绣花鞋不仅是为女人们提供，很多的男性也喜欢穿着步瀛斋深色的绣花鞋。为了适应时代的变化，虽然步瀛斋的很多绣花鞋都已经可以机械化生产，但对于限量或者精品的绣花鞋来说，仍然坚持手工制作，而且人们也愿意购买手工制作的鞋，因为对于鞋品来说，人们还是比较信赖手工制作的。

当今社会不仅女性比较爱美，相当数量的男性也将部分精力放到了对自己外观的塑造上，步瀛斋就抓住了人们这点心理，还为男性研制了很多的鞋品，上述"羊皮面硫化胶软底皮便鞋"就是为男性量身打造，皮革可以彰显男人硬朗的气质，也会使男人们看起来更加稳重和成熟，可一般的皮鞋虽然外观好看，穿着却十分不便，而且也不舒服，可步瀛斋却突发奇想地将步鞋工艺运用到了皮鞋上，解决了皮鞋这一方面存在的缺点。

总之，步瀛斋作为我国的知名老字号，不仅承载了我国传统文化的魅力，还不断创新，研制出了供人们穿着舒适又不失风度的鞋子，可谓是老字号中的佼佼者，其能一直存在于我国的市场中而不被淘汰也有其自己的秘诀，值得同行业的企业借鉴。

（二）长寿基因及启示

1. 做工精细

做工精细是步瀛斋的得胜之道，所有步瀛斋的产品都讲究品质的完备，在人们心目中步瀛斋的产品美观耐穿，性价比高，一双鞋可以在正常情况下使用 4～5 年都不成问题。步瀛斋的做工精细还表现在其对千层底这种传统老步鞋的制作过程中，首先选取质量过关的白布和麻绳，然后在制作过程中利用人工一针一线地仔细缝制，对于每一处的针线，都要求要有 80～100 道针线穿过，这样才能保证千层底不走形与耐穿耐造。我国千层底的步鞋在近代时有很多的商家都在经营制作，可大都比不过步瀛斋制作的布鞋。相关人员研究过步瀛斋的产品后，发现其用料和结构特征有助于人们日常的步行和运动，其保健功能也不可小觑，使很多患有脚疾的顾客在很大程度上缓解了走路时的病痛。

2. 品种齐全

品种齐全是步瀛斋的又一大特色，虽然步瀛斋是以我国传统的鞋品生意为主，但是其在发展过程中也不会拒绝代售人们喜欢的新式鞋品，像皮鞋、运动鞋在中国还未普及之时，步瀛斋就已经开始了这些产品的售卖，获得了各种年龄层次的人的喜爱。当然能一直保持产品齐全这一特色也离不开步瀛斋的创新，步瀛斋知道一味地模仿不会对自己的发展有持续的推动，只有创新才能获得发展，如上述内容所说，步瀛斋发明了羊皮的硫化软底皮鞋，不仅外观有着人们喜爱的皮鞋样式，而且内里的用料也采用了布鞋的工艺，非常舒适。总之能不断发展，对步瀛斋来说其品种齐全的原因不得不提。很多的外国人也前来购买步瀛斋的商品，因为步瀛斋既有类似于其本国鞋品的商品，也有着低于其本国商品的优惠的价格。

3. 诚信待客

步瀛斋以"敬业乐群，诚信待客"为宗旨，以货真价实为本。所有产品做工精细、用料考究、工艺独特、实用耐穿，款式多样，花色品种齐全。

百年老字号步瀛斋在历经岁月的洗礼后，焕发出了新的光彩，是我国老字号中少有的将传统产业与新科技创作相结合的品牌，在未来的市场竞争中我们有理由相信，只要坚持自己的特色并不断开拓创新就不会被市场所淘汰。

六、毛源昌

（一）基本概况

毛源昌创立于 1862 年（清同治元年），至今已有 150 多年的发展历史，是一家百年老字号企业，深受人们的喜爱。毛源昌眼镜以其过硬的质量和优质的服务传承了中华民族的诚信经营、童叟无欺的品质，可以说毛源昌眼镜是我国眼镜行业里的代表。毛源昌眼镜的大本营在我国的杭州，坐落于西子湖畔的毛源昌眼镜店里售卖着各式各样的眼镜，有近视眼镜、太阳眼镜、隐形眼镜、老花眼镜等，当地人只要需要配眼镜时，都会来毛源昌进行选购。现如今的毛源昌已经成为了中外合资企业，公司位于浙江省杭州市南山路新民村 3 号，东接劳动路，东南与杭州十大名胜之一的吴山山郦连成一片，西临南山路，与柳浪闻莺隔路相遥，北临中国美术学院，紧傍潘天寿纪念馆，西南为净寺古刹和玉皇山所在，在湖光山色各为一体紧密相连的环境中，毛源昌眼镜也见证了我国时代的发展。

1862 年名叫毛四发的生意人买下了当时杭州有名的玉器店"詹源昌"，然后将其改为了"毛源昌"。虽然刚开始的毛源昌是以玉器为主营业务，可是其逐渐发展自身的眼镜生意，最终在杭州的眼镜行业分了一杯羹，并逐渐成为了行业龙头。

从建立之初起，毛源昌就将诚信经营作为自己的本分，货真价实、童叟无欺一直是其秉持的原则，所以在商业经济不太好的时候，毛源昌仍然可以保持正常的经营业绩。作为一个与人们生活息息相关的企业，毛源昌也在不断地开拓创新，研发了各种适用于人们日常佩戴的眼镜，人们可以在店里挑选到自己最心仪、戴上后最舒服的眼镜，毛源昌的名号渐渐地就成了一块金字招牌。

进入改革开放的毛源昌在我国政府的支持下，扩展自己的规模，以求可以最大程度地达到现代化企业的形态，当然其优异的质量和服务一直在保持，甚至还有很大程度的提升，不会因为自己的规模的扩大而被忽视。

科技创新一直是一个企业的发展动力，尤其是当今时代的创新更难能可贵，2000 年以后的毛源昌先后进行了三次大规模技术整改和设备更新，生产能力和产品质量均有了飞跃性的提升，毛源昌眼镜是经眼镜行业质检最高权威机构——国家眼镜质量监督检验中心严格抽检，唯一一家连续七年所有指标全部合格的眼镜企业。

面对国际上的知名眼镜品牌的冲击，毛源昌用其顽强的意志与跨时代的眼光将我国眼镜的市场份额保持住，用其不服输的意志支撑着属于我国自己的眼镜行业，不得不说是民族企业里的翘楚。

历经百年风雨的毛源昌，已经是一个不折不扣的中华老字号，其生在浙江，现已成为浙江的名优企业、代表性企业，其厂房设备已经完全实现了自动化管理，富有科技性，是老字号与新科技结合最生动的例子，而且其工业化规模以及管理能力在我国的企业里也位居前列，受到了我国政府的积极鼓励，也成为人们口中赞不绝口的大公司。多少年来，毛源昌已经成为杭州百姓生活中密不可分的角色，可以看出其在人们心中的地位，而且作为老字号其秉承的文化传统也丝毫没有改变，依稀可见到我国清代商号优质的服务特色，毛源昌虽是一种"老味道"，但却是人们心中无法割舍的一种生活习惯。我们相信毛源昌也会发展得越来越好，将老字号的名誉一直保持下去。

（二）长寿基因及启示

1. 技术精湛

作为毛源昌这个老字号企业的长寿秘诀，技术精湛一直占有着举足轻重的地位。毛源昌的技术精湛主要表现在其优质的人才上面。创办之初的毛源昌就已经高价聘请了在我国手工制作眼镜的技术精湛的手艺师傅们，也正是因为这些手艺师傅的认真与技术，才使得毛源昌的名号深入人心。然而现在的毛源昌也非常看重人才，其人才体系的构成包括经验丰富的管理者、头脑灵活的销售者以及一丝不苟的研究者等，就连其最基层的生产人员也是经过严格的选拔才上岗的，更别说在眼镜店里的配镜人员了，所有的配镜人员的最低要求就是必须要有我国劳动和社会保障部资质认定的国家一级验光师的资质。

其次为了保证在给消费者配眼镜时可以准确和负责，毛源昌还花重金采购了在国外有着优质口碑的测量仪器和制作仪器，以求可以在最短的时间内制作完成舒适、美观的眼镜。毛源昌的配镜技术始终走在同行的前面。

2. 质量上乘

老字号毛源昌在眼镜行业持续了将近155年，其优良的信誉和质量一直是人们称赞不绝的优点，在眼镜行业里也公认毛源昌为最强，"眼镜＝毛源昌"就是大家对它的认可的最好证明。因为其在我国的地位，毛源昌吸引了很多的国际大牌前来与其合作，如法国依视路，美国苏拿、强生、博士伦，德国蔡司、浪琴、都彭、罗敦司得，意大利宝姿、范思哲、华伦天奴，日本 BOSS、雷森戴德、珍宝高帝等。就这样在我国品牌和国际大牌的映衬下，毛源昌眼镜的质量得到了人们的信赖。

3. 品牌创新

毛源昌一直都在追求创新，能在现实社会中得到人们的青睐，并不仅靠传承我国文化传统，还需要创新，因为时代在不断变革，人们的生活习惯和价值观也在改变，毛源昌正是体会到了其中精髓，而开创了很多适合国人脸型的眼镜外观，同时在制作眼镜的材料上也有所改进。

眼镜是在我国受到外国侵略者侵害的时候传入的，虽然其来历并不光彩，可是其作用在我国人民的生活中还是很重要的，帮助了我国患有近视者能够正常生活，随着眼镜的普及，很多的商人开始从事眼镜行业。可是一开始的眼镜却贵得离谱，很少有人能戴得起，再加之我国当时物资匮乏，自己生产眼镜更是奢望。可是民族企业家们却不甘落后，开始自己研制眼镜。毛源昌的创始人毛四发就是其创新之路的首位领路人，他不仅将眼镜行业做强做大，而且还利用自己多年的从业经历开创了我国眼镜行业自我生产制造的局面。

然而除了开创我国的眼镜自给自足外，毛四发还利用自己的经验创新了毛源昌的品牌，因为最初的毛源昌并没有将自己的全部业务投入到眼镜行业里来，还在做一部分钟表和玉器的生意，以此来吸引顾客，当自己的品牌被大众所熟知后，才开始发展眼镜事业，相对灵活的售卖范围，使其在同行中业绩斐然。

当然一直以来以创新作为企业发展动力的毛源昌在后人的发扬下，又继续前进，毛源昌的后人们改进以往的店铺售货机制，将送货上门和沿街叫卖的形式加入进来，丰富了销售手段，而且除此之外还发明了可以矫正视力的科学眼镜。这些改变为毛源昌博得了不少的赞誉。

20 世纪 30 年代，毛源昌新的接班人还借鉴科学的经营方法和管理手段将原有的毛源昌变为了更具时代感的新企业，使企业的运转更加合理和有效，然后积极引进科学的生产制造设备，帮助了很多的消费者。

这些改革使毛源昌逐渐登上行业翘楚的地位。资料显示，20 世纪 30 年代，毛源昌的资产已经占了当时杭州所有眼镜店资产总和的 44%。

总之，作为我国知名的老字号企业，毛源昌一直是我国民族企业发展的主力军，用其最大的努力拓展了我国的眼镜行业，帮助了患有近视的人们可以重新看得清这个丰富多彩的世界，而不断的创新也使毛源昌可以一直焕发新颜。

七、绍丰和

（一）基本概况

美味的川菜离不开有名的调料——郫县豆瓣酱，只有使用正宗的郫县豆瓣酱才可以制作出最地道的川菜，绍丰和就是以制作售卖郫县豆瓣酱而出名，一直在调味料行业中屹立不倒，是名副其实的老字号。据说郫县豆瓣酱的发明人也是绍丰和创始人的祖辈。

在 1803 年清朝的嘉庆年间，福建人陈逸先来到郫县，在郫县主要以生产贩卖酱油、豆瓣等调味料为生，因为其手法独特受到了人们的喜爱，名气也逐渐扩大。1853 年，清朝咸丰年间，陈守信在祖辈店铺的基础上成立了绍丰和酱园。

郫县豆瓣酱从被人们知道后就开始受到很多人的喜欢，销量也在逐年增加。到了 20 世纪 20 年代已经享誉全国，而且因为当时的郫县是大烟的产地，所以豆瓣酱也就随着大烟传到了我国的各个省市，西至西藏，东至沿海，北到陕西，南到云南。从郫县走出去做生意的人也会将豆瓣酱作为礼物送给自己的客户和合作伙伴。到了我国的战乱年代，政府军也将豆瓣酱作为粮饷大肆采购，绍丰和成为了主要的供货商，使得其经营绩效得到了很大的增长，有了这样的基础，绍丰和在后来的市场竞争中一直都很稳定，持续存在于我国的市场中。

中华人民共和国成立之后，1958 年我国政府开始鼓励各工商业公私合营，绍丰和也参与到其中改为国营郫县豆瓣厂，革新定名地方国营，产量扶摇直上。从此随着川菜的流传，郫县豆瓣酱也远销至世界各地，深得各国人民的喜爱。

到了今天，绍丰和已经历经了 160 多年的风霜洗礼，成为了名副其实的老字号，而其豆瓣酱也成为了我国人民餐桌上最常见的调味料，包括很多的菜品都将使用豆瓣酱作为其精髓所在。绍丰和及其豆瓣酱能在我国的历史长河中受到人们的青睐是有原因的，除了优质的质量和独特的味道外，还有一点就是其在不断发展中所积累的文化传统，深深地吸引了人们的目光和兴趣。总之，老字号绍丰和以其独特魅力成为了我国调味料行业的瑰宝。

（二）长寿基因及启示

绍丰和的长寿基因就是其能坚持传统工艺，酿造世代精品。据传，豆瓣酱的发明人就是陈家先辈，虽然在偶然间创出了豆瓣酱，但在之后却认真研究其中精妙，以求可以将这种美味发扬光大。最终经过几代人的努力陈家才将完美豆瓣酱的制作工序呈递出来，具体方法虽然是不传之秘，但根据相关人士介绍，我们可以总结出来一点简单的步骤：第一步，精选优质的二荆条海椒，这种海椒色泽红亮、辣味适中，然后用扁锹剁切成一寸二分长左右的碎节，加入盐，置于槽桶中在太阳下曝晒，一天翻搅两次。第二步，将干蚕豆浸泡，然后放入开水锅中略煮片刻，捞起后用石磨碾压去皮。第三步，将黄豆磨制成粉，然后与糯米、面粉及去皮蚕豆一起搅拌均匀，放入箩筐中发酵。第四步，把发酵充分、香味扑鼻的豆瓣与海椒混合。第五步，也是最后一道工序，是把制成的豆瓣酱进行翻、晒、露，等到一年左右，色泽红亮、滋味鲜美的红豆瓣酱就算酿制成熟。如果要生产颜色更深、滋味更浓的黑豆瓣酱，则需要一年半以上时间酿制。

总之，绍丰和的工艺可谓是相当严格和严谨，其后人们一直按照祖训来认真地为老百姓制作美味的豆瓣酱，而其也将自己质量信得过的产品作为自己的竞争优势来发扬光大。除了以上所述外，还有一点不得不提，绍丰和虽然一直在坚持传统工艺，可是其并没有忘掉创新发展是关键的发展要素，多年来为了提供更适合人们口感的产品，其在原有豆瓣酱的基础上还开发了不同口味的豆瓣酱，人们除了会购买最传统的豆瓣酱外，还愿意去品尝这种新式的产品，而且在尝过之后，都觉得味道很美。绍丰和的产品百花齐放，为其奠定了我国豆瓣酱品牌第一的地位，也使其坐稳了老字号企业的地位。我们相信绍丰和在新的时代也会焕发新颜，从而走得更远。

第六篇

长寿基因：资源与情报

五芳斋、泸州老窖、德州扒鸡、来今雨轩等，都是享誉全国的百年企业，在所处的行业中都是翘楚，为何这些百年企业能够经历风雨仍然充满活力，历经百余年到数百年而屹立不倒，究其原因，始终离不开其独有的不可复制的资源优势，包括独特的地理环境、独有的自然资源、长期积累的技术资源、优质的人力资源和沉淀的文化资源。

本篇分析梳理了 16 家百年企业的长寿基因，希望能为类似企业的长远发展带来启示和借鉴。

不难看出，资源对这些企业而言，是其百余年乃至数百年长盛不衰的秘诀，是企业长期发展的一种独特优势，正是这些资源优势成就了企业的辉煌发展。

除了人才、资金和技术之外，情报信息也是影响企业命脉得以延续的重要因素之一，被称为企业的"第四种生产要素"。一个企业在拥有了各种资源之后，通过对各种渠道所获得的情报信息进行加工，加上企业独有的各种生存秘诀，如秘方、工艺等，根据市场需求、情报信息、过往经验等进行产品的生产与加工，把所获得的各种情报信息转化为获取金钱的基础。

在百年长寿企业的经营与生产过程中，它们代代相传的独特秘方、制作工艺，都是前人整理、分析后的信息，从而传递到下一代人的手里，现代企业根据这些情报信息进行经营与生产，站在前人的基础上对各类信息再整理、加工继续流传。自古以来兵家对情报获取的重要性，都证明了企业在市场竞争中不能忽略对信息情报的收集和研究，以及对知识情报的传递和发展，如若缺少了信息情报，企业的管理就犹如盲人摸象；反之，如若企业掌握了各类情报信息，则会做出科学决策进而会占据竞争的主动权。

第十四章 资源

一、五芳斋

（一）基本概况

五芳斋粽子于 1921 年问世。创始人为张锦泉先生（浙江兰溪人），早年在嘉兴一条大街摆摊卖粽子。因为他家的粽子造型精致，加上选料、制作讲究、风味独特，招来了很多顾客。后来张锦泉和老乡租了间门面房，开了第一家粽子店。

通过他的悉心经营，五芳斋粽子逐渐发展壮大，被越来越多的人喜爱。五芳斋粽子按传统工艺配方精制而成，选料十分讲究。1985 年对五芳斋来说是发展史上重要的里程碑。在这一年，五芳斋对生产设备和生产器具进行了大规模的技术升级改造，使得大规模工业化生产成为了可能，可以一年到头源源不断地生产出符合大众口味的粽子，并且对店面的装修风格进行了统一调整，更符合当下的审美。五芳斋先后在长三角各大城市开设销售粽子的分店，传统的五芳斋粽子终于走出了"闺门"，面向更大的市场。

依托中国人口众多，大部分人都有每年吃粽子的习惯，面对着巨大的粽子消费市场，五芳斋依靠着灵敏的商业嗅觉，适时把握好市场机会，使五芳斋的粽子走进了千家万户。五芳斋成立了嘉兴五芳斋粽子公司，开始兴建粽子厂，扩大生产规模，改制成为股份公司，增加产品线，现阶段有近百种产品，先后获得省市、国家级各种荣誉和奖项，产品远销日本、东南亚等地，深受国内外顾客的喜爱。

在竞争激烈的粽子市场里，公司全体上下没有把五芳斋粽子仅仅当作粽子，而是把小小的粽子作为大众消费的中式快餐来规划，相继成立了股份有限公司，以研发、生产、销售、物流为一体的、围绕五芳斋粽子为中心的综合性食品公司。利用著名食品品牌效应，把公司产品链扩展到除以粽子为拳头产品的其他食品。为迅速扩大市场覆盖率，五芳斋设立营销公司，在全国各大省会城市设立分公司或代理商，加快实施名牌战略，生产科学化、科技化。公司内部深化改革，全公司齐心协力在新的发展阶段立志从传统生产型企业迈向科技创新经营型企业。

资料来源：文彦. 百年粽子，传奇美味——五芳斋 [J]. 老字号品牌营销，2020 (1)：4-6.

（二）长寿基因及启示

1. 丰富而质量上乘的原材料资源

五芳斋具有安全、全面的原材料生产基地。五芳斋作为食品行业，对粽子生产制作需要的原材料要求非常严格。公司为了寻找最优质的箬叶原料，派出专业人员走遍了全国各地考察箬叶主产区的生态环境，最终决定把箬叶的采摘和加工基地定在了江西靖安。箬叶的营养价值很高，不仅富含多种维生素、矿物质和微量元素，有益身心健康，还具有抗菌作用，包出的粽子带有独特的清香。

另外，五芳斋独家选定农科部门最新研制的糯米品种作为主要材料，米粒晶莹剔透，品质优异，其口感糯而不烂。因此五芳斋的粽子种类丰富，口感极佳。其每一种原材料都是经过层层筛选，保证每一种原材料都是质量上乘的佳品。这种拥有独特资源的生产模式，确保了五芳斋在现代化的道路上不失传统，为国内外众多消费者所喜爱。

作为一个百余年的中华老字号，五芳斋从最初的一家门店，到如今销售网点遍布全国的连锁食品集团，五芳斋能在百年中立于不败之地，并且在最近几十年蓬勃发展，并先后进军日本、东南亚等世界市场。五芳斋所凭借的不仅仅是独特的制作工艺和现代化的经营理念，更在于五芳斋源自天然的、健康的、安全独特的原材料。

2. 技术资源的变革

五芳斋率先进行了大规模的技术改造，从生产器具到生产流程，改变了其一直坚守的小范围的生产经营模式，逐渐打开了国内的大市场。除此之外，五芳斋建立了自己的原材料生产和加工基地，这样确保生产出来的每一个粽子都有稳定的高品质。

随着技术的变革和社会的进步，五芳斋不断将先进的制作流程运用到生产过程中来，不断改进生产技术，更新生产设备，将传统制作过程和先进制作工艺相结合，这些都加快了五芳斋的飞速发展。但为世人所津津乐道的，仍然是其优质的原材料和独特的制作工艺。采自接近原生态环境下的优质"伏箬"，选定农科部门最新研制的糯米品种，这才是五芳斋经久不衰、永葆青春的源泉。

二、德州扒鸡

（一）基本概况

德州扒鸡，据记载源于明朝 1692 年，距今已有 300 多年的辉煌发展史。据记载，当年康熙皇帝南巡途经德州的时候品尝到德州扒鸡，对其称赞有加。

明末清初，德州因为其自身的地理位置十分优越，随着漕运的兴盛，其经济慢慢繁荣起来，就是这时德州市面上出现了烧鸡。康熙三十一年，有一人名为贾健才，当时以制作烧鸡为生。相传有次他火上煮着烧鸡，外出办事，因店里伙计的失误，将烧鸡煮过了火。他办事回来之后赶快捞出烧鸡，烧鸡热腾腾、香喷喷的味道立刻引来了过往的行人，不一会儿就把这些烧鸡卖完了。他后来又根据大众的口味调整了烧鸡的制作工艺，使其更符合消费者的口味。

后来贾健才请临街马老秀才给这种做法的鸡取个名字，马老秀才细细询问制作工艺，品尝后道："热中一抖骨肉分，异香扑鼻竞袭人，若问老夫伸拇指，入口齿馨长留津。"随即脱口道："好一个五香脱骨扒鸡呀！"这就是德州扒鸡名字的由来。第二年，在元宵灯会上，德州扒鸡销售火爆，从此名声大振。

1999 年，为了顺应市场化发展的趋势，经有关部门批准后，德州市国营食品公司改制为山东德州扒鸡集团，经过多年的快速发展，德州牌扒鸡先后荣获国家级"中华老字号""中国驰名商标""山东省非物质文化遗产"等诸多荣誉头衔。然而作为德州扒鸡的传承人，每个人都感到肩上的责任更加重了，肩上担着传承几百年的中华美食的智慧，深感中华民族传承悠久文化的瑰宝、老祖宗留下来的宝贝不能丢。所以德州扒鸡先后修建新的现代化厂房，引进世界一流的生产设备，修建扒鸡文博馆，为优秀的传承人登名造册，每年举办扒鸡美食节，让德州扒鸡的美食文化能够更好地流传下去，也为对扒鸡感兴趣的人提供一个了解的窗口。为了行业健康发展，组织专家给行业制定统一的食品标准，防止市场上劣质商品鱼目混珠，欺骗消费者。

资料来源：初玮. 德州扒鸡中华老字号味美鲜香天下一绝［J］. 现代营销，2013（12）：58 – 59.

（二）长寿基因及启示

1. 原材料供应——现代化的绿色养殖基地
德州扒鸡集团现有四个现代化高标准的绿色养殖基地。其中包括三个绿色散养基地和一个绿色规模养殖基地。有机生态散养、枣林生态散养、槐林生态散养和规模绿色养殖四个绿色养殖基地，并建有与之相对应的安全检验检疫站，确保德州扒鸡集团所采用的原材料的绿色、生态和自然。饲养十周左右的童子健鸡最佳，童子健鸡不含各类激素，肉质鲜美，十周的鸡个头大小适中，肉嫩鲜美，最适合做扒鸡。

德州扒鸡蛋白质含量较高，脂肪含量较低，十分符合现代人的饮食需求。与牛肉、猪肉和鸡胸肉相比，德州扒鸡不但蛋白质质量较高，而且脂肪含量更低，这更有利于提高人们身体的健康水平，尤其是对中老年人，更能让他们放心食用而不用担心患上脂肪肝等疾病。

2. 长远的发展战略

为了取得长远的发展，德州扒鸡集团建立了三个长远发展战略。

（1）深挖品牌内涵，塑造核心竞争力。德州扒鸡作为广受欢迎的美食，其自身文化内涵深厚，主要包括其独有的美食文化和德州作为因运河而繁荣的运河文化，经历数百年的岁月洗礼，凝聚成德州牌扒鸡。作为众多独特文化相互影响下的产物，其蕴含丰富的品牌价值。提到扒鸡，就想到德州；提到德州，就想到扒鸡。企业将围绕这个知名品牌挖掘其丰富的文化价值，从而提高核心竞争力是当下的主要任务。

（2）转变生产制作工艺，引导绿色消费理念。传统的高温产品已经不符合大生产下的健康消费趋势，德州扒鸡迅速调整，积极实行向低温产品直至鲜品转变的发展思路，真正地从广大顾客的健康利益出发，符合消费者在新时代的消费升级需要。公司花重金引入先进的生产线，实现全程低温生产，而且配套现代化冷链仓储，物流系统。

（3）高度重视营销职能。公司高层管理人员重视产品的销售，市场营销部门是连接顾客和企业产品的纽带，公司高层将市场营销的职能看得比其他部门的职能更加重要，将营销看作企业的中心职能。学习国内外标杆企业，培养了一批懂营销、会管理的高素质销售团队。公司要求各部门要积极配合销售部门的各项工作，主动承担"绿叶"的角色。此外，还每年定期对基层销售人员开展技能培训，完善销售团队的考评体系，建立透明、公开的奖惩标准，最大程度地激励员工的主动性。

三、来今雨轩

（一）基本概况

1915 年，来今雨轩由当时中央公园董事会集体发起成立，轩名由当时任北洋政府内务总长的朱启钤亲自命名，现位于北京中山公园内，是著名的茶楼和饭馆，也是近代一些社会名流聚会之所。

来今雨轩作为国家级著名饭庄，日常提供红楼菜与川贵风味菜肴为主。来今雨轩成立后花大力气聘请原"西黔阳"饭店的高连元师傅（特级技师）任主理。为了迎合北方客人的口味，尤其在制作川贵菜时，在麻和辣方面进行不断改良，最终形成了现在老少皆宜的独特风味。其中最具代表性的当数"干烧活鱼"，那时北京讲究的老饕想吃这道菜首选来今雨轩。改革开放后，大家慢慢富裕起来了，消费水平也随之提高，好的饭菜见得多、吃得多。这时候饭庄如何适应越来越挑剔的食客的口味，如何对传统菜肴进行继承和发展摆在了来今雨轩面前。冬菜包子作为其中最为百姓喜爱的主食，制作过程颇费功夫。先说馅料用的上等瘦肉末和四川冬菜为主料，炒熟后用一级高筋面粉做的皮儿，坐一排人手工制作，大小一致，人工娴熟，个个包子 26 个褶儿，造型优美。蒸熟之后，香气扑鼻，咬上一口，肉的香味和冬菜的口感撞击着味蕾，口齿留香，回味无穷。

1981 年，饭庄为了能在众多竞争对手中脱颖而出，开始寻找新的增长点，把目光盯在了《红楼梦》这部经典上，开始着手对《红楼梦》中出现的各种菜品进行研究。红楼菜由清代著名文人曹雪芹晚年所著《红楼梦》一书而来，作者在这本书中不仅刻画了百余人的经典形象，更是用接近 1/3 的文字描述了与饮食文化有关的活动，按一天不同的时刻，有午宴、晚宴、夜宴；按时令不同，有元宵宴、中秋宴、端阳宴；按内容不同，有省亲宴、生日宴、接风宴、寿宴、家宴等，所涉及名目之多让人目不暇接，据统计里边涉及的大大小小菜肴和点心多达 186 种。为了更好地挖掘红楼菜，研制团队走访各大图书馆，查阅大量不同版本的《红楼梦》和红楼菜相关的资料，最终结合现有条件挑选出 22 种不同口味的菜品、6 种各具特色的汤品、5 种营养丰富的粥品、4 种制作精美的点心作为重点研发对象，在选材、配料、口味等方面反复试验调整。1983 年 9 月，以冯其庸、李希凡等人为首的著名红学家和《中国烹饪》《中国食品》杂志的专家评审对来今雨轩研制的一共 18 个品类的红楼菜进行了品鉴。然后饭庄虚心听取各方意见与建议，一边改进，一边售卖，继而听取顾客的建议，再进行调整，如此循环往复，不断优化。1987 年，由多位红学家、烹饪专家等又对改进后的红楼菜进行品鉴，一致认同来今雨轩所研制的红楼菜较好地集中了红楼菜的精华，与原著中所描绘的菜品相符。

现今，来这里吃饭，先用铜盆洗手，服务人员上完菜之后，先给食客介绍这道菜出自《红楼梦》哪一回，哪些人吃过，来这里的顾客不仅品尝了美食，顺带着又温习了红楼经典文化。饭庄以其优越的地理位置，丰厚的红楼文化资源，热情周到的服务，在竞争激烈的餐饮行业独树一帜，先后接待了来自全世界各地的高官、学者和游客等，让世界各地对红楼文化感兴趣的人，更直观、更直接地领略红楼文化。

（二）长寿基因及启示

1. 厚重的红楼文化资源

《红楼梦》作为中国古典文学的高峰之一，深受读者的欢迎，其文化影响力非常深远，甚至国内外有专门一群人研究红学。来今雨轩十分巧妙地借助红楼梦的群众基础，能够让读者读到《红楼梦》一书的描写后，可以品尝到书中花费大量的篇幅来进行描写的各种珍馐佳肴。红楼佳肴不仅反映我国明末清初各阶级和民间的饮食风俗习惯，也体现了祖国传统医学食疗的营养作用和药用价值，不断开拓经营的新特色，让书上的美食变成了现实。如今顾客追求的不只是吃得饱，那么如何吃得健康和吃出文化，思考如何在新时代下去创新红楼文化，让传统文化和现代人的生活方式更好地结合，是今后来今雨轩努力的方向。

2. 《红楼梦》情节里菜品的创新

来今雨轩不仅根据《红楼梦》书中记述或情节中有记载的各种美食宴席，还根据一些书中经典情节进行了创新。红楼菜包括冷菜、热菜、粥点、汤菜近百余道，形成口味独特、制作复杂、造型优美、气氛雅致的红楼风味，充分体现了中华饮食文化"食不厌精，脍不厌细"的特点，在传统饮食文化和经典红楼文化交织融合，形成绝妙的体验。来今雨轩提供的不仅仅是红楼菜，更重要的是弘扬红楼文化。来今雨轩的红楼菜道道有出处，盘盘有故事，每一盘菜都浓缩了红楼故事和当时的社会文化。正是这种与传统文化的凝结，让来今雨轩屹立百年而不衰。

四、方回春堂

（一）基本概况

方回春堂作为全国知名的中华老字号药馆，坐落于浙江省杭州市。据记载为钱塘方清怡先生于顺治六年（1649 年）所创。2006 年荣获首批国家商务部认定的"中华老字号"称号。方清怡，字"再春"，寓"回春"，所以把药号命名为"方回春堂"，以起"逢凶化吉，妙手回春"之意。

方回春堂现在依然保留着传统的中药炮制技术，炮制是一种传统的中药制作技术，工序复杂，纯手工制作，耗费大量的人力物力，尤其考验师傅们对火候的控制，非常见师傅们的真功夫。

杭州市授予方回春堂国医、国药馆为"杭州特色药店"。方回春堂保留下来了许多老方子，还有根据古法制作的各类药膳、药酒和膏药，在今天西医占主导地位的时代，还深受杭州市患者的欢迎与喜爱，足以见得方回春堂的口碑如何。有许多从小在这里长大的人，打小生病就来这里看，年纪大了，还来这里瞧病。方回春堂每年定期会根据季节和时令给大家赠送养生手册。此外，来店瞧病的顾客可以免费赠饮一杯保健茶。

"许可赚钱，不可卖假"是方回春堂世世代代的祖训，所以他们对所用药材质量把关严格。假如用的药材不地道，轻则延误病情，重则药效不到，耽误救治，甚至造成患者逝世的严重后果。所以方回春堂专门聘请了一批经验丰富、懂药材存储和加工的老师傅们负责把好药材关。在仓库里还有一些很少用到的药材，这些药材有的一年到头可能只用上一次，甚至一次都没有用上，一旦这些药材过期了，就只能通通扔掉。因为方回春堂的药材十分地道，所以吸引到越来越多的患者来此看病、买药。因此 2003 年为适应越来越多的患者的需要，方回春堂又新开了一家参药号。

尊重患者，重视员工。方回春堂上上下下加在一起有 200 多名员工（包括坐诊医生）。但是离职率远远低于同行业的平均水平，平均算下来每年主动离职和被辞退的员工加起来就几人而已。方回春堂对员工的要求就是对顾客像同对自己的朋友一样。这里的医生都说在这里受到了极大的尊重，充分发挥了自己的价值。

方回春堂还非常重视对全体员工的全方面能力的培养，把保持信誉的观念深深刻在全体员工的心头。除了每年定期为基层员工举行培训班，方回春堂还定期把医生派到国内知名中医药大学进修、学习。每年都会有经验丰富的老师傅对新人进行教学，让他们都掌握相应的知识，保证人才梯队的建设不出现断层。全体员工树立把患者放在第一位的目标，医药行业不同于其他行业，不仅为了利润，还承担着巨大的社会责任。针对腿脚不便的老年人、残疾人，他们还提供送药上门的服务，对低收入人群，会将药品以最低价格卖给他们，有时甚至是赔钱送给他们。靠着日积月累的口碑，方回春堂收获了患者的信任，从而一直兴盛到今天。

药品质量的高低除了来源于地道的原材料，和加工过程也息息相关。因此方回春堂在药品的生产和制作工艺方面更是精益求精。原材料的种植、采摘，都有严格的时间安排，在方回春堂后院有一片专门的地方用来晾晒药材。

与此同时，作为依靠中药起家的方回春堂，面对从西方传进来的西医和西药，并没有从狭隘的民族主义视角出发，一味地抵制和批判。而是从不同视角对传统中医药进行创新和发展，率先在方回春堂里设立一个专门搞中西医结合的研究所，研究如何将传统和现代结合起来，更好地造福一方百姓，这样才能让中国博大精深的中医药文化在新时代继续焕发勃勃生机。

资料来源：方回春堂：让中医药文化薪火相传 [J] . 医药经济报，2008.

（二）长寿基因及启示

1. 货真价实的文化资源

"许可赚钱，不可卖假"是方回春堂代代传承的祖训。为此，专门花重金请一群经验丰富的老师傅把控原材料，并指导药材的采购和加工，确保长期为信赖方回春堂的消费者提供年份足、效果好的药材，这样才能赢得消费者信任。人与人之间的信任是一种伟大的力量，甚至可以让素不相识的人把身体健康托付给方回春堂的药师和医师。

2. 优秀的人力资源

方回春堂对全体员工的要求就是要对消费者像对自己的朋友一样，对同事像对自己的亲人一样。为医患关系搭建了一座友好亲切的桥梁，良好的人际关系对于受病痛折磨的患者和处于工作压力的医护人员都是十分重要的。当一个企业，能够让老板和员工友好相处，上下一心，与顾客关系和谐融洽，那么就会越走越远，越走越稳。任何企业都需要注意和顾客的关系，被顾客嫌弃、厌恶的企业是不会有未来的。此外，在这里的医生都说，他们在这里备受尊重，也符合马斯洛的需要层次理论中的中高级需求。

此外，方回春堂还非常重视对全体员工的全方面能力的培养，把保持信誉的观念深深刻在全体员工的心头。方回春堂针对看病的弱势群体，给予药费补贴，积极承担社会责任。如果一家企业只把盈利作为企业的终极目标，不考虑承担社会责任，这样的企业迟早会丧失人心，走向衰落。尤其是作为医药行业更是如此，应该把治病救人放在第一位。就算当下病人无力承担药品费用，也可以暂时给他们药，日后再偿还费用。良好的企业形象带来的隐含价值非常巨大，到了企业经营困难之际，方可获得周围百姓的帮助，渡过难关。

3. 质量的保证

中药的药材品质高低除非多年和药材打交道的人，一般消费者很少能准确判断出来。那么很多情况下，就靠药店的良心。现代市场经济条件下，许多人把年份不那么足、品质不是最好的药材以次充好，赚取高额利润。有人也劝方回春堂这么干，但方回春堂不为所动。因为他们知道中药材对地道、纯正的原材料最为讲究，一味普通的药材从开始种植的时间、培养和使用，都有一套严格的标准，有的需要好几年的专门培养。质量差点的药甚至可能危及病人的健康，所以绝对不能干昧良心的事。这样做耗费大量的人力和物力，但为了患者着想，苦点累点也值得，真正地把治病救人放在第一位。方回春堂还一直保留着传统的中药炮制技术。所制丸散饮片，气质俱佳。一个不论在什么行业的企业想要做大做强、长期健康发展，应该努力给消费者带来高质量的产品和服务。纵观全世界，长寿企业均是如此。任何企业唯有不断精益求精，坚持质量第一，才能在瞬息变化的市场环境中立于不败之地。

五、泸州老窖

（一）基本概况

泸州老窖股份有限公司位于四川泸州，距今有400多年的酿酒历史，雷氏家族创办泸州老窖。酒城泸州，以盛产美酒而闻名。据民国时期泸县地方志记载，仅清末年间，就有"白烧狍户六百余家"，"大曲狍户十余家，窖老者，尤清冽，以温永盛，天成生为名。运销川东北一带及省外"。这段旧志中提到的天成生曲酒作坊，始建于清康熙年间，创始人雷郭氏，到现在已经有300余年的历史，以其口味特别的浓香型曲酒而享誉海内外。据本地市民的回忆，天成生曲酒在清末除畅销省内蓉、渝等地外，已远销福建、广东，出口南洋的也有。该作坊的年代和盛名仅次于泸州城内的"舒聚源"作坊。

泸州老窖公司资源丰富，拥有国内保护完整、持续使用的老窖池群。拥有一大批国内知名的酿酒高级技师团队，职业生涯丰富专业的管理团队、科技团队和营销团队。公司还有"酿酒生物技术及应用·四川省重点实验室"，在白酒酿造与研发方面形成了可持续的竞争优势。

泸州老窖依靠中华文明博大精深的白酒文化，制定出"天地同酿，人间共生"的经营理念，以"敬人敬业，创新卓越"作为企业精神。1996年国家文物保护专家委员会这样评价泸州老窖："其生产仍保持了传统工艺，以粮糟拌曲药在窖池发酵烤出的酒，酒质特好，成为中国浓香型曲酒的发源地，具有很高的科学价值和历史价值。"在漫长的发展道路上，泸州老窖逐渐形成了自己独特的理念，以"天地同酿，人间共生"作为企业哲学；提出了"与社会同行，与环境相依，与人类共存"的企业口号。

资料来源：荣振环，付百航. 中国酒企文化建设的评析与探索 [J]. 中外企业文化，2012（10）：46-49.

（二）长寿基因及启示

1. 博大精深的酿酒工艺资源

酿酒有三宝：粮食、酒曲和水。同样泸州老窖也是因这三宝而在白酒行业屹立不倒。

高粱作为绝佳的酿酒原料，比其他杂粮更具优势，而泸州出的糯红高粱更是精品中的精品。其富含高比例的支链淀粉，比例越高，越容易出酒。制酒曲是整个酿造过程的灵魂，直接关系到酿出的酒品质的高低，这时泸州老窖传承悠久的老窖曲池的优势就显现出来了。

酒的绝大成分就是水，所以水质的好坏对最终的口感影响很大，泸州老窖所用之水是龙泉井水，水质优异，甘甜清冽，pH值利于原料的发酵，用这种水酿出来的酒，风味独特，入口后清香柔和。

2. "质量是我们的最高责任"的质量理念

对质量的严格坚持是泸州老窖能够屹立不倒的法宝。公司把质量看作生命，在质量把控上下大功夫，引进国内外一流制酒设备，从源头把控，给消费者的每一瓶酒都是最好的，绝对不能欺骗消费者，拿出年份不足的酒，辜负消费者的信任。最为人知的泸州老窖产品为国窖1573，是中国白酒的高端品牌的代表之一，享誉海内外，此外，还作为钓鱼台国宾馆特供酒。

3. 丰富的器物和人才资源

泸州老窖传承历史悠久，拥有丰富的各类资源。其中物质资源有数万口老窖池，百年时长以上老窖池近两千口，窖池中有丰富的微生物群落，能够提升粮糟的发酵和出酒的品质。优质的人力资源：以数百名高级酿酒技师和大师为核心的技术人才。遍布全国各地的销售人才队伍还在不断扩大。公司组建的"酿酒生物技术及应用·四川省重点实验室"能够提供长期的技术支持。

4. 独特的理念维度

在漫长的发展道路上，泸州老窖逐渐形成了自己独特的理念。以"天地同酿，人间共生"作为企业哲学；提出了"与社会同行，与环境相依，与人类共存"的企业口号。在竞争激烈的白酒行业，要想长期健康发展并不容易。但是泸州老窖依靠自己独特的经营理念，真正地把这些理念融入每一位员工心里，才能够屹立于行业第一梯队的位置。

六、剑南春

（一）基本概况

四川剑南春集团有限责任公司位于四川文化名城——绵竹。据记载绵竹的酿酒历史已有三四千年。

2002 年，经国家质量监督检验检疫总局认定，剑南春酒（剑南春牌）、绵竹大曲酒（绵竹牌）取得国家级原产地标记注册。无论是自然环境、历史渊源还是独特的酿造工艺，剑南春都有着不可复制性，是其他地域无法创造和拥有的。原产地标记认证，不仅使剑南春酒传统酿造技艺这一优秀的文化遗产得到有力的保护和发展，也是对假冒伪劣商品沉重的打击，对于保护消费者权益，提高剑南春品牌的威望及声誉具有深远的意义。

剑南春酒坊遗址入选 2004 年度"中国十大考古新发现"，不仅较好地展现了古代制酒工艺的历史，而且对研究中国酿酒工艺史及区域特征具有重要意义。2006 年剑南春酒（剑南春牌）被商务部认定为首批"中华老字号"品牌。

作为中国白酒界的知名专家，剑南春集团公司总工程师徐占成从 20 世纪 80 年代起，先后为中国白酒协会、中商部、四川省白酒协会及各兄弟厂家培训酿酒专业技术人员近四十余期，培养了近万人次的酿酒、酒体设计和尝评勾兑调味的技术人员，第五届、第六届国家级评酒委员中 2/3 以上的委员是徐占成同志的学生，其学生遍布全国各个省、市，桃李满天下。

资料来源：剑南春［J］. 休闲读品，2019.

（二）长寿基因及启示

1. 优质的水资源

剑南春以高品质的水酿制美酒。剑南春酒原产地绵竹，地理位置优越，自然资源和农业资源丰富，促使当地酿酒历史连绵兴旺三千多年。酿酒所用的水来自绵竹西北部的深层地下矿泉水，经检测，水中富含大量对人体有益的微量元素，如钙、锶、钠、钾等。

2. 古老的窖池资源

窖池是中国酿酒主要的发酵容器。可以说发酵容器对于白酒酿造的品质非常重要。中国据记载是世界上最早使用酵母菌等有益菌进行生产和生活的。剑南春"天益老号"古窖池群是世界上最大的古窖池群，在这点上，可以说是无与伦比。695 条古窖池构成规模宏大的"天益老号"古窖池群。

3. 最先进的科研力量

剑南春总工程师徐占成是中国酿酒高级大师，被誉为"中国酒体风味设计学之父""中国酒体形态学之父"。以其为首的技术专家团队研发出"挥发系数判定法"，解决了世界性难题——如何判断蒸馏酒的真实存储年份，先后受到各个单位的嘉奖，2009 年获得发明专利，填补了世界白酒发展史上的一个空白。

4. 最严苛的技术标准

"挥发系数判定法"是集团总工程师徐占成为首的研发部门经过成千上万次的实验发现的，前后总共花费八年时间。这种方法的最大贡献在于它可以准确地鉴别出白酒的贮存时间。作为在全球范围内第一个白酒厂家使用这种严苛的标准生产年份酒，不仅反映出剑南春集团雄厚的企业实力和不弄虚作假、不唯利是图的价值导向，而且彰显着剑南春领先的生产工艺和高品质质量。

历史的回溯使人看到数千年来剑南春发展道路的漫长和艰难。剑南春浸润了丰厚的悠久历史，它的从无到有绝不是一个简单的过程，既包含一代代人的精神，也包含传承多年的物质资源；既来自当地独特的土壤和水质，更取决于剑南春人的勤劳和智慧。

七、郎酒集团

（一）基本概况

四川郎酒集团，始于1903 年，产地为四川贵州交界处的赤水河畔，紧挨贵州茅台村。郎酒用郎泉水酿造，泉水是采自地下优质的深泉水，水质优异，是酿酒的不二之选。郎酒历史可追溯到汉武帝时期，当时宫廷贡酒"枸酱酒"即是郎酒前身。

郎酒是我国白酒品牌中的后起之秀，郎酒以"酱香浓郁、醇厚净爽、幽雅细腻、回甜味长"的独特风味闻名天下。郎酒在战争年代对中国共产党的发展提供过很大的帮助与支持，当时，红军正在"四渡赤水"，在这里进行扶贫济困，开仓放粮，百姓用郎酒欢迎红军，还帮受伤的战士活血化瘀，擦洗伤口。中华人民共和国成立后，周总理在四川举办的一次会议上专门建议加快郎酒的发展。

2006年，郎酒荣获"中华老字号"的头衔。2008年以来郎酒发展进入快车道。郎酒花重金与中央电视台结成战略合作伙伴，特约冠名2012年央视春节联欢晚会，2011年9月12日，郎酒红花郎还独家冠名了CCTV-3"万家邀明月，一起过中秋"中秋晚会，成功营造了中秋团圆红花郎酒的温情氛围。郎酒红花郎的宣传广告在央视几个主力频道全天滚动播出，又在年底旺销季，随着郎酒多次在春晚舞台上亮相，借助春晚和央视的平台，郎酒真正为国人所熟知，销售额一路上涨。

资料来源：张波，王化臣，秦启超. 神采飞扬中国郎［J］. 走向世界，2012（35）：78-79.

（二）长寿基因及启示

1. 卓越的品质

郎酒集团随着酒的销量飞快增加，却一如既往地坚持高质量品质、严格化管理。随着销量的增加，郎酒并没有放松对质量的监管。公司上下把白酒品质看作是生命线，用丰厚的窖池资源加上现代化生产设备的条件下，给高品质生产打下了基础。正是这样，郎酒先后获得各部门的奖励和人民的信赖。

2. 强劲的品牌经营战略

近年来，郎酒针对品牌重新定位，产品线不断优化，砍掉弱势品牌，发力中国酱香型高端白酒市场，以"青花郎、红花郎、郎牌特曲、小郎酒"四大品牌战略为核心。2009年郎酒冠名春晚，利用央视春节晚会的巨大流量，迅速为全国观众所熟知，短短几年，已成为酱香型白酒里的领军品牌。品牌价值和市场销量逐年增加，迈入了百亿梯队。

3. 高度的社会责任感

2008年汶川"5·12"地震后，郎酒集团立即捐款2130万元现金，加上捐赠的其他物资等，总金额合计超过5000万元。郎酒集团作为民营企业，在获取合理的经济利润同时没有忽略对社会弱势群体的关注，为企业树立起了良好的社会形象。富有强烈的社会责任和企业积累物质财富是不冲突的，犹如鸟之两翼，缺一不可。财富积累是对全体员工、股东、董事会的责任，履行社会责任是对社会上的弱势群体的帮助，反哺社会。

八、沱牌曲酒

（一）基本概况

沱牌曲酒产自四川省射洪县沱牌曲酒厂，柳树沱镇酿酒世家李吉安于1911年建金泰祥。金泰祥是典型的前店后厂，即前开酒肆，后设作坊，自产自销。由于李氏得"射洪春酒"真传，并汲当地青龙山麓沱泉之水，所酿的酒酒香浓厚，醇美甘爽，深得顾客欢迎，取名"金泰祥大曲酒"。于是金泰坊生意日盛，每日酒客络绎不绝，一座难求，一时间，名声大噪，前来沽酒者每天都要在门前排长队。由于金泰祥大曲酒用料足、工艺精、产量有限，每天都有部分酒客因为当日酒销售一空而失望而归，第二天便提早再来重新排队。店主见此情况就做了若干个小木牌，上书"沱"字，每个木牌编上序号，发给当天排队但未能购到酒者，来日凭"沱"字号牌可优先沽酒。此举深受酒客欢迎。从此，凭"沱"字号牌而优先买酒成为金泰祥一大特色，当地酒客都亲切地称"金泰祥大曲酒"为"沱牌曲酒"。

民国初年，清代举人马天衢告老还乡，路过此处饮酒后赞赏有加。又见"沱"字号牌，惊叹曰："沱乃大江之正源也！金泰祥以沱为牌，有润泽天地之意！此酒将来必成大器！"遂写下"沱牌曲酒"四字，嘱咐李氏以此为酒名，寓"沱泉酿美酒，牌名誉千秋"之意。店主李吉安欣然允诺。从此将"金泰祥大曲酒"正式更名为"沱牌曲酒"，一直沿用到现在。

作为一项传承上千年的传统手工技艺，沱牌曲酒传统酿制技艺在传承过程中不断得到改进和完善。但到民国时期，泰安作坊对曲酒工艺严格保密，又受设备和行业规矩的严格约束，一直到1949年，生产工艺仍只能适应作坊式小规模生产，无法大规模企业化生产。中华人民共和国成立之后，沱牌曲酒在继承传统工艺的基础上，运用现代科学技术，提高了酒的质量。

资料来源：李海国. 沱牌曲酒舍得酒［J］. 休闲读品，2019.

（二）长寿基因及启示

1. 古老的传统酿制技艺资源

作为一项传承上千年的传统手工技艺，沱牌曲酒传统酿制技艺在传承过程中不断得到改进和完善。沱牌曲酒传统酿制技艺这项由酿酒师父的看、闻、摸、捏、尝等感官经验掌握，并以师徒之间口耳相授、身体力行，得以流传的技艺。

这项传统酿制技艺工艺流程和操作十分复杂，学习周期较长。由于公司采取"工艺分段操作"的保密措施，完整的酿制技艺仍未外泄，保证了沱牌曲酒的正宗和口味的纯正。

2. 特有的传统酿制技艺资源

文化是历史的沉淀，是不可复制的宝贵资源。沱牌曲酒传统酿制技艺其中所蕴含丰厚的精神价值。在当前建设文化强国的形势下，保护文化遗产更是中华民族伟大复兴的重要保障。沱牌公司为保护这一传统技艺，5 年的保护蓝图已经绘就——收集、整理工艺相关的资料，建立老技师、老技工的档案；落实师带徒制度和保密制度，开展传承人的培训班；恢复建设"前店后坊"，重现曲酒技艺历史；启动每年一次的沱牌曲酒传统手工酿制技艺"岗位练兵、技术比武"大赛，选拔优秀传承人；全方位展示沱牌曲酒传统酿制技艺及其产品，成立展示工艺制品的博物馆；等等。

3. 得天独厚的酿酒工业生态园资源

园区的建设取得了良好的效果。办公区域、生产区域、居住区域规划合理，绿植覆盖率高。因此不仅员工生产时心情愉悦，而且自然界的有益微生物能在公园中繁殖。肥沃的土壤，四季温和湿度高的环境，以及公园内的自然微气候，形成了园区独特的环境，充分体现了人与自然环境的和谐。

4. 传统资源与现代科技的完美融合

传统资源与现代科技的完美融合，造就了沱牌曲酒绝佳的口感。公司采取"工艺分段操作"的保密措施，保证了沱牌曲酒的正宗和口味的纯正。同时，沱牌曲酒非常重视对人力资源的培养和保护。尤其是对经验丰富的老师傅的保护，这些师傅是企业发展的贡献者、传承者、见证者，故企业每个月都向其支付一定的补助和津贴，给这些陪伴企业成长的工艺传承人物质回报，对那些身体条件健康、能够承担培训年轻技师的老技师给予每月 2000 元的补助，已退休但由于各种原因不能受聘的老技师给予每月 1000 元的津贴，并且由公司每年定期组织免费健康体检；定期举办培训班，请有丰富经验的师傅传授生产经验和方法，并现场教授、督导、考核，这样才能保证传统酿制工艺的持续传承。正是这些，造就了经久不衰、历久弥香的沱牌曲酒。

然而目前，沱牌曲酒现有传承人只有 11 人，除李家顺、李家民等 7 人外，其余传承人有的已经离开酿酒行业，有的年岁已高早已退休。尽管李家顺等将其进行了一定的保护和发扬，以该工艺酿制而成的沱牌曲酒荣获国际、国内金奖，被称为"中国白酒典范之一"，但仍不得不面临传统技艺无以传承的现实。

"这项传统酿制技艺工艺流程和操作复杂，要充分掌握这套以感官经验为主的技艺，其习艺周期较长"，沱牌曲酒工程师、副总经理李家民如是介绍。该技艺劳动强度大，如踩曲、润粮、拌和等，既要经验又要体力，许多年轻人不愿意学习，亦不能持之以恒，故该技艺现已面临后继乏人的窘境。此外，受市场经济激烈竞争的影响，企业生产规模日益扩大，传统手工技艺正在受到新技术、新工艺、新设备的挑战。

第十五章　情报

一、五粮液

（一）基本概况

五粮液品牌白酒是中国较著名的白酒品牌之一，是中国的驰名商标，也是中国较知名的两个酒类品牌之一，与国酒茅台齐名。四川省宜宾市作为五粮液酒的故乡，被称为"美酒之乡"。五粮液集团有限公司是以五粮液及其系列酒的生产经营为主，同时生产经营相关服务业等多元发展，具有深厚企业文化的现代企业集团。

在五粮液酿造过程中，最重要、最有影响的是"姚子雪曲"。它是在宋代（960—1279 年）宜宾姚氏家族私人作坊酿造的。姚子雪曲是五粮液酒最成熟的原型。

公元 1368 年明初，陈氏继承了姚氏产业，总结出陈氏秘方，五粮液就是陈氏秘方中的总结，这种酒有两个名字，其中知识文人称其为姚子雪曲，而普通百姓则称其为杂粮酒。五粮液的前身就是如此而来，截至目前已有 600 多年的历史，至今仍在使用中。

1909 年，在一个重要家宴上，陈氏秘方传人邓子均将酒带来叫人品尝点评。晚清举人杨惠泉品尝了以后说："此酒是集五粮之精华而成玉液，更名为'五粮液'是一个雅俗共赏的名字，而且顾名可思其义。"自此之后，五粮液之名得以面向世人，并且得到广泛的认可，流传至今也有一个世纪之久。

多年来，五粮液企业负责人通过以质量、规模、效益为主要工作的重心，实现了成功的企业阶段性的战略创新突破和高速的转型发展。其独特的综合竞争能力和巨大的行业市场经济发展潜力是其快速发展的重要因素。

资料来源：高大伦．"五粮液"的由来［J］．酒史与酒文化研究，2010（4）．

（二）长寿基因及启示

1. 独特的制作秘方

五粮液用"五粮之精华"勾兑的独特技术和悠久的传统工艺精酿而成。公司拥有超过600多年的古窖池，在保留传统工艺的基础之上，与现代的先进科学技术不断结合，融会贯通，在保证质量的前提之下，提高企业的生产能力，双管齐下，以适应国内外市场对于产品质量和产量的双重保证。独特的制作秘方作为五粮液酒重要的情报信息之一，对五粮液的发展和不断创造新的顾客群体具有重要作用。五粮液的制作秘方也非一成不变，是根据需求不断改进、与现代技术结合而最终形成的。

2. 质量上乘

五粮液不仅在国内名声享誉，而且远销国外。五粮液品牌已经在国内消费者心目中形成了一定品牌优势，并不断通过改革、发展和创新，调整企业发展策略，继续推进五粮液品牌建设。但是当今面对国际酒类产品市场需求减弱，国内酒类产品消费市场快速的分化，众多白酒及相关行业竞争激烈，国家对白酒产业的政策继续调整等诸多挑战与政策压力之下，五粮液积极应对各种市场形势变化，在对传承和创新的探索中不断前进，在体制改革与技术创新中不断跨越，产业结构加快调整，在保证质量第一的基础之上，五粮液面对众多挑战，产品质量非但没有下降反而普遍提高，品牌建设再创佳绩。因此，追求质量至上的五粮液酒在众多竞争酒类品牌中脱颖而出。

3. 特有的"五粮文化"

"五粮文化"是中国上下五千年农耕文化的一个典型代表，粮食是中国古代农作物的典型代表，自给自足的小农文化将中国酒文化和中华民族的大中华文化融会贯通，得到了完美的结合。"五粮文化"是五粮液集团在经营与发展过程中，不断地总结企业的经验与教训，在前人流传至今的信息中继续改革创新，慢慢凝聚而成的一种精神力量。五粮液人更是将"五粮文化"植根于身体之中，五粮液人依据此精神不断创新，五粮液集团的600多年窖池生产出众多品种的五粮液酒，具有重大的文化价值。企业文化是一个企业的立身之本，特有的"五粮文化"是五粮液集团内部充满活力的重要法宝，正因如此，五粮液集团各部门才能协同作业，创造出更好的产品。

4. 积极开发新品种，以适应不同消费者的需求

随着消费者的需求不断地更新与变化，五粮液公司开发的各类产品针对消费者类型的不同，不断开发与研制不同产品提高消费者对公司产品的需求。公司系统研制开发了几十种不同档次、不同口味的酒类，以满足不同层次消费者需求的中国系列产品。基于五粮液集团所收集的情报信息，所创造出的各类型产品正符合不同消费者的需求。

5. 走多元化发展道路

作为中国酒业大王，宜宾五粮液集团正在走质量规模效益及多元化发展道路，在生产规模方面独树一帜，成为全球规模最大、生产环境最佳的白酒生产基地。而且在现代制造业、现代工业包装等产业多元化发展的道路上也建立起系列优势。五粮液集团走多元化发展的道路，在市场上获得情报信息，不断更新企业发展过程中的各个环节，不断创新集团生产战略。目前，五粮液系列品牌形成了一个庞大的"品牌群落"，并且构建起的是一个整体竞争力第一的"品牌帝国"。这一系列成就的取得，进一步说明，五粮液集团有限公司在充足的资源情报信息的基础之上、在多元化发展的道路上不断前进，并取得了卓越的成绩，在世界上也广受认可。

二、西凤酒

（一）基本概况

西凤酒是中国较古老的历史名酒之一。其原产地为凤翔，酿酒发达之地，占据天时与地利之所，文化积淀十分丰厚。凤翔盛产美酒，享誉盛名，并且以柳林镇所酿造加工的酒为最。至今，民间依然流传着各种佳话，唐代、明朝期间，各种关于西凤酒的民间诗歌口口相传。

在近代，柳林酒改名为西凤酒。在生产手工业作坊的情况下，在西凤酒生产有限的条件下，加之资本主义、帝国主义以及封建主义的深深压迫下，西凤酒的生产和发展遇到重大障碍，濒临"灭绝"。在1949年之后，西凤酒的发展得以恢复，并且把握住了机会，从而陕西西凤酒厂建成，之后，西凤酒如获新生。中华人民共和国成立以后，西凤酒厂再次抓住了改革开放的重大机遇，特别是近几年来，随着企业规模的扩张和现代科技的广泛应用，西凤酒的生产突飞猛进，其品质卓越，质量至上，不断创新和生产新的种类。西凤酒四次被命名为民族名酒、国家名酒，两次获得世界最高水平的奖项，目前西凤酒已成为市场上较受欢迎的品牌之一，是待客的上乘佳品。

五千年中华文明，三千年西凤陈酿。西凤酒是中国驰名商标，著名的中华老字号企业，同时也是中国白酒的典型代表之一，也是我国较早具有知识产权的民族品牌之一。西凤酒独特的历史文化贯穿整个古代历史的发展，具有深远的文化影响力，是其流传至今的重要因素之一。

（二）长寿基因及启示

1. 制作过程具有自己独特的秘诀

西凤酒获得成功的因素之一就是其制作过程有着独特的秘诀。西凤酒历经了无数风云变幻，依然屹立不倒，前人所流传至今的独特秘诀尤为关键。这些信息都经过前人不断改良与发展，吸取各种成功与失败的经验。西凤酒在酿造过程中采用的传统秘方保持了西凤酒的口感及色泽，这些重要的信息情报传递至今也殊为不易。因此，西凤酒在制造过程中独特的秘诀以及其传统的秘方造就了西凤酒在目前所获得的巨大成功。

2. 存储过程也突显独特的诀窍

西凤酒不仅在酿造过程有其传统的秘方，而且在其制作加工后的存储阶段也有着独特的诀窍。这也是前人经过万千次的试验所获得最具成功的存储方式。现在，西凤酒依然依靠此方式来进行存储。西凤酒的传统容器是用当地荆条编成的大篓，这种贮存容器与其他酒厂的贮酒容器大不相同，是在充足的信息基础上加以创造而成的。其特点就是成本低、存量大、酒耗少，适于长期贮存。西凤酒独有的存储情报资源，使自己在存储方面独树一帜。因此，其独特的存储秘诀也是西凤酒成功的元素之一。

3. 发展过程采用现代生产管理方法

西凤酒在发展过程中积极采用现代生产管理方法，并根据自身特点，积极实施可持续发展战略。在西凤酒的发展过程中其生产方式也在不断地发展与进步，在前人总结的基础之上，针对各种信息来改进生产方式，以达到市场满意与消费者的认可。从西凤酒的品牌独立运营管理到产品整合网络销售，新西凤酒商城开创白酒品牌营销新思维。西凤酒采用现代化生产管理方法符合西凤酒一直以来的不断创新和改革的思路，随着科技的不断进步，管理方式与方法的不断完善，西凤酒也在不断更新、不断提高。因此，西凤酒在市场中才取得了重大的成功。

三、宏济堂

（一）基本概况

宏济堂大药店，宏济堂的创始人乐镜宇（1872—1954 年）在光绪三十二年

（1906 年）创办了宏济堂药店，至今已有 114 年的历史，宏济堂药店为济南市为数不多的百年企业之一，也是中国 21 个重点中药企业之一，宏济堂以研发和生产中药而享誉中外。

济南宏济堂和北京同仁堂是同出一脉的。同仁堂创办于 1669 年，因乐氏家族经营的药店药品种类基本相同，而宏济堂创始人乐镜宇敢于创新，找出了独特的方法。1909 年，乐镜宇在济南西关东流水街创办了宏济堂阿胶厂，宏济堂阿胶厂采用独特的秘方，乐镜宇根据原来的秘方不断创新，总结之前的不足之处，利用市场上收集的情报信息，创造出了济南宏济堂独特的制造秘方。乐镜宇开发出新的阿胶，其熬制时间为九天九夜，故称为九天贡胶。

到 20 世纪 50 年代，宏济堂的销售量以及影响力不断地扩大，大量产品销售到国外。宏济堂为了增加药品的种类，不断提高生产技术水平，在前人制作工艺的基础之上不断地进行改良，为我国中药行业的发展提供了技术的支持。当时宏济堂以药品文号多、质量好、技术水平高而闻名遐迩。

1955 年 7 月，宏济堂被国家为纳入公私合营企业。正因如此，宏济堂的设备、技术、人才等各种资源也被分流到各处。20 世纪 80 年代，宏济堂经历了十年"文化大革命"的阶段，在此期间，有大量的中药生产厂面临着倒闭的问题，而济南宏济堂却依靠设备全、产品多、技术力量强等企业优势顽强生存下来，与此同时，宏济堂向同行们提供帮助。

资料来源：宏济堂：风雨沧桑一百年［N］. 齐鲁晚报，2012 - 11 - 19.

（二）长寿基因及启示

1. 传统的制作过程和工艺

宏济堂继续坚持原有工艺和独特制作过程，保留独家配方和原料，坚持生产及加工过程中质量至上的原则，在市场中不断搜集情报信息，保持不断创新，宏济堂得到了社会和公众的不断认可，广受好评。随着社会的不断发展与进步，消费者对于药品的要求也在不断地提高，多年来济南宏济堂通过市场调研，获取情报信息，为满足其需要，因此不断提高自己产品的科技含量，建立了独特的产品结构体系。原来的阿胶内不加药料，系纯皮胶，其创始人乐镜宇加入滋补性药料及调味药料，还加入贵重药材，所产出阿胶清香甜润，因此阿胶也成了宏济堂的名品。

2. 强大的人力资本支撑

宏济堂坚持以人为本，以科技求发展，拥有一支强大的科技队伍。人才是企业得以生存和发展的重要因素之一。无论是领导人员还是基层人员，每一部分都是企业发展的关键。宏济堂积极引进科技专业人才，培训内部员工专业素质的提升，使企业内部的人才晋升、激励都保持公平公正，各部门人力资源分配均衡。

在科研人员方面，研究生、本科生占95%以上，并且济南宏济堂与中国知名院校建立了产学研体系，每年都有新的科研成果推出。宏济堂洞悉市场实时的情报信息，明确了要想做大做强，必须要有强大的人力资本作为支撑，及时构造的人力资源系统，使宏济堂的管理发展不断向前。

3. 国际化道路的开拓

随着不断发展壮大，宏济堂不断提升技术水平和管理水平，走出一条国际化的道路。进入20世纪50年代以后，宏济堂的销售量和影响力继续扩大，不仅仅是在国内市场需求大，在国际市场上慢慢也有了一定的市场份额。因此，宏济堂不断增加产品种类，提高技术水平，不断创新工艺，制造出符合国际化市场需求的产品，以满足宏济堂国家化道路的不断开拓。当时宏济堂以药品文号多、质量好、技术水平高而闻名遐迩。

4. 健全的营销网络情报

济南宏济堂制药有限责任公司市场营销网络健全，销售网络基本覆盖全国。济南宏济堂健全的营销网络情报系统，使宏济堂即时地从市场中获取信息，不断更新自己的营销方式。在国际市场上，济南宏济堂在众多国家和地区都有自己的营销网络。通过建立优势和不断创新开发营销网络情报，实现了市场份额的快速增长和健康可持续发展。在充足的信息情报的基础上，济南宏济堂制药有限责任公司正以不断追求创新的先进生产理念，全面实施理论化、系统化、专业化发展战略，全力向世界全面推广中药目标迈进。健全的营销网络情报，不断提供给宏济堂精确的市场信息，在不断满足市场的需求中，走出一条属于自己特色的道路。

四、百年马烧麦

（一）基本概况

马家烧麦馆是沈阳历史上成立较早的回民餐馆之一，也是沈阳为数不多的百年企业之一。到现在为止，它已有224年的历史。早在清朝（1796年）回民马春在奉天府（沈阳城内）做烧麦生意，刚开始时，他用手推独轮车，在热闹的街道边贩卖。到了道光八年（1828年），他的儿子马广元租用两间板房约20平方米，挂匾营业，取名"马家烧麦"，慢慢地，由于马家烧麦的独特风味，其名声传遍大街小巷，越来越多的文人雅士相继来此品尝，登门客人络绎不绝。

中华人民共和国成立后，马烧麦得到了恢复和发展。马家的老师傅再次被请了出来，马家烧麦馆的人员得到了补充，并且政府还特意增加平价原材料以供马家烧麦馆的生产。马家第五代传人马继亭继承祖业，他在1963年开始经营马烧麦，他将烧麦的配料、制作方法、独特技巧全部继承下来，并且不断地更新与发展，使马家烧麦的传统风味更胜一筹。

改革开放以来，马家烧麦连续获得众多奖项。1997年12月，在首届中华名小吃认定会上被认定为"中华名小吃"。进入新世纪以来，百年马家烧麦也获得了多项荣誉，2002年被中国内贸部评定为"中国名点"，2006年11月被中国商务部认定为首批"中华老字号"，2008年1月被辽宁省工商局评为"辽宁省著名商标"，2010年被辽宁省政府认定为辽宁省非物质文化遗产。

马家烧麦是国家旅游局定点涉外接待旅游团队的餐馆。国内对马家烧麦的产品及历史文化给予了很高的评价，并先后应商界、政界之邀请前往日本、美国、韩国等国家和地区参赛与表演。马家烧麦声誉越来越显赫，在海内外的名气不断增大，为马家烧麦馆发展壮大奠定了坚实的基础。

资料来源：万秀荣. 论中华老字号的发展经营［J］. 内蒙古财经大学学报，2015，13（5）：45－48.

（二）长寿基因及启示

1. 独特的制作秘方

自古流传的独特制作秘方，马家烧麦经过一代又一代的发展，在前人的基础之上不断地改良与更新，获取市场信息反馈，据此生产消费者及市场需求的产品。马家烧麦精选其制作材料，具有风味独特的特点，因其自己独特的制作秘方，形成了自己的特色。马家烧麦用料极其讲究，它的面皮是纯手工制作而成，用开水烫面，保持面的筋道，大米面作为辅助面粉铺在面皮之上，面皮被压成独特的形状，与市场上有所不同，并且用传统的"墒水馅"工艺，不断搅拌而成，具有自己独特的特点，别出心裁，独具一格。制作完成的烧麦表皮洁白透亮，似兰花待放，使人赏心悦目，并且风味独特、鲜香荟萃、馅汁浓厚。正因如此，马家烧麦依靠其独特的制作秘方，源远流长。

2. 独特的流程

马家烧麦制作过程拥有自己独特的秘诀。马家烧麦不仅具有独特的秘方，其制作流程也别具一格。随着社会的不断发展，制作工艺和科技水平的不断提升，马家烧麦馆在保持原有基础之上，不断吸收和改良，其制作流程也顺应市场和消费者不断变化的信息，从而占据一定的市场。马家烧麦独特的制作流程，如用开水烫面，用大米粉作辅，将牛肉剔净筋膜，然后剁碎用清水浸喂，加调料拌匀不搅，拢包时不留大缨等细节的处理上，区别于其他同类产品，因此在烧卖制作完成后，其口感、色泽等独具一格。正因如此，马家烧麦才得以不断发展。

3. 完善的营销网络和连锁店管理系统

随着马家烧麦的不断发展壮大，其营销网络和连锁店管理也趋于完善。现有连锁店八家，分布在沈阳、抚顺、沧州、长春、齐齐哈尔和海伦，直营店四家，分别是和平店、大东店、小南店、皇姑店。马家烧麦已经开始了自己的全国拓展之路，这无疑是其第二次大发展。不断获取市场情报信息，利用情报信息改进企业的不足之处，创造出其先进的制作工艺和管理模式，马家烧麦将走向新的发展征程，并且相信在不久的将来取得更大的成就。

五、陈麻婆豆腐

（一）基本概况

陈麻婆豆腐也被称为麻婆豆腐，创立于同治元年（1862 年）的成都外北万福桥边，它最早的名字是"陈兴盛饭铺"。由于女老板面部有些许麻子，因此被人称为陈麻婆。当时，一些往来的贩夫走卒经常在此落脚，买点豆腐、牛肉让老板娘加工。时间一长，陈麻婆对豆腐的制作有了独特的烹饪技巧，名声随之传遍大江南北，之后饭铺便改名为"陈麻婆豆腐"。通过之后几代人的不懈努力，对烹饪技巧的不断更新改造，使陈麻婆豆腐的声名越传越远，在 150 多年的时间里依然保持独有的风味，盛名依旧，并且扬名于海内外，深得国内外美食家好评。

陈麻婆豆腐经历了几个重要阶段。首先是抗战时期，全国各地的人来到了成都，在品尝过后都加以认可，陈麻婆豆腐广受好评。战后，人们将麻婆豆腐带到了全国各地，这是陈麻婆豆腐得到全国认可的重要原因。其次，在中华人民共和国成立初期，大批的军阀外逃出境，麻婆豆腐随之流传出去，初时在港、台地区后被传至日本，在日本得到了很大的发展。日本也有麻婆豆腐，但是日本一位烹饪专家说吃过众多麻婆豆腐，究其谁为正宗多年来不得一解，直到 1982 年，陈麻婆厨师应邀赴日讲习川菜，目睹麻婆豆腐的制作过程后才说道"糊糊涂涂几十载，今日方知此君真面目"。最后，改革开放为麻婆豆腐的发展注入了新的活力。改革开放以来，众多海内外人士慕名而来，在世界范围内得到了广泛好评。为了让人们品尝到传统的陈麻婆豆腐，其独特的调料在市场上不断推广，以使更多的人品尝到正宗的麻婆豆腐，并且得到了众多好评。历时 150 多年而不衰，到如今已成为了一张成都通向世界的名片。陈麻婆豆腐独特的制作原料、烹饪技巧各种独有的信息使其在成功的道路上一直不断前行。

资料来源：陈雁苹．陈麻婆豆腐史话［J］．四川烹饪，2003（10）．

（二）长寿基因及启示

1. 独特的制作诀窍

陈麻婆豆腐制作过程拥有自己的制作诀窍，工艺独特，造型精美，味道鲜美。陈麻婆豆腐在不断改进的基础上，总结出了自己的烹饪技巧，并且通过市场信息的反馈，不断地创新与发展。麻婆豆腐的特色是以"烧"法烹之，在豆腐上点缀着牛肉末和青蒜苗，外面是红油。麻婆豆腐在制作上有"八字真经"，即麻、辣、烫、香、酥、嫩、鲜、活八字。这八个字分别代表了不同的特色，即面上一层花椒末、大红袍油椒、起锅即上桌、勾起食欲的香味、入口即酥、一捻就碎、原料新鲜、活灵活现。因此，麻婆豆腐通过独特的制作秘方制成，别具风格，独树一帜，受到了市场上广大消费者的喜爱。

2. 招牌菜的选料讲究

陈麻婆这道招牌菜的选料十分讲究，选料是陈麻婆豆腐的八字真言的关键所在。豆腐要嫩而不易碎，麻婆豆腐中的肉粒也是通过不断试验而最终选择牛肉，并且是腱子肉，选择新鲜的蒜苗给菜肴提香。豆瓣也必须选择来自于郫县的鹃城豆瓣，辣椒面选用二荆条或大红袍，辣椒面和豆豉使得菜肴在口味上面产生层次递进的感觉。对于花椒面的选择，以汉源的为最佳，通过增加色香味的明油则是其独家的秘制配方。以上的材料考究，就可以看出简单的豆腐为何能够受到大众喜爱的原因。其独特的选料是经过千万次尝试并不断进行总结，通过收集的情报资源以及消费者的回馈不断地进行改进，所最终形成的。因此其原材料的应用是陈麻婆豆腐在市场上的广受好评的重要原因。

3. 洞悉市场信息，在保持传统特色的基础上创新和发展

陈麻婆豆腐在保持麻婆豆腐的传统特色的同时，还在川菜菜肴的烹制上，有所发展和创新。通过在市场上得到的信息反馈，不断更新自己产品的特点，保持创新发展。并且根据市场需求，陈麻婆豆腐为了让人们品尝到传统的麻婆豆腐，现在陈麻婆川菜馆又将自己制作的麻婆豆腐调料推向了市场，得到了众多消费者的喜爱，并且在选择调料时，毫无疑问地作为首选。陈麻婆豆腐通过不断的发展已经变成了市场中较受欢迎的川菜之一。不断洞悉市场信息、不断根据情报信息改进适合消费者口味的产品是麻婆豆腐获取成功的重要原因。

六、老边饺子馆

（一）基本概况

老边饺子的创始人边福在 1829 年从河北迁居来沈，初时，他在小津桥附近搭了一个非常简易的小摊床，边做边卖，摊子被称为"边家饺子馆"。

之后，到了同治七年，边福的儿子边得贵子承父业，将老边饺子进行了技术提升，使得老边饺子味道鲜美，形成了独具一格的特有风味。从此老边饺子远近闻名，成了众人皆知的美食。至今，老边饺子已经有 190 多年的历史。

1940 年，老边饺子馆的第三代传人边霖将老边饺子迁到了沈阳北市场，当时的北市场可是与北京天桥、南京夫子庙齐名的"五方杂地"。到北市场开店，一下子就让老边饺子扬名全东北。

1956 年公私合营，由边霖担任了老边饺子馆的经理，在政府的帮助下，老边饺子又进一步得到发展，被列为沈阳市特殊风味馆之一。

随着近年来知名度的不断提升，多次荣获国内外各项大奖的老边饺子店经过几代老边人的艰苦创业，目前有了很大的发展，现今，老边饺子已成为沈阳乃至全国各地的知名食品，无论是沈阳当地人，还是来沈的外地人，他们都愿亲口品尝这份久负盛名、美妙绝伦的传统风味。

资料来源：戴延春，郑廉清. 边家饺子天下第一 ［J］. 中国卫生画刊，1987（2）.

（二）长寿基因及启示

1. 独特的制作方法

老边饺子制作方法独特，选料讲究，制作精细，具有自己特有的秘诀。老边饺子对食材的选择非常苛刻，保证了各种馅料的质量和口感，并根据市场情报信息的反馈，不断改良生产秘诀和提高制造工艺。其制作过程精细讲究，同时，按季节变化和人们的口味爱好，配入应时蔬菜制成的菜馅。剂皮的制作也不同寻常。老边饺子除蒸煮外，还可烘烤、煎炸。老边饺子独特的生产秘诀及方法，保持了老边饺子的质量，使其在市场中越来越受欢迎。

2. "老边饺子宴"的推陈出新

老边饺子在保持原有秘诀的基础上，不断推陈出新，广开思路，造型别致。一场"老边饺子宴"能使顾客体验到各种各样的饺子类型。最让人惊异的是"御龙锅煮小饺"，一两面精心做成的 25 个小巧玲珑的饺子，在御龙锅中上下翻滚，如龙游水，香气扑鼻。老边饺子宴不断推陈出新，创新改良饺子的生产方式并赋予饺子宴不同的文化意义，使消费者获得无与伦比的体验。通过获取消费者的及时反馈，不断满足消费者的需求，从而不断推出形色各异的老边饺子宴，进一步在市场上获得情报信息，这正是老边饺子馆不断发展的原因之一。

3. 独特的传承方式

老边饺子独特的流传方式，确保了老边饺子的制作工艺得到了完美的传承，并在此基础上不断地改良与创新，老边饺子得到了很好的发展。为了保住生意，占据一席之地，老边饺子将"煸馅"作为传家宝。在历史上老边饺子的掌门人为了保密都是将绝活传子不传妻、传男不传女，每天闭店后等伙计走光才亲自配馅。因此，老边饺子才一直流传至今。其独特的传承方式是老边饺子馆获得成功的原因之一。

4. 特许加盟的新营销方式

随着时代的进步和科技的发展，老边饺子馆也在与时俱进，摒弃了原来的保密和个体制作过程，让老边饺子走向了全国和世界。经过几代老边人的艰苦创业，如今老边饺子馆已发展成为集餐饮、连锁经营和食品生产于一体的老边饺子有限公司，先后发展了百余家特许加盟店，经营网点遍布全国各地。特许加盟的营销方式，顺应了时代的需求，也是在洞悉市场情报之后所做出的符合市场需求的决策之一，这样不仅让更多人体验到老边饺子独有的口感风味，也使其在国内甚至国外都享有盛誉，得到了越来越多人的认可。

七、老天祥

（一）基本概况

丹东市老天祥大药房创建于清光绪十九年（1893 年），到目前为止已有近130 年的历史，它是丹东市最古老、最有影响的老商号，曾被誉为"众商之冠""药界之荣"。作为丹东市著名商标，在 1994 年时，老天祥大药房被国内商贸部认定为"中华老字号"。

老天祥是清朝中国四大药房之一，中国四大药房分别是北京同仁堂、天津达仁堂、沈阳天益堂、丹东老天祥。天下最著名的"狗皮膏"，就是丹东老天祥发明的。四大药房是一师徒，医学相互交流、技术同等，不分高低。

老天祥的前身是创办于 1893 年（清光绪十九年）烟台的天祥顺，创始人是山东人荆寿山。1915 年，天祥顺大药房的大掌柜——山东蓬莱人梁甘庭认准安东即现在的丹东开埠，认为此处是具有重大潜力的市场，于是把天祥顺迁移到此处，资产也全部转移。在不久之后，天祥顺便改名为老天祥，地址设在繁华的商业区，而梁甘庭便成为了老天祥的第一任大掌柜。之后，老天祥变得越来越火爆。

目前，老天祥大药房坐落在锦山大街中段。老天祥大药房继承发扬百年老店"货真价实、童叟无欺"的光荣传统，不断推陈出新，使"老树春深更着花"，在丹东，老天祥拥有良好的口碑和信誉，可谓家喻户晓，老幼皆知。

资料来源：张元立．老天祥——人寿百年济世，药香万代扬名［J］．老字号品牌营销，2020（8）．

（二）长寿基因及启示

1. 注重保护无形资产

早在开店之初，老天祥便拥有了"龙凤"商标。作为重要的无形资产，"龙凤"商标的建立，使老天祥在以后近百年的发展过程中得到了很好的传承和保护，有力地保护了自己的秘方，体现了当时经营者独到的眼光。当时，在商标权还不够完善的情况下，老天祥能有如此的眼光，也来自于市场信息情报的研究，因此老天祥才能完好地传承。

2. 独特秘方制作的膏药

老天祥作为清朝四大药房之一，由其独特秘方制作的膏药是自己的镇店之宝，获得无数顾客的赞赏。老天祥在其前身天祥顺一直留存的独特秘方基础上维持了老天祥膏药的特色。老天祥主要是研制膏药，天下最著名的"狗皮膏"，就是丹东老天祥发明的。老天祥的膏药，享誉天下，这为老天祥赢得了广泛的赞誉和良好的口碑。

3. "货真价实、童叟无欺"的光荣传统

老天祥大药房继承发扬百年老店"货真价实、童叟无欺"的光荣传统，质量上维持市场上最前端的水准，价格保持市场平价，并且药品种类不断推陈出新，各类药品品种齐全。在保证质量的同时，价格维持不变，使"老天祥"在丹东拥有良好的口碑和信誉，甚至在全国范围也有一定的影响力。

4. 管理科学化，服务人性化

老天祥布局科学合理，设有名医坐堂，还有顾客休息椅、饮水机、阅报栏等服务项目，并且开展夜间售药、中药加工煎煮、电话预约购药等便民服务，为顾客营造了优雅的购药环境。老天祥科学的管理方式以及人性化的服务不仅使自己名气提升，也带动了老天祥整体的发展。并且老天祥一直根据市场情报信息，不断更新自己的管理方式，不断改进服务水平，使老天祥一直保持正向的发展。

5. "为医救人，不分贵贱"的优良传统

医德高尚，人不分贫富，一律救治。老天祥秉承为医救人的传统，人不分贫富，一律救治，这充分体现了老天祥高度的社会责任感。"有钱也治病，没钱也治病，穷汉的吃药，富汉的拿钱"，对穷人也济世救人，对平时有怨的人，也不许见死不救。药有贵贱，穷人用贱药，富人用贵药。正因如此老天祥才能留存至今，在乱战中也未曾关门。正是其优良的传统，老天祥在市场上获得了大量的信息，使老天祥口碑变得越来越好，这也是老天祥百年未变的原因之一。

八、雪舫蒋

（一）基本概况

浙江雪舫工贸有限公司成立于 1860 年，地处浙江省中部"中国火腿之乡"——东阳，公司经过不断发展，现已成为一家集养殖、种植、研发、火腿及肉制品加工于一体的、具有一定实力和知名度的省级骨干农业龙头企业、浙江省农业科技企业。目前，雪舫蒋火腿品牌成为整个火腿业中的佼佼者。

1920 年，蒋雪舫年届八十岁高龄，其制腿业达到鼎盛时期。雪舫蒋火腿成了国际明星食品，产量猛增，销量无边。但是，自从日本发动对华侵略战争以来，它屡遭厄运。由于日军侵入，上蒋村的火腿作坊被迫停业。抗战胜利后虽然复业，但到 1949 年时，上蒋村私营火腿作坊全部关闭，直到 1956 年才恢复雪舫蒋火腿的生产。然而，好景不长，"文化大革命"一开始，又被迫停产，进入改革开放后，蒋氏第四代玄孙蒋友忠为继承"雪舫蒋"这块名牌，办起东阳市上蒋火腿厂（村办企业），又恢复生产雪舫蒋牌火腿，并向国家工商局注册了商标。

蒋友忠创办的上蒋火腿厂，虽然生产的雪舫蒋火腿质量是上乘的，但由于生产设备陈旧、原料供应不足和资金短缺等各种因素，长期处于"大品牌、小规模"的生产状况。面对雪舫蒋生存危机，东阳市委、市政府下定决心力挽狂澜。1998 年市政府提出"兴工强市"的发展战略，在广泛调查研究的基础上，市人民代表、市有关部门发出了"打响雪舫蒋，弘扬传统优势"的口号。在市委、市政府领导的重视和支持下，有关方面的协调为继承和发展雪舫蒋品牌奠定了坚实的基础。

新一代雪舫蒋火腿，以崭新的面貌进入市场后，立即受到消费者的青睐。前来采访的新闻媒体络绎不绝，各省、市要求当销售总代理的接踵而来。日本食品界销售权威日本株式会社万福临老板于 2000 年亲赴公司考察，一下子就签订购买 10 万只雪舫蒋火腿的合同，并担当雪舫蒋品牌在日本的销售总代理，在日本酒店餐馆，宾客吃雪舫蒋火腿，就觉得是在品尝一种中华文化。

在浙江民间，一提起金华火腿，人们就会脱口而出"金华火腿出东阳，东阳火腿出上蒋，上蒋火腿雪舫蒋"。时代在进步，万物在更新。雪舫蒋是中华民族勤劳和智慧的结晶。它在 20 世纪初中期辉煌于世，在新时代又重新崛起，以后更将走向世界。

资料来源：施翼. 金华火腿与资本共舞［N］. 浙江日报，2011 – 04 – 26.

（二）长寿基因及启示

1. 注重无形资产的保护

雪舫蒋注重无形资产的保护，在这一方面，雪舫蒋在国内外都具有知名度，因此，被众多不法商贩觊觎，众多假冒产品层出不穷，导致雪舫蒋的名誉受损。雪舫蒋意识到此情况，更加注重保护品牌。于是在 1920 年，以村名"上蒋"两字，加上自己的名字"雪舫"，绘成商标图案，呈请商标局注册。并且在 1921年，又加"厚记""升记""正记""慎记"字样的联合商标，再呈报商标局核准注册。据 1933 年出版的《商标录刊》中记载，当时全国仅有七件火腿商标，其中五件是属于上蒋村的，四件是"上蒋雪舫"当头的。雪舫蒋对商标的保护保证了企业在发展过程中对品牌形象的影响，使其在市场中广受好评。

2. 独特配方和制作工艺

雪舫蒋以其独特的产品配方和传统的制作工艺形成了别具一格的风格。独特的产品秘方以及传统的制作工艺也在不断根据市场的发展和消费者对产品的需求不断改良与进步，同时保证产品的口味上等、质量优良。雪舫蒋火腿以金华"两头乌"优良猪种的后腿为原料，采取祖传独特配方和千年传袭的精湛工艺精制而成。其独特的腌制配方和制作工艺，是雪舫蒋的独门诀窍，所腌制的火腿具有形如琵琶、皮薄骨细、精肉细嫩、红似玫瑰、肥肉透明、香味清醇等特色，在行业中称冠。

3. 注重企业战略发展

雪舫蒋注重企业战略发展，吸收经验和教训，不断改进企业管理方式，并将现代企业管理技术融合到企业的管理当中来。面对雪舫蒋"大品牌、小规模"的状况，公司采取"承前启后、发展创新"的方针，加大投入建设原料基地，保证品质，采取"三个结合"的做法，继承和发展雪舫蒋品牌，"三个结合"分别是传统工艺和现代科技相结合、重视产品生产和重视销售相结合、继承和创新相结合。采用"公司＋基地＋农户"的生产经营模式，保证了雪舫蒋品牌有了较扎实的原料供给。同时公司为确保雪舫蒋火腿特色，聘请雪舫蒋火腿开山祖蒋雪舫第四代传人蒋友忠为技术顾问，并请来了四位一直随雪舫蒋火腿生产的腌制火腿的老师傅把好技术关，使得从选料到加工每道工序严格按照雪舫蒋火腿制作的程序进行，并与浙江大学等高等院校和科研机构合作，建立火腿研究中心，并制订出一系列结合公司实际的现代企业管理制度和措施，确保雪舫蒋火腿的品质。

正是雪舫蒋独特的制作工艺，精良的原材料，加上现代科学的管理和有力的措施，让雪舫蒋重焕勃勃生机，向国际化的发展道路迈进。

第七篇

长寿基因：国际经验之借鉴

千百年来，追求健康长寿是人类的共同愿景，同样，谋求企业长寿也是全球范围内不同国家、不同民族的众多创业者和企业家共同的愿望和追求。分析国际范围内那些常青松式的长寿企业成功的秘诀，可以看到，有的靠技术，有的靠诚信，有的靠质量，有的靠文化，有的靠经营，可以说是千姿百态，没有一个统一的范式。但抽象掉各自的差异，共同一致的成功因素都在于与顾客需求高度契合的经营理念以及在此基础上所形成的管理模式。

毋庸置疑，企业的可持续发展是创业者和企业家的共同愿望。从世界范围来看，那些经济强国成功的根源就在于培育了一批长久不衰的品牌企业。相关研究资料显示，日本拥有200年以上历史的企业有3000多家，德国则有837家，荷兰有222家，法国有196家。日本、德国和其他欧洲国家为什么会产生如此众多的百年长寿企业？本篇通过9个典型案例的介绍和分析，揭示其中的奥秘，以资学习和借鉴。

第十六章　日本企业：长寿基因

一、三家日市长寿企业

（一）金刚组

金刚组是一家建筑公司，主营业务是建筑寺庙，它创建于公元 578 年，距今已有 1400 多年的历史，当时的中国正处于南北朝时期，英国《经济学人》杂志（2004 年 12 月）认为它是世界上最长寿的企业，这源于它独特的竞争机制。

一直以来，为了保持金刚组内部的活力，企业的内部是充分竞争的，内部分成以 5~8 人为一组，每个小组保持各自的独立性，同时又会相互竞争，共同支撑金刚组。

金刚组能生存 1400 多年而不倒，原因在于金刚家族的发展与日本的经济兴衰、政治更替紧密联系在一起。1583 年，日本建造大阪城，金刚家族是这个浩大工程的实际组织者，他们运用当时高超的建筑技术，修起了大阪城。到了德川幕府时代，金刚家族除了继续从事寺庙的建造与维修外，还先后为德川家族建成了日本三大名园——偕乐园、兼乐园、后乐园。"二战"后，日本经济走出低谷，金刚家族抓住了经济起飞的机会，在 1955 年建立株式会社金刚组，业务从单一建筑的寺庙建筑、庭园建筑业发展为综合建筑业。

金刚组一旦接到业务，并不是每个小组都有份，而是选择技术最优良的小组来承接。由于内部具有竞争性，这就保证了金刚组永远以技艺为荣、靠技艺生存的理念一以贯之，让企业充满了活力。金刚组的内部组织结构和经营模式，历经 1400 多年而不变。

资料来源：看看国外那些"长寿"企业 [EB/OL]. 网易财经，https：//money. 163. com/photoview/OBG0025/26948. html#p = B，2016 - 07 - 20.

（二）金高刀具

1. 日本金高刀具

日本的京都是仿照中国隋唐时代的洛阳城建造起来的，从 8 世纪到 19 世纪中叶，一直都是日本的首都。

金高刀具店地处京都闹市区一角，但这家看似普通的小店却有着 200 多年的历史。虽然现代工业发达，但金高刀具却全靠手工打造刀具，蜚声日本国内外。

2. 精良的工艺

金高刀具的现任传承人叫山田佳孝，已有 20 多年的职场历练，这门手艺在他们这个家族传了六代。山田佳孝初学锻打技艺时，最初的三年只做一件事情——整理煅烧炉的木炭，他每天的任务是把大段木炭，敲打成大小一致的小块。这项工作十分枯燥，但在刀具锻造过程中这是极其关键的，炉内温度控制全靠木炭的质地和形状是否合乎标准。同时，这也是考验学徒耐力和悟性的一个重要过程。山田说，一个刀具匠至少要有 10 年以上的锻打经历才能出师。每一件金高刀具的成品，上面都刻有工匠的名字，如果刀具在使用过程中出现卷刃、断口等瑕疵，那么这个工匠的名声就毁了。

金高刀具完全继承了日本传统的制刀工艺，刀背和刀刃分别由软铁和硬钢两种不同材质的原料熔炼锻接而成，这就要求铁匠打造刀具时要掌握好温度。虽然现在有温控器等现代仪器设备，但在金高刀具店，他们不用任何仪器设备，仅靠肉眼进行观察，工匠只要通过炉内钢块颜色的变化，就能准确地估计出温度。锻造时，工匠们轮番抡锤，一气呵成。

资料来源：看看国外那些"长寿"企业 [EB/OL]. 网易财经，https：//money. 163. com/photoview/OBG0025/26948. html#p = B，2016 - 07 - 20.

（三）龟甲万株式会社

龟甲万株式会社（创建于 1917 年）是日本酱油市场的龙头，其英语标记为"KIKKOMAN"。这个标志和独特的万字商标已经成为国际市场上高品质酱油的代名词，不断书写着"美味的记忆"。一家酱油企业缘何持续 300 多年？有何经营秘诀？又经历了怎样的艰难？针对这一系列问题，《环球时报》记者在龟甲万位于东京的本部大楼，采访了公司现任最高责任者、CEO 堀切功章，得出如下结论：

1. 压榨工序最为复杂

在龟甲万的野田工厂本社，《环球时报》的记者参观了制作酱油的车间。龟甲万酱油博物馆馆长长岛宏行指着巨大的原料发酵车间介绍说，这是密封式全自动车间。工厂采用符合安心安全标准的原材料，大豆和小麦各半，然后在此混入工厂专用细菌和乳酸菌等。酱油并非人类酿造，而是这些"菌"酿造的，人类不过起辅助作用。他还说，从发酵到熟成要经过多道工序。其中压榨最为复杂，过快不行，过慢也不行，必须在最佳的时间内，压榨出最好吃的部分。即便现在温度实现全自动化，菌种的管理也必须通过人的管理和调整才能完成酿造。为此培养一个成熟的技工，至少需要 10 年左右的时间。然而手工作坊时期，一名工匠可能从入社到退休，都在从事比如压榨这样一道工序，一干就是一辈子。

长岛还介绍说，为了避免酱油因为接触空气而酸化，公司还开发出新式包装瓶，让酱油在常温下的保质期更长。这项新技术耗时大约 20 多年才研制成功。龟甲万海外管理部部长深泽晴彦补充说，为了保证产品质量，早在龟甲万株式会社成立之前，也就是野田地区的酱油产业还都是多家作坊组成的"组合"（相当于中国的工商联合会）时，就成立了野田酱油研究所。

2. 祖传家业就是酱油等酿造

堀切出生在一个工匠世家，祖传家业就是酱油、味酥（一种调味料）等酿造业。他说自家产业开始于 200 多年前，龟甲万最初是由当地八家较大的酿造作坊组成。这些作坊大都始于 16 世纪。八家老作坊，各家都有严格的家训，比如要注重质量、爱护员工、勤奋、诚实等。这些家训对他有着深刻影响，也是公司得以发展 300 多年的根本。

堀切从日本著名高校庆应大学经济学部毕业后，1974 年进入公司，但并没有因为是祖传世家还是公司大股东之一的子女就受到优待。和其他新入社员工一样，堀切从基层一步步干起，直至 2013 年凭实力成为公司 CEO。回顾公司历史，堀切说他入社时，公司还全凭手工酿造。当时全凭匠人们的精益求精和技术维持着产品质量。公司发展并非一帆风顺，1929 年的昭和恐慌及战后物资匮乏都让公司历经挑战。特别是战后，日本物资十分贫乏，酿造酱油的原料奇缺，但是龟甲万并未因此降低产品质量，而是在原材料不足的情况下开发出用代替原料也能保持酱油品质的酿造技术，并将其无偿公开，避免了与多家企业转型生产化学酱油相竞争。其实按照当时的社会情况，就是把有颜色的水，兑上盐也能当作酱油卖出去。堀切还介绍说，龟甲万的酱油之所以好吃，味道香醇，最重要的是保持了自古以来的发酵菌种，我们称它为"KIKKOMAN 菌"。

龟甲万的努力获得了应有的回报。1873 年，设立当初的本家之一茂木家的酱油就获得了万国博览会的奖，此后也多次参展，时有获奖。1939 年，皇室御用酱油酿造所建成，并被宫内厅指定为皇室专用酱油。

3. 让味蕾接受酱油的美妙

为应对酱油产业日趋激烈的竞争，1917 年，龟甲万正式变成株式会社，并开始国际化和多样化经营。虽然酱油是由中国传到日本，并堪称亚洲最为常用的调味品，但之前在欧美等地知名度并不高。堀切说，早在 1957 年，龟甲万就意识到日本国内市场的局限性，勇敢地走出国门设立了美国分社。当时他正好担任公司国际事业本部长。回忆当初，堀切感慨地说，龟甲万的国际化道路虽然艰难，但却能取得成功，最重要的是坚持了本土化，也就是说不是让顾客适应我们的产品，而是让产品适合本地市场。

为了帮助美国人接受酱油这个亚洲的调味品，公司不仅通过电视广告，更主要的还在当地超市让消费者直接品尝酱油的滋味，并通过提供用肉类制作的菜肴，让消费者懂得酱油的重要，让味蕾接受酱油的美妙。堀切笑着说，当时酱油走向美国市场的时候，被笑称为"黑水"，可是公司凭借对自家产品的自信和匠人的执着，终于打开了美国市场，同时还首次独自开发出烤肉专用调料，受到当地人的热烈追捧。现在，龟甲万已占美国酱油销售总额的 55%，世界市场的 50% 左右。世界上超过 100 多个国家和地区都有龟甲万的产品。

龟甲万还不断开发出各种新型调味品，并开展多样化经营，涉足饮料、果酒等产品。红酒堪称龟甲万多样化经营的成功事业之一。看准战后日本经济发展、人们收入提高有享受生活的需求之后，公司及时推出了果酒，一经上市就供不应求。追问堀切先生，企业得以延续 300 年的秘诀是什么？他强调以满足顾客需求为目标，以高质量为宗旨，掌握和顺应时代需求积极研发新产品，这是公司立足并获得稳步发展的根本，其中最重要的是保证质量第一。

作为公司国际化的一环，龟甲万非常重视中国市场。1985 年，公司出资拍摄了五集电影纪录片《中国的食文化》。公司还以"美味的记忆"为关键词，针对中国开展各种公益活动，或者通过举办讲座等传播酱油知识。1990 年，龟甲万在中国台湾建立了统万股份有限公司；2000 年进军中国大陆，设立了昆山统万微生物科技有限公司；2002 年，在中国昆山设立了合办工厂；2006 年又在厦门设立了帝门食品有限公司等，龟甲万在中国的事业发展迅速。

资料来源：孙秀萍. 日本 300 年酱油老店成功秘诀（寻找匠人）[N]. 环球时报，2016 - 11 - 26（005）.

二、日本企业：长寿基因与启示

相关研究显示，整个日本超过百年以上的企业数量高达 22219 家，其中有 39 家拥有 500 年以上的历史。在整个亚洲，为什么各国的老字号店铺和历史悠久的企业少得可怜，而日本却云集了大量历史悠久的老店？经过认真分析和总结，日本企业长寿的基因主要表现在如下几个方面：

1. 各具特色的企业文化（或"社训""家训"）

一些学者认为，整个日本约有几万家超过百年的家族企业，即便从全球范围来看，这都是异常罕见的现象，之所以如此，最关键的基因是日本企业的传承模式是超血缘继承，摆脱了传统的血缘局限。最具有代表性的就是"养子"继承，"养子"不受性别、年龄、辈分限制。这种超越血缘的"养子"继承模式的背后，是日本人对"家"的理解——不仅是同一个屋檐下的几口人，而且是超越血缘的共同体。这种继承模式实际上既确保了可以传给相对优秀的人才（职业经理人），又兼顾了东方文化重视家族薪火相传的一面。一项调查显示，日本的百年家族企业，80%有社训或特色各异的企业文化，成为家族及企业共同遵守的行动纲领。因此，日本的长寿企业都比较重视培育企业和团队精神，强化员工对企业的认同，如今，不少经营不佳的老字号企业所缺少的不仅是完善的制度，而且是员工和企业共命运的精神。要振兴老字号企业、提高企业效率，一定要形成珍视员工和企业共命运的企业文化。

2. 重视高质量

质量永远是企业永葆青春的基石。质量不仅包括产品质量或服务质量，更重要的是工作质量或工程质量。没有高质量的工作和工程，就不可能产生高质量的产品或服务。市场是由顾客决定的，企业的生产或服务，最关键的是要符合消费者的需求。企业的健康成长和良好发展，必须注重产品质量和工作质量，养成高质量的习惯和保障体系，绝不能急功近利。面对庞大的市场需求，在生产经营过程中，不能因为成本高低等因素就采取粗制滥造或偷工减料等方法欺骗消费者，任何时候都必须坚持以满足顾客需求为目标，以高质量为宗旨。

3. 重视技术研发和新产品开发

技术和产品创新是企业永葆青春的法宝。百年长寿企业健康成长的重要一点在于不固守、不因循守旧，大都比较重视技术创新和品牌创造。品牌是依靠企业多年拼搏形成的，也是依靠不断推动技术进步和产业升级而维护的，百年长寿企业大都能够掌握和顺应时代需求积极研发新产品，这是公司立足并获得稳步发展的根本。

4. 灵活的适应市场新变化、满足市场新需求的能力

市场是可以创造的。在企业发展的历史长河中，也有不少老字号企业忙于生产而不重视市场营销，更不了解"市场是可以创造的"，在激烈的市场竞争中，这些企业依旧守着"酒香不怕巷子深"这句古语，抱着"皇帝的女儿不愁嫁"的陈旧理念，眼看着顾客越来越少，却不知道如何重振企业，如何收回本该属于自己的市场。

第十七章　德国企业：长寿基因

在历史上，德国尽管经历了两次世界大战，人员大量伤亡，企业更是受到严重的摧毁，但如今德国家族企业比比皆是，百年老店更是随处可见。根据 2016 年的统计，德国具有 200 年历史的企业就达 837 家，超过百年历史的企业已经上千。德国是一个仅有 8200 万人口的国度，这样一个国家是如何做到的呢？德国百年长寿企业的经验很值得世界制造大国的中国企业家学习和借鉴。

一、德国的长寿企业

（一）国际化的"乡村家族企业"

在不少企业家看来，企业要想生存发展，首先要做大。如果企业不足够大，就无法抵御经济衰退的暴风雨和经营中突然发生的事件。只有大，才能强。但是德国人却有另外的逻辑：小也可以坚强。在德国巴伐利亚州阿尔卑斯山的山脚下，有个不到 8000 人的湖边小镇瓦根。1902 年有个名叫罗西·魏克斯勒的村民开始在这里研制奶酪，创办了乳制品公司，并推出了 Bergader Edelpilz 的奶酪品牌。1945 年罗西·魏克斯勒去世后，他的女儿夏洛特·斯蒂芬接管了企业。她继承父业，经营有道，企业的生产规模越来越大。

1997 年家族企业传承到了第三代，由企业创始人的孙女率领进入 21 世纪。目前该企业已把十多个奶酪品牌和数十个品种推向市场，成为德国制造和出口蓝纹奶酪的领先企业，是一家真正来自德国深山脚下的国际化"乡村家族企业"。

1879 年，海因里希·桑德勒创立了一家棉花厂，传承了 140 年后成为全球 20 大无纺布生产商之一，该企业坐落在一个人口只有 7000 多人，离捷克不到十公里的德国巴伐利亚州边缘小镇施瓦岑巴赫。这家名副其实的百年家族企业目前拥有员工 700 多人，公司实现年销售额达三亿欧元。现在第四代传承人带领家族企业开辟了国际市场，2016 年在美国佐治亚州创办了第一个国外加工基地，成功转型升级为国际化"乡村企业"。

在德国的乡村小镇，还有很多甚至拥有几百年经营历史的老牌家族企业，如 Gewandhaus Gruber 服装公司，是一个位于慕尼黑市郊外 30 千米的小城艾尔丁的家族企业，其剪裁传统工艺可以追溯到 17 世纪。1657 年在巴洛克高盛时期，他们的祖先学会了裁缝手艺，然后成为慕尼黑贵族及王孙公子的裁缝师。从那以后，通过十一代的裁缝工匠传承、360 多年接力经营，在廉价服装流行的今天，该老牌企业却能一枝独秀。今天在艾尔丁市中心他们经营着一座五层共一万平方米的服装商城，在周边城市也发展了四个分店。

众所周知，"德国制造"是基于工业机械、化工、电器、汽车等实业，支撑其后的除了许多闻名于世的德国巨型跨国家族企业，如西门子、奥托公司、贝特斯曼、大众集团、默克集团、保时捷汽车公司等之外，360 多万家德国中小企业，却对德国经济命脉起到了主导作用，其中不乏大量如 Gruber、桑德勒等"百年乡村家族"企业。它们经历了多次的战乱和经济危机，却屹立不倒，并一直保持着举足轻重的市场地位，甚至能称霸全球，铸就了国际化"百年家族企业"。这也诠释了为什么偏偏是德国，对全球化经济危机具有顽强的抵御力。

（二）博世公司（创建于 1886 年）

为了确保企业能够持续生存下去，德国家族企业创造了这样一个模式：如果家族的继承人没有经营管理的意愿和能力，那就退居幕后，做企业的监事会主席，让有能力的人来执掌董事会。例如，德国著名的食品制造集团 Dr. Oetker 家族的一个儿子，20 世纪 70 年代中期在上大学时遭到绑架，当时其家族就拿出了 2100 万马克交给了绑匪，绑匪释放了他。因为被绑匪暴力过重，他从此落下了终身残疾，因此，他并没有站在第一线，而是把企业管理大权交给了职业经理人。

德国博世公司的情况就更为典型。创始人罗伯特用一生的时间建起博世工业帝国，如何才能将自己构建的企业精神传承下去呢？首先，罗伯特组建了一个"委员会"，由他的亲信与好友中的专业人士来研究制订计划，保障公司未来。罗伯特·博世去世时，他的财富和公司的未来，一并交给了他最信任的 7 个人。这 7 个人被认为是最了解罗伯特的想法和心愿的，当年的总经理 Hans Walz 成为博世帝国的掌门人。

其次，把单纯的家族企业转变为现代治理的企业，这种转变主要是通过资产管理的方式来实现。1964 年，非营利的博世资产管理有限公司（之后更名为罗伯特·博世基金）收购了罗伯特·博世有限公司 93% 的股权，成为绝对大股东，获得了93%的主要投票权。

最后，博世家族拥有罗伯特·博世有限公司7%的股份，保留家族对企业一定程度上的影响力。

（三）宝马公司

家族企业的"富后代"和继承人也并非都坐享其成、不思进取，有的也与时俱进、不断扩张企业、开拓新的市场。著名的例子如2018年德国富豪榜排名第三的苏珊·克拉滕，就是一名宝马家族的"富三代"。作为宝马公司的继承人，她和在富豪榜排名第五的弟弟斯蒂芬·科万特共同拥有几乎50%的宝马公司股份。他们运筹帷幄的管理和经营能力让宝马公司成为德国工业的一颗明珠，产值和利润连创历史新高，其拥有的股票也连翻几倍。对宝马公司几次关乎命运的重大决定，都是由他们以企业传承人的身份来最后拍板。此外，他们还把经营范围扩张到其他领域，如控股曾经是三十家德国DAX股票指数企业之一的化学医药集团"阿尔塔纳"。

此外，还有舍夫勒家族，排名德国富豪榜第二名的乔治·舍夫勒与其母亲是舍夫勒集团的传承人。该集团本来就是滚珠轴承制造的世界冠军，为了扩张企业，舍夫勒集团还收购汽车配件巨头大陆集团，之后大陆集团的市值激增，乔治及其母亲的财富也登上德国财富榜前两名。尽管企业做得如此成功，但他们并不把自己放在聚光灯下，而是更多地宣传企业和产品。

这些企业虽然历经数代还是由家族成员参与经营。一家成立于1900年的工业企业，创办之初只生产两种交通工具，直至20世纪60年代一直占据着德国市场的很大份额，在70年代中期，企业把这两个交通工具的生产线全部转让给了德国一家汽车制造企业。之后自己的经营范围不断改善和发展，现在专门生产汽车、大型机械的配件，一种拳头产品是德国一家"隐形冠军"的唯一供货商。目前这家百年家族企业在全球有10多个分公司、7家生产基地，其中包括在中国的两家。

这家企业就一直由家族成员在第一线经营。他们的家族不仅守着本业，还向别的领域发展，弟弟在慕尼黑经营的却是一家具有130年历史的服务型企业，和家族企业的传统工业没有任何关系，该服务型企业由他们的母亲在20世纪70年代买下后交给他弟弟经营。由于经营得法，在17年前就兼并了慕尼黑一家同类企业，成为慕尼黑经营该服务的最大企业。和大哥一样，他也占据着德国一些其他公司的股份，也是这些公司的董事。由于年龄的原因，目前他们已经不参与公司具体的经营管理。

资料来源：杨佩昌. 德国家族企业 为何能打破"富不过三代"魔咒？[N]. 羊城晚报，2018-04-28（011）.

二、德国百年长寿企业经营成功的经验与启示

1. 重视技术研发

总结德国长寿企业的案例，可以看到，德国的"家族企业"之所以能传承百年而不衰，并具有强大的国际竞争力，除了私有财产神圣不可侵犯、不可掠夺的《私有财产保护法》严格执行外，还与他们特别注重技术开发、注重市场和客户管理、注重全球市场开拓、注重员工关系以及拥有比较务实、注重长远发展、致力打造产品质量的德式"家族企业"精神密切相关。

2. 独特的管理和治理机制

在德国，那些长寿不倒的企业一般都形成了比较科学的公司治理机制，其基本原则是，优秀的家族成员可以进入公司管理层，但他们不会因为是公司创始人的后人而获取特权。企业一般都形成了所有权、经营权和监督权三权分立的构架，这种权力分立和制衡原则，确保了公司不会出现独断专行的情况，从而能够保障决策的科学性，建立了可持续发展的机制和传承守业精神的接班人。

3. 特色鲜明的教育方式

中国那句"富不过三代"的古语对德国家族企业来说却非必然。恰恰相反，在德国，这些家族的商业帝国轰然倒塌的事件并不多见。常常看到的是，他们把企业能做得更大，经营得更好。这和上一辈经营者具有企业经营前瞻性的眼光，及注重对子女有效性的教育有关。一次失信就可能把多年打造的品牌毁掉，因此诚信经营、童叟无欺是国内外老字号企业长寿的共同特征。为了建立企业持续发展的机制，这些企业唯才是举，广纳贤才，疑人不用，用则信之，把企业精神传递给子女，让企业文化、企业精神一代代发扬光大。同时，通过有效、具有针对性的教育方式，把子女打造成真正懂企业、爱企业的接班人。德国家族企业的经营者非常看重家庭和睦的重要性，懂得一个完美的家庭会给子女带来一个良好的教育环境，对子女的教育方式比较务实，也有专门针对家族继承人的教育方式。尽管大多继承人也拥有硕士以上学历，但走的大多是平常的教育之路。这些长寿企业的经营者们都十分重视子女的家庭价值观教育、领导和执行力的培养、沟通和协调、解决问题、时间管理、企业管理能力的提升等，为此他们也经常把子女送到自己圈子内的其他企业进行实习培训，然后再把他们安排在自己的家族企业里进行现身说教的领导力培训。

第十八章　欧洲其他国家的
企业：长寿基因

一、三家不同国家的长寿企业

1. 奥地利：Stiftskeller 圣彼得餐厅（至今已有 1213 年以上的历史）

在奥地利西部历史最悠久的城市萨尔茨堡城，有一家 Stiftskeller 圣彼得餐厅，它持续经营了 1213 年以上。这家餐厅具体建于何年，很难找到准确的数据，但公元 803 年的权威文献就有关于这家餐馆的记载。

1200 多年来，奥地利分分合合，但这座餐厅却奇迹般地保留了下来，而且一直持续经营，是奥地利上层人士用餐的地方。在奥地利，如果谁有幸到 Stiftskeller 圣彼得餐厅用餐，那说明其是一个有身份的人。

Stiftskeller 圣彼得餐厅之所以能经营 1213 年以上，除了开设餐馆的建筑物没有被破坏外，主要是餐馆的经营思路契合了奥地利文化。譬如每到当地带有宗教感恩色彩的"丰收节"来临之际，餐厅就有奥地利本地最新鲜也最传统的食物供应。每当土豆成熟，就会有世界闻名的奥地利格拉斯土豆泥供应，如果再配一杯奥地利葡萄酒，那就是绝配了。

除了主打传统饮食文化之外，Stiftskeller 圣彼得餐厅还融入了名人文化，因为萨尔茨堡是伟大的作曲家莫扎特的故乡（据记载，莫扎特也在这里用过餐），餐厅每周举行莫扎特主题晚宴，表演者身着莫扎特时代的服装，演绎这位著名音乐家的一生。这项表演吸引了世界各地游人慕名前来。

Stiftskeller 圣彼得餐厅说是一家餐厅，其实它还是一座历史博物馆、音乐厅、景点，是一个文化场所。这对国内酒店经营者来说，值得学习借鉴。

2. 德国：威森啤酒（创建于 1040 年）穿越千年保持口味不变

德国是世界上制作啤酒历史最悠久的国家，现在境内有 1300 多家啤酒厂，啤酒种类高达 500 多种。但在德国巴伐利亚，有一家世界上最古老的啤酒厂，名叫威森啤酒厂。

威森啤酒厂建于 1040 年，之所以称为"威森"，源于这家啤酒厂当时建在一个名叫 Weihenstephan 的修道院里。威森啤酒同时使用大麦和小麦麦芽酿造，使用一种特殊酵母来发酵，使啤酒具有一种类似丁香的风味，有人觉得它喝起来有点香蕉味和微弱的焦糖味，所以，即便德国啤酒品类繁多，但威森啤酒的口味辨识度极高。

威森啤酒之所以能延续一千多年而不倒，源于它酿造的啤酒口味一千多年保持不变，啤酒爱好者觉得它"绝顶好喝"，因此具有大量"粉丝"。威森啤酒的味道之所以如此美妙，是因为威森啤酒厂舍得花高成本、使用高规格的工艺，例如，仅微生物澄清工艺的单工序成本，就超过了某些低廉啤酒的全部价格。

此外，威森啤酒可以做到完全不依靠成品杀菌这种工艺（属破坏性杀菌方法），而是在源头和酿制过程中保证啤酒的无菌。纯正的威森啤酒因免去高温和化学杀菌而更加生鲜和纯净，且保质期长。

3. 英国：君皇仕西装（创建于 1771 年）

英国君皇仕西装店（Gieves & Hawkes）创立于 1771 年，迄今已有 245 年历史。君皇仕西装相当于男人时尚界的"香奈儿"，是全球当之无愧的西服届的 No.1。

君皇仕西装是一针一线手工缝出来的。君皇仕西装缝制过程极其讲究，手工缝制时间不能低于 50 小时，保证每一针都恰到好处。更有意思的是，君皇仕不同的部位由不同的人负责，比如大衣裁缝者就专职缝制大衣，不会兼做缝制裤子的工作。君皇仕西装的理念是"把西装作为艺术品来制作，人们穿在身上的应该是一件艺术品"。几百年来，君皇仕最大的特点就是手工定制，你要什么样式的西服和布料，一切你说了算。每位需要定制服务的客人，均需要和剪裁师提前预约时间，在 VIP 单独的试衣室沟通、量身、试衣。由于个性化极强，每一件西装都是客人专属的"艺术品"，并且完全手工裁制。

资料来源：看看国外那些"长寿"企业［EB/OL］. 网易财经, https://money.163.com/photoview/OBG0025/26948. html#p = B, 2016 – 07 – 20.

二、欧洲三国企业：长寿企业基因及启示

1. 浓郁的文化氛围

从君皇仕西装的理念是"把西装作为艺术品来制作，人们穿在身上的应该是

一件艺术品"，到 Stiftskeller 圣彼得餐厅除了主打传统饮食文化之外，还融入了名人文化，这些长寿企业无论处于哪种行业，在做产品、做服务、做质量的同时，也都或多或少地超出了这些物质形态，在生产经营活动中注入文化元素。

2. 满足顾客个性化需求的经营理念

就君皇仕西装来说，每位需要定制服务的客人，均需要和剪裁师提前预约时间，在 VIP 单独的试衣室沟通、量身、试衣。由于个性化极强，每一件西装都是客人专属的"艺术品"，并且完全手工裁制。几百年来，君皇仕最大的特点就是手工定制，你要什么样式的西服和布料，一切你说了算。

3. 精细化分工和严格的生产加工流程

威森啤酒有独特的技术配方和口味，其味道之所以如此美妙，是因为威森啤酒厂舍得花高成本、使用高规格的工艺，君皇仕西装的缝制过程极其讲究，技术加工要求手工缝制时间不能低于 50 个小时，并且要保证每一针都恰到好处。在加工制作过程中，专业化分工精细，不同的部位由不同的人负责，比如大衣裁缝者就专职缝制大衣，不会兼做缝制裤子的工作。

参考文献

［1］陈晨．给工匠精神一个出口［N］．光明日报，2016 - 06 - 16（014）．

［2］肖复兴．重访六必居［N］．北京日报，2016 - 11 - 24（014）．

［3］李慧．老字号价值在老出路在新［N］．光明日报，2017 - 06 - 22（002）．

［4］胡鞍钢，王蔚．时代呼唤中国工匠［N］．光明日报，2017 - 03 - 07（006）．

［5］杨佩昌．"富不过三代"魔咒？［N］．羊城晚报，2018 - 04 - 28（011）．

［6］孙秀萍．日本 300 年酱油老店成功秘诀（寻找匠人）［N］．环球时报，2016 - 11 - 26（005）．

［7］厉以宁．振兴"中华老字号"重在体制转型和观念更新［N］．人民日报，2016 - 11 - 10（007）．

［8］"王麻子"的历史轮回［N］．文摘报，2016 - 10 - 16（005）．